推进大学与高中思政课一体化建设研究（SDS2020B08）

山东省重点马克思主义学院建设经费资助项目

泰山学者工程专项经费资助项目（TS201712038）

中华优秀传统文化融入高校思政课教学的理论与实践创新研究（P2020052）

基于全员参与的高校思政课实践教学研究（SDS2020B07）

思想政治教育研究文库

高校思想政治理论课
教学疑难问题解答

肖芳 汤锐 主编

光明日报出版社

图书在版编目（CIP）数据

高校思想政治理论课教学疑难问题解答 / 肖芳，汤锐主编． -- 北京：光明日报出版社，2022.7
ISBN 978－7－5194－6534－6

Ⅰ.①高… Ⅱ.①肖…②汤… Ⅲ.①高等学校—思想政治教育—教学研究—中国 Ⅳ.①G641

中国版本图书馆 CIP 数据核字（2022）第 056968 号

高校思想政治理论课教学疑难问题解答
GAOXIAO SIXIANG ZHENGZHI LILUNKE JIAOXUE YINAN WENTI JIEDA

主　　编：肖芳　汤锐	
责任编辑：李壬杰	责任校对：郭嘉欣
封面设计：中联华文	责任印制：曹　诤

出版发行：光明日报出版社

地　　址：北京市西城区永安路 106 号，100050

电　　话：010-63169890（咨询），010-63131930（邮购）

传　　真：010-63131930

网　　址：http：//book.gmw.cn

E － mail：gmrbcbs@gmw.cn

法律顾问：北京市兰台律师事务所龚柳方律师

印　　刷：三河市华东印刷有限公司

装　　订：三河市华东印刷有限公司

本书如有破损、缺页、装订错误，请与本社联系调换，电话：010-63131930

开　　本：170mm×240mm

字　　数：341 千字　　　　　　　　　印　张：19

版　　次：2022 年 7 月第 1 版　　　　　印　次：2022 年 7 月第 1 次印刷

书　　号：ISBN 978－7－5194－6534－6

定　　价：98.00 元

版权所有　　翻印必究

编委会

总主编　李安增　张立兴　孙迪亮

编委会　（按姓氏笔画）

　　　　　任松峰　刘宝杰　孙迪亮　李安增

　　　　　肖　芳　辛宝海　张立兴

总　序

2019年3月18日，习近平总书记在学校思想政治理论课教师座谈会上的讲话，提出了思政课建设的"四个提供"——我们对思想政治工作高度重视，始终坚持马克思主义指导地位，大力推进中国特色社会主义学科体系建设，为思政课建设提供了根本保证；我们对共产党执政规律、社会主义建设规律、人类社会发展规律的认识和把握不断深入，开辟了中国特色社会主义理论和实践发展新境界，中国特色社会主义取得举世瞩目的成就，中国特色社会主义道路自信、理论自信、制度自信、文化自信不断增强，为思政课建设提供了有力支撑；中华民族几千年来形成了博大精深的优秀传统文化，我们党带领人民在革命、建设、改革过程中锻造的革命文化和社会主义先进文化，为思政课建设提供了深厚力量；思政课建设长期以来形成的一系列规律性认识和成功经验，为思政课建设守正创新提供了重要基础。

正是在这样一个令人鼓舞的思政课建设的大好形势下，我们酝酿出版本套《高校思想政治理论课建设与改革研究丛书》。该丛书既是曲阜师范大学马克思主义学院2016年获批山东省首批重点马克思主义学院以来取得的阶段性成果，也是我们马克思主义学院成立十六年来致力于教学改革与探索的经验性总结，更是我们全院同人接续奋斗，在"铸魂育人关键课程"的教学中不断求索、深刻思悟、潜心研究的理论性积淀，是集体智慧的结晶，是思政课教师"乐为、敢为、有为"精神的体现。

2004年10月，中共中央、国务院颁发的《关于进一步加强和改进大学生思想政治教育的意见》（中发〔2004〕16号）首次将高校马克思主义理论课、思想品德课（简称"两课"）整合更名为思想政治理论课（简称"思政课"），并明确强调：高校思政课是大学生思想政治教育的主渠道，是大学生的必修课，是帮助大学生树立正确的世界观、人生观、价值观的重要途径，体现了社会主义大学的本质要求；要全面加强思想政治理论课的学科建设、课程建设、教材建设和教师队伍建设；要切实改革教学内容，改进教学方法，改善教学手段；要加强对思想政治理论课的宏观指导，采取有力措施，力争在几年内使思想政治理论课教育教学情况有明显改善。

为贯彻落实中共中央、国务院"中发〔2004〕16号"文精神，切实重视和加强我校思政课建设，提高思政课教学水平和质量，2005年学校成立了全省高校首家马克思主义学院，为推进思政课建设和教学改革提供了坚实的组织保障。2006年3月，马克思主义学院组织全体思政课教师开展了一场高校思政课"为什么教？教什么？怎么教？"的教学大讨论，大讨论在教师中形成了大共识，最终将"高扬旗帜、传播真理、铸魂育人、不辱使命"确立为马克思主义学院的"院训"，成为全体思政课教师的行为遵循和价值追求。

马克思主义学院成立后，全体思政课教师共同努力，思政课教学与改革不断取得重大进展和历史性突破。2015年，教育部颁布全国高校马克思主义学院建设标准、思政课建设标准后，为加强"标准化"建设，努力建设山东省首批重点马克思主义学院；2015年10月，学校对马克思主义理论学科进行了整合，充实壮大了马克思主义学院的规模和力量，马克思主义学院建设、思政课建设进入了历史的快车道；2016年，曲阜师范大学马克思主义学院获批山东高校首批重点马克思主义学院；2017年，李安增教授获聘全省高校马克思主义理论学科首个"泰山学者"岗位；2018年，获批马克思主义理论一级学科博士授权点；2020年，李安增教授获教育部高校科研成果奖（人文社科）二等奖1项。目前，曲阜师范大学无论是马克思主义学院建设、思政课建设，还是马克思主义理论学科建设，都居于山东高校第一方阵。

习近平总书记指出："有了我们这支可信、可敬、可靠，乐为、敢为、有为的思政课教师队伍，我们完全有信心有能力把思政课办得越来越好。"① 蓦然回首，马克思主义学院全体思政课教师几多艰辛，几多感慨，几多欣慰，几多期盼。学院各项工作的开展与成就的取得，既渗透着教师们勤勤恳恳教学、兢兢业业育人辛劳的汗水，也验证了学院建设中"抓牢中心、彰显特色、追求卓越"宏观设计与整体推进的得力与实效。

抓牢教学中心地位不放松。长期以来，学院抓牢教学中心地位不放松，向课堂教学要质量要效益，全面实施思政课教学改革和质量提升工程，推进思政课教学改革和教学研究，思政课教学成果丰硕：曲阜师范大学马克思主义学院张瑞甫教授作为山东省省属高校唯一代表受邀参加习近平总书记主持召开的学校思想政治理论课教师座谈会，荣获"2019齐鲁最美教师"称号，入选教育部"全国高校思政课示范课百人巡讲团"成员。院长李安增教授当选为山东省高校思想政治理论课教学指导委员会副主任委员，兼任"中国近现代史纲要"分教指委主任委员，副院长孙迪亮教授当选为"研究生思想政治理论课"分教指委委员，提高了学院思政课教学在全省的影响力。五年来，学院获省级教学成果二等奖2项，入选教育部优秀思政课建设案例教改成果1项；获教育部思政课教学方法改革项目择优推广计划1项；获第二届、第三届山东高校思想政治理论课教学比赛一等奖2项、二等奖5项、三等奖5项，获奖层次和数量在山东省高校领先；获山东省高校青年教师教学比赛二等奖2项；在教育部举办的全国高校思政课教学现场展示中，肖芳副教授、李芳云教授分别获得"全国高校思政课教学标兵""全国高校思政课教学骨干"称号；李芳云教授、孙迪亮教授先后获批山东省高校思政课教学名师工作室；孙迪亮教授获评全省思政课教师2020年年度人物。五年来，引进专职思政课教师30人，专职思政课教师总量达71人，拥有博士学位49人，学历结构进一步优化。

彰显儒家优秀文化融入特色。我校设学儒家文化发祥地——孔子故里，具有得天独厚的地域文化优势，学校儒学研究人才济济，校园里儒家文化气息无时不有无处不在。如何发挥优势，将儒家优秀文化转化为思政课教学的有益资源，在教学中实现马克思主义的"顶天"与儒家优秀文化

---

① 习近平：用新时代中国特色社会主义思想铸魂育人　贯彻党的教育方针落实立德树人根本任务［EB/OL］. 人民网，2019-03-19.

的"立地"的融合,一直是我们思考的理论问题,也是我们一直在不断尝试、探索和实践的课题。2010年,曲阜师范大学马克思主义学院教师编著的洋溢着儒家优秀文化气息"'思想道德修养与法律基础'教案"获教育部"精彩教案"立项;2014年,我院申报的"儒家文化传承与高校思政课教学改革研究",获全省高校思政课教学改革招标重点课题,结项成果获2018年山东省教学成果二等奖;"研究生思想政治教育过程中马克思主义与中华优秀传统文化融合研究"获2018年山东省教学成果二等奖;2017年,获批山东省高校思政课教师中华优秀传统文化社会实践研修基地;2018年,"中华传统文化融入思政课教学研究"入选"教育部思政课教学方法改革项目择优推广计划","儒家优秀文化与中华民族伟大复兴"获山东省高校思想政治工作十大建设计划重点项目("形势与政策"改革项目)。2020年,"中华优秀传统文化融入高校思政课教学的理论与实践创新研究"获批山东省本科教学改革省属高校优秀教学成果培育项目。"十年磨一剑"。如今,儒家优秀文化融入思政课教学已经成为我们的一项特色和品牌。

习近平总书记在学校思想政治理论课教师座谈会上的讲话中,为思政课建设提出了坚持"八个统一"的要求:政治性和学理性相统一、价值性和知识性相统一、建设性和批判性相统一、理论性和实践性相统一、统一性和多样性相统一、主导性和主体性相统一、灌输性和启发性相统一、显性教育和隐性教育相统一。在这样一个大的历史背景下,我们以总书记提出的要求为指导,设计构想对马克思主义学院建设、思政课建设进行历史的全方位的回顾、反思和总结,组织教师对自己在日常备课、教学、答疑中的所思所想、所感所悟加以提炼升华,尤其是对自己教学中如何把握重点、消除难点、追踪热点的经验进行凝练,形成理论形态的研究成果;与此同时,学院组织部分已毕业的校友和在校学生,对自己在学习思政课过程中的所困所惑、所期所盼和所获所得进行回味、思考和反馈,从而构成了本丛书的主体内容。

本丛书的研究范围涵盖大学本科、研究生思政课,马克思主义学院思政本科、硕士研究生专业课教学理论与实践,研究对象包括教学理念、教学方法、教学技巧、教学评价、教学设计、疑难问题、实践教学、学绩考核、社会实践研修等。丛书所收录的论文大多数为我院教师一线教学的探索与思考，是理论与实践结合的产物，其结集出版，有利于反哺思政课教学，有利于教学经验的传承，有利于提升教学质量。

为保证丛书的学术性和应用性，曲阜师范大学马克思主义学院党委书记、院长李安增教授，原党委书记张立兴教授、常务副院长孙迪亮教授担任丛书主编，成立了编委会，确立了各分册的主编。丛书暂分3册：辛宝海、卢忠帅负责《高校思想政治理论课教学研究文集》，肖芳、汤锐负责《高校思想政治理论课教学疑难问题解析》，刘宝杰、杨世宏负责《高校思想政治理论课实践教学——理论与实践》的主编工作。

本丛书是曲阜师范大学马克思主义学院思政课教师和曲阜师范大学大学生对于思政课教学理论和实践的思考与反思，是对思政课教育教学这一共性问题提出的带有学校和教师、学生个人特色的回答，为相关问题的研究和解决提供了曲阜师范大学的经验和方案，对于推动思政课教学的理论研究和实践探索具有参考价值。

编者

2021.3.20

目 录
CONTENTS

第一部分 "思想道德与法治"教学重点难点解析

思想道德素质与法治素养的关系 …………………………… 刘　明　3

人生观、价值观与世界观三者的关系 ……………………… 张玉珍　7

马克思主义科学信仰与宗教信仰的区别 …………………… 刘　婧　11

为什么说"在当代中国，爱国主义与爱社会主义本质上是一致的"

……………………………………………………………… 马卫花　15

如何理解"人类命运共同体"视野下的爱国主义？ ……… 龙文成　20

为什么说文化软实力的竞争本质是不同文化所代表的核心价值观

的竞争 ……………………………………………………… 马卫花　24

如何理解社会主义核心价值观的历史底蕴 ………………… 魏秀珍　29

社会主义核心价值观与社会主义核心价值体系的关系 …… 张方玉　34

如何理解人生的自我价值与社会价值的关系 ……………… 魏秀珍　39

如何理解"明大德、守公德、严私德"的科学含义 ……… 李泽明　44

如何理解党的领导和依法治国的关系 ……………………… 王　景　49

如何理解 2018 宪法修改的必要性 …………………………… 张玉珍　53

大学生如何处理学业与爱情的关系 ………………………… 刘　明　59

当代大学生如何践行"爱国、励志、求真、力行"的要求 …… 王　瑞　63

中国特色社会主义进入新时代　时代新人如何担当民族复兴的大任

……………………………………………………………… 张方玉　67

互联网对大学生思想理论教育带来的机遇与挑战 ………… 刘　婧　71

第二部分 "中国近现代史纲要"教学重点难点解析

太平天国起义与义和团运动同为农民阶级救亡图存的斗争，二者

有何区别 …………………………………………………… 刘辉萍　77

1

如何看待洋务运动对中国近代化的影响 …………………… 魏秀珍 80
如何看待戊戌变法对近代中国思想启蒙的作用 …………… 王德成 84
如何看待辛亥革命的历史地位 ………………………………… 卢忠帅 88
如何看待新文化运动对中国传统文化的影响 ……………… 卢忠帅 93
建党一百多年来，中国共产党如何坚持自己的初心与使命 … 汤　锐 96
五四运动和中国知识分子的思想抉择 ……………………… 杜希英 103
为什么马克思主义能够和中国实际相结合 ………………… 杜希英 107
民族资产阶级推行的"第三条道路"为什么在中国行不通 … 刘辉萍 111
中国共产党为什么能取得新民主主义革命的胜利 ………… 王德成 116
中国为什么要走改革开放之路 ……………………………… 朱　斌 121
如何评价改革开放 …………………………………………… 朱　斌 124

第三部分　"马克思主义基本原理概论"教学重点难点解析

结合当代世界所面临的课题和青年学生肩负的新时代使命，谈谈
　马克思主义的当代价值和指导意义 ……………………… 陈文殿 129
依据马克思主义的意识形态原理，论述文化对社会发展的重要
　作用 ………………………………………………………… 陈文殿 133
谈谈在人工智能飞速发展的条件下，如何认识物质与意识的关系
　……………………………………………………………… 王玉萍 137
运用矛盾的普遍性和特殊性辩证关系原理，分析说明把马克思主
　义普遍真理与中国具体实际相结合的重要性 …………… 李　萍 141
结合我国改革开放四十多年的伟大实践，分析说明为什么实践
　是检验真理的唯一标准 …………………………………… 张　英 145
依据真理的客观性、绝对性和相对性原理，说明把握这一观点对于
　坚持和发展马克思主义的重要意义 ……………………… 王艳秋 149
依据马克思主义的生态环境理论论述地理环境的价值和意义 … 杨世宏 153
依据马克思主义的科学技术理论，说明科学技术在社会发展中的
　作用 ………………………………………………………… 刘宝杰 163
依据马克思主义群众史观，说明习近平以人民为中心思想的伟大
　意义 ………………………………………………………… 李　敏 166
如何看待资本主义民主 ……………………………………… 杨世宏 170
如何看待资本主义意识形态 ………………………………… 安宝洋 178
如何看待当代资本主义的新变化 …………………………… 安宝洋 183
如何理解马克思的"两个必然""两个决不会"重要论述 …… 刘宝杰 187

为什么说社会主义代替资本主义是一个长期的历史过程 …… 程 刚 191
如何理解社会主义五百年的历史进程 …… 王梅琳 196
中国特色社会主义在何种程度上丰富和发展了科学社会主义 …… 郝淑芹 201
如何理解共产主义远大理想与中国特色社会主义共同理想的关系
…… 郝淑芹 206

第四部分 "毛泽东思想和中国特色社会主义理论体系概论"教学重点难点解析

毛泽东思想的时代价值 …… 何玉霞 213
如何理解习近平新时代中国特色社会主义思想与毛泽东思想以及中国特色社会主义理论体系的关系 …… 陶正付 218
如何理解习近平总书记的"两个不能否定" …… 陶正付 222
科学发展观与五大发展理念的关系 …… 辛宝海 226
如何看待新时代我国社会主要矛盾的变化 …… 任松峰 230
为什么说"坚持和发展中国特色社会主义"是习近平新时代中国特色社会主义思想的核心要义 …… 李翼舟 235
习近平新时代中国特色社会主义思想对马克思主义的原创性贡献何以体现 …… 卢忠帅 239
供给侧结构性改革的必要性 …… 辛宝海 243
如何科学理解改革、发展与治理三者之间的关系 …… 何玉霞 247
结合新时代要求,谈谈如何继承和创新中华优秀传统文化 …… 任松峰 252
为什么说文化自信是更基础、更广泛、更深厚的自信 …… 王德成 256
如何理解生态文明建设在当前的重要地位 …… 肖 芳 260
为什么说"绿水青山就是金山银山" …… 肖 芳 263
"四个全面"战略布局的内在逻辑关系 …… 王德成 267
为什么说中国共产党的领导是中国特色社会主义的最本质特征
…… 李芳云 272
如何科学理性地看待我国社会的腐败问题 …… 李芳云 276
邓小平理论在中国特色社会主义理论体系中的地位 …… 张慧莹 280

后 记 …… 286

第一部分 01

"思想道德与法治"
教学重点难点解析

思想道德素质与法治素养的关系

刘 明[*]

大学是人才培养的重要基地，而就初入大学的学生而言，他们从年龄上来讲刚刚成年，但从思想上来讲却并未成熟，很容易受到社会大环境中的一些不良风气的影响，因此对大学生进行思想道德素质和法治素养方面的培养就显得尤为重要。而思想道德素质和法治素养，是思想政治素质、道德素质和法治素养的有机融合，是新时代大学生所必须具备的基本素质。

一、思想道德与法律之间的关系

思想道德与法律都是社会上层建筑的重要组成部分，是调节人们思想行为、协调人际关系、维护社会秩序的重要手段，深刻理解二者之间既有区别又有联系的关系，对于理解思想道德素质和法治素养之间的关系有重要意义。

（一）区别

二者的区别主要有以下四个方面。

1. 表现形式不同

法律是国家意志规范化的表现形式，具有非常明确的内容，它必须借助于特定的法律渊源来表现于外。也就是说，在典型的意义上，法律总是以某种法律文件的形式存在着。而道德则不同，它并非由某个国家机关创制，也无须一定要以文字形式记载和表达，思想道德规范的内容存在于社会成员的道德意识之中，并通过人们的行为和言论表现出来。

2. 调整范围不同

法律并不对一切社会关系都加以调整，一般来说，它只调整那些对于社会秩序而言具有比较重要的意义的社会关系。在调整社会关系的广度上，道德远远超过法律，我们几乎可以说任何社会关系都或多或少地受道德调整。从这个

---

[*] 刘明：曲阜师范大学马克思主义学院教师

意义上来讲,在法律上无过错的行为,并不等于在道德上无可指责。

3. 义务特点不同

社会成员的行为只要与法律义务所要求的作为或不作为相一致,法律一律予以肯定性评价,至于其是否出于良好的动机则"在所不问"。而道德义务不仅要求人们的行为与之一致,也注重对行为人动机的考察,一个动机不良的行为,即使从外观上符合道德义务的要求,也仍然会受到否定性的道德评价。

4. 制裁方式不同

法律由国家强制力保证实施,当违法行为引起法律责任时,国家强制力就会出现,并按照法律的明确规定对责任人进行制裁。而道德中对于违反道德义务的行为应给予何种制裁并无明确规定,其制裁手段也仅限于舆论谴责,很多情况下会显得制裁无力。

思想道德和法律的区别并不限于以上四点,但此四点之阐明对于理解思想道德素质和法治素养的关系是必要的,因此对于其余区别不再一一赘述。

(二) 联系

思想道德与法律都是社会上层建筑的重要组成部分,在我国,中国特色社会主义思想道德建设和中国特色社会主义法治建设紧密联系、相互促进,为中国特色社会主义事业提供坚实的思想基础、精神支撑和法治保障。

1. 思想道德为法律提供思想指引和价值基础

社会主义道德是社会主义经济关系和政治关系的内在要求在行为评价标准问题上的重要表现形态,它反映着人民群众的根本利益和他们对是非善恶的基本态度,体现着整个社会的价值取向。因此,社会主义法的创制必须体现社会主义道德的基本原则,只有这样,法律的正义和正当性才会有重要的基础,才能得到最广大人民群众的支持,才能拥有强大的生命力。同时,由于思想道德所调整的社会关系的范围和方式更加广泛灵活,它会对法律的空缺部分起到重要的补充作用。

2. 法律为思想道德提供制度保障

社会主义道德靠个人的道德责任感和舆论的强制来保障实施,然而,在利益多元化和价值标准多元化的条件下,个人的道德责任感和舆论的强制力尚不足以防止反道德的行为发生。而在道德规范体系中,有一些道德义务是最低限度的义务,它们能否得到普遍遵守直接关系社会基本秩序能否建立,如不得使用暴力伤害他人人身、不得危害社会公共安全等,还有一些虽非最低限度的义务,但可操作性比较强、广受社会认可,如机动车礼让斑马线等,当这些道德规则利用法律手段被上升为法律义务并以法律制裁为后盾予以强制执行时,会大大增加约束力，使之从"软约束"上升为"硬约束"。

同时，社会主义法律的实施过程也是对社会价值观进行道德整合的过程。在市场经济条件下，利益主体的多元化必然导致价值观念的多元化，此时，要求所有人在一切问题的是非善恶评价问题上达成一致是不可能的，然而，社会不仅是一个经济共同体，也是一个观念共同体，若没有一套占主导地位的基本价值观念来维系人际关系和社会协作，社会秩序就难以形成。而社会主义法律通过自己的实施过程，对各种行为做出了权威性评价，并且这种评价标准与大多数公民的最基本的道德信念是一致的，因此，法律的实施能够对公共道德的形成和普及起重要作用。

二、思想道德素质与法治素养的关系

思想道德素质和法治素养是一个人所应该具有的基本素质。思想道德素质是人们的思想观念、政治立场、价值取向、道德情操和行为习惯等方面品质和能力的综合体现。法治素养是指人们尊崇法治、遵守法律、运用法律思维、依法维护权利及依法履行义务的素质、修养和能力。

（一）法治素养是人才素质的底线

党的十八届四中全会提出："人民权益要靠法律保障，法律权威要靠人民维护。"在高等院校，通过法治文化熏陶，将法治精神植根于每个大学生心中，推进大学生法治素养养成，是一项十分紧迫的任务。正如前文所述，法律所调整的是对建立良好的社会秩序最重要的社会关系，它包含社会成员行为的最基本准则，因此，对于构建新时代人才素质体系来讲，法治素养是最基本的底线。事实上，很多国家早已经把法治素养作为个人发展所必备的素质，并将法治素养教育纳入课程体系之中。美国作家约翰·梅西·赞恩在《法律的故事》一书中指出：放眼于整个文明世界，人们对法律的未来充满信心，这么好的形势仍然要归功于法治，法律对人类的贡献，实在是超过了其他一切人类活动。正因为法律的存在，社会发展的基础才得以建立，作为青年大学生，一定要重视自己的法治素养的建立和提高，并且日后无论从事任何职业，守法都是第一位的要求。

（二）思想道德素质是人才素质的灵魂

思想道德素质是人们的思想观念、政治立场、价值取向、道德情操和行为习惯等方面品质和能力的综合体现，反映着一个人的思想境界和道德风貌，是促进个体健康成长、社会发展进步的重要保障，在人的成长成才过程中始终具有关键意义。"才者，德之资也；德者，才之帅也。"（《资治通鉴·周纪》）一个思想道德素质不过硬的人，是很难保证其个人追求与时代发展同向的，思想道德素质的高低直接关系大学生的成才方向，关系大学生最终能否担负起社会责任和历史使命，因此是人才素质最核心的部分。

一个人良好的思想道德素质和法治素养是在学习中升华、内省中完善、自律中养成、实践中锤炼的结果，只有坚持用心去做，才会不断有提高。大学生们应当始终恪守道德与法律，通过理论学习和实践体验，不断提高自身的思想道德素质和法治素养。

人生观、价值观与世界观三者的关系

张玉珍[*]

习近平总书记在同青年大学生座谈时强调:"要树立正确的世界观、人生观、价值观,掌握了这把总钥匙,再来看看社会万象、人生历程,一切是非、正误、主次,一切真假、善恶、美丑,自然就洞若观火、清澈明了,自然就能作出正确判断、作出正确选择。"[①] 大学时期,正是青年世界观、人生观、价值观形成的关键时期,因此,对大学生而言,了解世界观、人生观、价值观的基本理论和相互关系对于思考和规划自己的人生之路,让自己的人生更精彩,具有重大的现实意义。

一、世界观、人生观与价值观三者的区别

(一) 世界观

世界观是人们对生活在其中的世界以及人与世界的关系的总体看法和根本观点。世界观的内容极为丰富,包括对自然、社会、人生等的认识以及人与自然、社会、自我关系的认识等多个方面。世界观的基本问题是意识和物质、思维和存在的关系问题,根据对这两个问题的解答,可将它划分为两种根本对立的世界观类型,即唯物主义世界观和唯心主义世界观。唯物主义世界观认为,世界的本原是物质的,存在决定意识。唯心主义世界观认为,世界的本原是精神的,意识决定存在。世界观不同,表现为人们在认识和改造世界时立场观点和方法的不同。世界观的形成有一个渐进的过程,人们生活在世界上,开始是对个别事物形成某些看法,随着人生实践的发展,人们对整个世界总的看法逐渐形成。

---

[*] 张玉珍:曲阜师范大学马克思主义学院副教授
[①] 青年要自觉践行社会主义核心价值观——在北京大学师生座谈会上的讲话 [EB/OL]. 人民网,2014-05-05.

（二）人生观

人生观是人们在实践中形成的对于人生目的和意义的根本看法。人生观的主要内容包括人生目的、人生态度和人生价值。人生目的回答人为了什么活着，人生态度回答人应当如何活着，人生价值回答什么样的人生才有价值。这三个方面相互联系、相辅相成，成为一个统一的有机整体。人生目的是人生观的核心，在人生实践中具有重要的作用。它决定人生道路，规定了人生的方向，对人们所从事的具体活动起着定向的作用。人生态度是指人们通过生活实践形成的对人生问题的一种稳定的心理倾向和精神状态。人生态度是人生观的重要内容，它解决的是人应当以怎样的心理状态与精神状态活着，即以什么样的态度对待人生、工作、生活、学习。是认真还是马虎？勤奋还是懒惰？在遇到困难与挫折时，是迎难而上、攻坚克难、努力拼搏，还是遇难而退、贪图享乐、不求进取，人生态度不同，导致的结果则不相同。人生价值是指人的生命及其实践活动对于社会和个人所具有的作用和意义，也是人生观的重要组成部分，它回答的是怎样的人生才算精彩，怎样的人生才能无怨无悔。人生价值的内容包含人生的自我价值和社会价值两个方面。人生的自我价值，是个体的人生活动对自己的生存和发展所具有的价值，主要表现为对自身物质和精神需要的满足程度。人生的社会价值，是个体的实践活动对社会、他人所具有的价值。总之，人生目的表明人的一生追求什么，人生态度表示以怎样的心态实现人生目标，人生价值判定一个具体人生的价值和意义。其中，人生目的决定着人们对待实际生活的基本态度和人生价值的评判标准，人生态度影响着人们对人生目的的持守和人生价值的评判，人生价值制约着人生目的和人生态度的选择。只有深刻理解人生目的、人生态度、人生价值三者之间的辩证统一关系，才能准确把握人生，树立正确的人生观。

（三）价值观

价值观是人们关于什么是价值、怎样评判价值、如何创造价值等问题的根本观点。价值观的内容，一方面表现为价值取向、价值追求，凝结为一定的价值目标；另一方面表现为价值尺度和准则，成为人们判断事物有无价值及价值大小、光荣还是可耻的评价标准。价值观起着行为取向、评价标准、评价原则和尺度的作用。一般而言，价值观具有相对性与多样性。因为，价值的一般本质在于它是现实的人的需要与事物属性之间的一种关系，指客体属性满足主体需要的功能。某种事物或现象具有价值，是指该事物或现象能满足人们的某种需要，成为人们的兴趣、目的所追求的对象。可见，价值与人的需要相关。客观事物越能满足主体的需要就越有价值。人与人不同，个人的需要也不尽相同，每个人对价值的判断、排序、选择不同。有人重名利、权势、地位，有人重享乐、逍遥、自由；有人重奉献，有人重索取；有人重家庭，有人重事业；有人重健康长寿，有人追求生命的辉煌。每个人都是在各自价值观引导下，形成不同的价值取向，追求着各自认为最有价值的东西，体现出价值观所具有的多元性。人们的价值观不同，行为的取舍则不同。因此说，价值观不仅对人们的行为动机有导向的作用，同时也反映人们的认知和需求状况。

简而言之，世界观是人们对自己生活在其中的世界以及个人与世界的关系的总的看法和根本性的观点，具有宏观性与全局性；人生观是个人对目标理想及态度的探索与思考，具有局部性；价值观是个人对所追求的目标（如名誉、利益、权利、情感等）该如何取舍的认知与评判，具有具体性。世界观、人生观、价值观从本质上来说都是哲学概念，是认识论中三个不同层次的概念，其内容是人们思想认识的重要部分，是人类认识世界的三个不同的方面。

二、世界观、人生观与价值观三者的联系

世界观、人生观、价值观三者之间关系密切，它们之间认识的层次虽然不同但内容密切相关、不可分割，具有内在的一致性。具体而言，三者之间具有以下三个方面的关系。

（一）世界观决定人生观，对人生观的形成具有制约和指导作用

世界观为人生观的形成提供思想基础。世界观是人们对生活在其中的世界以及人与世界的关系的看法和认识，具有全局性。一个人思考生活的意义，树立追求的理想目标，确定以怎样的方式对待生活，探讨协调身与心、自我与他人、个人与社会、个人与环境的关系，总是以其形成的世界观为根据，受到其世界观的制约和影响。一个人对世界对社会的认识以及对自我与社会的关系的认识越深刻，其对自我的定位、自我的目标与追求也就越清晰。

世界观决定人生观。人生观是世界观的一个方面，是世界观在人生问题上的应用和贯彻。一般来说，有什么样的世界观，就会有什么样的人生观。例如，宗教唯心主义认为世界是神创造的，神无所不知、无所不在、无所不能，人应按照神的指引生活，不能违背神的旨意，否则，就会受到惩罚。在这一唯心主义世界观的指引下，人们对于人生的认识也一定是唯心的。辩证唯物主义认为，人和人类社会是自然界长期发展的产物，人的一切认识都来自实践，并在实践中不断发展。在这样的世界观指导下，人们就能更好地立足现实，客观地对待人生，在人生道路上勇于拼搏，在实际社会生活过程中寻找解答人生问题的正确答案。概而

言之，世界观对人生观的形成具有指导作用。世界观的指导作用，主要是通过揭示世界的发展变化规律，指明社会历史和人的发展方向，为人们思考与选择人生目的、人生道路提供思想理论指导。树立正确的人生观，需要建立在对客观世界发展规律正确认识的基础之上。离不开马克思主义科学世界观的指导。

（二）人生观决定价值观，对价值观的形成具有指导作用

人生观决定价值观，二者具有内在的统一性。价值观是人生观的基本内容，人生观内地包含着价值观。价值观反映人们对客观事物的认知和需求状况，对人们的行为动机具有导向的作用，越是被认为有价值的目标，人生态度越积极，反之亦然。一般而言，人生观与人生价值观是一致的，有什么性质的人生观就有什么性质的价值观。例如，一个人如果把促进社会的进步、国家的富强作为自己的人生奋斗目标，其在价值的选择与判断上必然更注重能力的奉献而不是名利的索取。反之，一个人如果其人生观是精致利己主义或者极端利己主义，那么，其在价值的选择与判断上则会更注重对名利的索取而不是才能的奉献，很可能会为了名利而不择手段。正确的人生观有利于指导人们从集体、从社会的整体需要出发，去看待事物对人的效用关系，从而形成科学合理的价值评价。

（三）世界观、人生观、价值观三者之间是相互影响的关系

世界观、人生观、价值观三者之间是相互影响的关系。世界观对人生观的决定作用、人生观对价值观的决定作用不是单方面的，同时，价值观也影响人生观，人生观也影响世界观，对其的形成、巩固、发展和变化起着重要作用。从世界观、人生观、价值观的具体形成过程分析，就个人的成长过程而言，一般情况下，是先形成价值观，而后形成人生观，再形成世界观。同时人们的思想认识是不断由浅入深、由简单到复杂、由模糊到清晰、由变化无常到坚信不疑的过程。在人生实践的过程中人们对所处的世界、社会、自我以及相互关系的认识是相互渗透、相互影响，并在相互影响下逐渐形成并巩固下来。人生观、价值观是对现实生活和人生环境的更具体更直接的反映，世界观是人生观、价值观的高度升华。人生观、价值观在人生实践的过程中不断修正变化，对世界观的巩固、发展和变化起着重要作用。

综上，世界观、人生观、价值观三者之间关系密切，它们之间思想认识的层次不同但内容密切相关，具有内在的一致性。世界观、人生观、价值观是人的主要思想内容，是个人主要言行的根据。可以这样说，一个人如果三观正，则人正；三观不正，则人难正。大学生要走好人生路，一定要掌握好这把总钥匙，以马克思主义的世界观作指导，以为人民服务为崇高的人生目标，以奉献社会为高尚的价值追求，让自己的人生更精彩。

马克思主义科学信仰与宗教信仰的区别

刘 婧[*]

一、是否具有科学性

马克思主义是一种科学信仰，它来自人们对自然界和人类社会发展规律的正确认识。马克思主义信仰的产生是以马克思主义的诞生为直接前提的，即1848年2月《共产党宣言》的发表是马克思主义信仰的历史原点。马克思主义运用辩证唯物主义和历史唯物主义剖析资本主义社会，认为经过无产阶级革命，资本主义社会必然灭亡，共产主义社会必然来临。对马克思主义的信仰也就是对人类社会必然走向共产主义的信仰。人类历史发展过程中，共产主义信仰是源远流长的信仰，甚至可以说是人类历史上最久远的信仰，它为马克思主义信仰的产生作了历史性的准备。马克思的重要贡献在于他把这种历史上传承下来的不自觉不成型的自发共产主义信仰，建立在对社会发展规律科学分析基础之上，使之成为科学的共产主义信仰。马克思从德国古典哲学家黑格尔和费尔巴哈的理论中择取了辩证法和唯物主义思想，在扬弃的过程中提出了辩证唯物主义和历史唯物主义；从英国古典政治经济学理论中吸收了劳动价值理论，提出了剩余价值学说；从空想社会主义思想中发展了社会主义理论，将空想社会主义发展成为科学社会主义思想。马克思主义批判地继承和发展了人类思想史上最先进的思想成果，形成了一套系统的科学理论，它不会因为时代和社会的变化而丧失，对马克思主义的信仰，本质上是对科学的信仰。

与马克思主义信仰不同，宗教信仰是以超自然的神圣的存在为前提，把人生的追求和终极意义寄托在彼岸世界，寄托在并不存在的某个具有统摄作用的最高目标上。在人类社会初期，人们认识自然、改造自然的能力有限，对宇宙

---

[*] 刘婧：曲阜师范大学马克思主义学院教师

万物的存在和运行不能科学地认识和把握，在他们的意识活动中，似乎就存在两个世界，除了作用于感觉器官的物质世界之外，还有一个人们感觉不到的神灵世界，而且认为这个神灵世界在支配着物质世界，它作为一种可怕的异己力量成为人类依赖和畏惧的对象。原始人由于对自然界这种异己的力量无法认识和理解而对它产生恐惧感。于是，他们认为在现实的物质世界之外，一定还存在着一个人类看不见、摸不着的神秘世界，存在着一种超自然的力量，这种力量主宰着人类的命运，人类对它只能顺从、祈求而不能违反。于是，对这种异己力量就产生了盲目信仰和崇拜，进而把自然界、自然力人格化为神灵加以膜拜，这样就形成了以自然崇拜为核心的最早的宗教——自然宗教。对此，马克思、恩格斯指出："自然界起初是作为一种完全异己的、有无限威力的和不可制服的力量与人们对立的，人们同它的关系完全像动物同它一样，人们就像牲畜一样服从它的权力，因而，这是对自然界的一种纯粹动物式的意识。"①

马克思主义信仰的科学性，在于它是以事实为依据的信仰，是建立在规律基础上的信仰；而宗教信仰是建立在"信"的基础上的信仰，我"信"因而我信仰。宗教信仰不追问"为什么可信"，而是"信"；科学信仰不仅要问"信什么"，而且还要问"为什么可信"。不能回答"为什么可信"，"可信"的科学根据和事实根据是什么，就不是科学信仰；而追根究底地追问为什么信，为什么可信，信仰的科学根据和事实根据是什么，就没有宗教信仰。

二、是否具有真理性

"真理是标志主观与客观相符合的哲学范畴，是对客观事物及其规律的正确反映。"② 马克思主义揭示了自然界、人类社会和思维发展的一般规律，是社会主义必然代替资本主义并最终实现共产主义的学说，它为人们认识世界和改造世界提供了强大的思想理论武器。这些理论是对客观世界本质和规律的正确反映，具有客观真理性。马克思主义信仰的真理性还表现在它的开放性。只有那些与时俱进、在实践中不断丰富发展自己的理论学说才具有真理性。恩格斯指出："我们的理论是发展的理论，而不是必须背得烂熟并机械地加以重复的教

---

① 中共中央马克思恩格斯列宁斯大林著作编译局. 马克思恩格斯选集：第 1 卷［M］. 北京：人民出版社，2012：161.
② 《马克思主义基本原理概论》教材编组. 马克思主义基本原理概论：2018 年版［M］.7 版. 北京：高等教育出版社，2018：75.

条。"① 列宁也认为，马克思主义"并没有抛弃资产阶级时代最宝贵的成就，相反却吸收和改造了两千多年来人类思想和文化发展中一切有价值的东西"。② 这种内容体系的开放性特点，从根本上赋予了马克思主义不竭的创造活力和蓬勃生机。它从来没有宣告自己已经穷尽了人类所有的知识和真理，从来没有将自己当作一个封闭僵化的思想体系，从来没有将自己的学说当作一种包治百病的良方和机械的教条。相反，它总是以十分谦逊的态度反复强调自己的理论不是一成不变的绝对真理，更不是可以不顾时间、地点和条件照搬照抄的教条，而是不断地在实践中加以检验、完善和发展着的理论。

马克思主义科学信仰的真理性决定了它与宗教信仰的"真理"是不同的。如在世界本原的问题上，马克思主义认为世界的本原是物质，物质不依赖人的意识而存在。此外，马克思主义科学信仰作为真理具有相对性，这种相对性是指人们在一定条件下对客观事物及其本质和发展规律的正确认识总是有限度的、不完善的，有待于进一步扩展和深化。而宗教信仰的教义来自原典，不随时代、地域等的变化而改变。

三、是否具有实践性

实践是人类能动地改造世界的社会性的物质活动。马克思主义是在实践性的基础上创造性地揭示了人类社会发展规律，是以改造世界、创造人间幸福生活为己任的学说。马克思说过，哲学家们只是用不同的方式解释世界，问题在于改变世界。这句名言刻在了马克思的墓碑上，也刻在了马克思主义者的心灵和品格上。习近平总书记在纪念马克思诞辰200周年大会上的讲话中强调："马克思主义不是书斋里的学问，而是为了改变人民历史命运而创立的，是在人民求解放的实践中形成的，也是在人民求解放的实践中丰富和发展的，为人民认识世界、改造世界提供了强大精神力量。"③ 邓小平同志也曾指出："对马克思主义的信仰，是中国革命胜利的一种精神动力。"④ 马克思主义传播到中国百年来，充分显示了它实践性的特征，中国从一个落后的半殖民地半封建社会脱胎为一个社会主义的新中国，一代又一代中国共产党人

---

① 中共中央马克思恩格斯列宁斯大林著作编译局. 马克思恩格斯选集：第4卷 [M]. 北京：人民出版社，2012：588.
② 中共中央马克思恩格斯列宁斯大林著作编译局. 列宁选集：第4卷 [M]. 北京：人民出版社，1995：299.
③ 习近平纪念马克思诞辰200周年大会上的讲话 [EB/OL]. 人民网，2018-05-05.
④ 王松苗. 党建文化的基本特征 [EB/OL]. 人民网，2017-08-11.

始终坚持以马克思主义为指导，时刻把马克思主义基本原理同中国具体实际和时代特征相结合，在中国革命、建设和改革的各个时期领导着全国人民取得了举世瞩目的成就，从而为马克思主义科学信仰力量的焕发与确证提供了最坚实的实践依据。

宗教通过各人回归自己的内心世界，改变自我进而改造世界。就其性质和使命来说是内向性的，主要是对个人心灵生活的规训和安顿，它专注于心灵的宁静，着重发挥信仰的心理调节功能。马克思主义信仰虽然也会具有一定的心理和精神上的安慰与调节功能，但从根本上说它的功能更在于指引人们认识世界和改造世界的外向性作用。

为什么说"在当代中国，爱国主义与爱社会主义本质上是一致的"

马卫花[*]

在教学过程中，我们发现有些学生因为对于爱国主义的理解不够深入透彻，存在着理解的片面化，再加上他们的人生阅历、认识能力的局限，他们对于社会主义的理解也存在着认识上的偏差，把爱国主义和爱社会主义割裂开来，产生了"不爱社会主义不等于不爱国"的认识，认为要爱国，但不必强求要热爱社会主义。由此，我们必须首先厘清爱国主义与爱社会主义之间的关系，让学生有一个正确的判断和认识。

2015年12月30日下午，中共中央政治局就中华民族爱国主义精神的历史形成和发展进行第二十九次集体学习。中共中央总书记习近平在主持学习时强调，弘扬爱国主义精神，必须坚持爱国主义和社会主义相统一。我国爱国主义始终围绕着实现民族富强、人民幸福而发展，最终汇流于中国特色社会主义。祖国的命运和党的命运、社会主义的命运是密不可分的。只有坚持爱国和爱党、爱社会主义相统一，爱国主义才是鲜活的、真实的，这是当代中国爱国主义精神最重要的体现。在当代中国，爱国主义与爱社会主义本质上是一致的。我们可以从以下几个方面来理解。

一、从爱国主义的内涵来看，爱国主义与爱社会主义是一致的

爱国是有具体对象的，而不是虚幻的情感与行为。爱国主义中的"国"主要是指祖国。而祖国这个概念是集自然、政治、经济、文化、历史于一体的，是由国土、国民和国家机器等基本要素所构成的社会共同体。所以爱国主义的内容十分丰富，既包括爱祖国的大好河山、爱自己的骨肉同胞、爱祖国的灿烂

---

[*] 马卫花：曲阜师范大学马克思主义学院教师

文化，也包括对我们国家的道路、理论、制度和文化的认同等。虽然祖国不等于国家，但是祖国总是由一定的国家来代表的，没有国家，祖国就是一个抽象的概念。可见，国家构成了爱国主义的实体基础。而国家作为阶级统治的工具，总是与一定的社会制度相联系，由一定的统治阶级来领导的。亚当·斯密曾经在其名作《道德情操论》中提出一个观点：爱国心本身就包含着对于国家政体的遵循。他说："我们的爱国心，似乎含有两种不同的情操：其一是，对那个已实际确立的政体或统治形态怀有一定程度的尊敬；其二是，真心渴望尽我们所能使我们同胞过着安全、体面与幸福的生活。"所以，从这里我们可以看出，没有离开国家制度的抽象的爱国主义。我们国家在中华人民共和国成立后，进行了社会主义改造，确立了社会主义的基本制度，而社会主义制度也就成了我们社会结构中重要的组成部分。一个没有社会制度的国家和社会，是不存在也不能存在的。中国作为一个完整的社会存在体，离不开它的社会主义制度。

任何一个国家都是由具体的社会制度和一定的政权组织构成的实体。社会制度不仅是一个国家的重要组成部分，而且也是一个国家必不可少的构成要件。那种脱离了具体社会制度的抽象的国家，在现实生活中是不存在的。与此相对应，爱国主义也总是同一定的社会制度相联系的，是具体的，那种脱离了具体社会制度的抽象的爱国主义，在现实生活中也是不存在的。

中华人民共和国成立后，在中国共产党的领导下，我国确立起了社会主义的基本制度。从这时起，社会主义制度就已经成为中国社会有机体的一个重要组成部分和构成要件，同祖国紧密地联系起来了，从而爱国也就同爱社会主义内在地统一起来了。那种企图把当代中国的爱国主义与爱社会主义彼此完全割裂开来，甚至对立起来的做法，不仅是错误的，而且是徒劳的。

诚如季羡林先生在《中国精神·中国人》一书中所说：爱国的国字，如果孤立起来看，是一个模糊名词。哪里的国？谁的国？都不清楚。但是，一旦同国籍联系在一起，就十分清楚了。国就是这个国籍的国。再讲爱国的话，指的就是爱你这个国籍的国。[①] 我们爱国的国是哪个国籍的国呢？是中华人民共和国，是工人阶级领导的，以工农联盟为基础的人民民主专政的社会主义国家。只要爱中华人民共和国，就必然爱我们的党，爱社会主义，这是我们所爱的对象的根本属性。所以从这个角度来看，爱国与爱社会主义是必然统一的。

---

① 季羡林. 中国精神·中国人 [M]. 北京：国际文化出版公司，2013：8-9.

二、从社会主义本质来看，爱国主义与爱社会主义是一致的

"解放生产力，发展生产力，消灭剥削，消除两极分化，最终达到共同富裕"，是社会主义的本质要求。社会主义始终把坚持以经济建设为中心作为兴国之要，把四项基本原则作为立国之本，把改革开放作为强国之路，通过改革开放不断解放和发展社会生产力，夯实我国社会主义制度的物质基础，为人民群众创造更加优越的生存和发展条件。中国特色社会主义坚持发展要以人为本，把最广大人民的根本利益作为党和国家一切工作的出发点和落脚点，走共同富裕的道路，努力保障发展成果由人民共享。

从1981年的十一届六中全会开始，我们对主要矛盾的定位是人民日益增长的物质文化需要同落后的社会生产之间的矛盾。而现在，我国社会主要矛盾已经转化为人民日益增长的美好生活需要和不平衡不充分的发展之间的矛盾。从这个矛盾的变化我们可以看出，目前，人民群众的物质文化生活需要已经得到了基本满足，落后的社会生产的问题也得到了有效的解决。既然基本需求已经得到满足，那么就要求在发展的基础上，要解决不平衡和不充分的问题。邓小平同志曾反复强调指出："社会主义的目的就是要全国人民共同富裕"，"社会主义最大的优越性就是共同富裕，这是体现社会主义本质的一个东西"。[①] 习近平总书记也进一步明确指出："消除贫困、改善民生、实现共同富裕，是社会主义的本质要求。"[②] 正因为实现共同富裕是社会主义的生产目的和本质要求，所以我们只有坚持社会主义，才能有效地避免贫富两极分化，使发展成果更多更公平地惠及全体人民，不断增强全国人民的获得感和幸福感，从而逐步实现全国人民的共同富裕。

"民为邦本，本固邦宁。"（《尚书·五子之歌》）人民是国家得以形成和存在的基本要素，人民的富裕幸福是国家繁荣稳定的重要前提和基础。热爱祖国就要热爱祖国的人民，努力实现全国人民的共同富裕。所以从社会主义的本质来看，爱国主义与爱社会主义是统一的。

三、从我国历史、现实、未来发展来看，爱国主义与爱社会主义是一致的

从历史发展来看，"只有社会主义才能救中国"。自1840年鸦片战争以来，

[①] 1986年9月2日，邓小平接受美国哥伦比亚广播公司记者专访［EB/OL］. 人民网，2016-03-30.

[②] 习近平：在全国脱贫攻坚总结表彰大会上的讲话［EB/OL］. 中华人民共和国中央人民政府，2021-02-25.

中国人民救亡图存，无数具有爱国心的志士仁人历经千辛万苦向西方寻求救国真理，探索中国民族独立和国家富强的道路。一批代表资产阶级倾向的知识分子把实现资本主义作为强国富民的理想。近代的维新运动、辛亥革命，甚至于早期的马克思主义信奉者，像李大钊、陈独秀、瞿秋白、董必武等，也都信奉或倡导过西方议会民主，以西方模式作为自己追求的目标。但他们的尝试和奋斗都以失败而告终。在十月革命之后，他们的目光从西方转向了东方，从欧美转向了俄国，从资产阶级民主主义转向了社会主义，找到了马克思列宁主义这一救国救民的真理。中国人民在中国共产党的领导下，取得了新民主主义革命的伟大胜利，建立了中华人民共和国。走社会主义道路是中国近代历史发展的客观规律，是中华民族由弱到强的必由之路。由此可见，爱国主义与爱社会主义的统一，是中国近代爱国主义合乎规律的发展，是中国近代发展的必然结果。

从现实发展来看，"只有中国特色社会主义才能发展中国"。中华人民共和国成立后，中国共产党团结带领全国人民完成了社会主义革命，确立了社会主义基本制度，并进行了大规模的社会主义建设。十一届三中全会以来，我们党把工作重心转移到经济建设上来，集中力量进行社会主义现代化建设，成功开创了中国特色社会主义，取得了举世瞩目的伟大成就。我国现在已经发展成为世界第二大经济体，国家的综合国力和国际竞争力大幅提升，国际地位空前提高。一个充满生机和希望的社会主义中国，已巍然屹立于世界的东方。正如习近平总书记所指出的那样："历史和现实都告诉我们，只有社会主义才能救中国，只有中国特色社会主义才能发展中国，这是历史的结论、人民的选择。"[①] 习近平总书记这一重要论述，不仅是对我国近代以来的历史和当今现实的科学总结和概括，而且也从历史和现实的方面深刻地说明了爱国主义和爱社会主义在当代中国的统一性。

从未来发展来看，中国特色社会主义是实现爱国主义目标，发展中国的必由之路。国富民强、振兴中华是爱国主义追求的目标，而前面我们提到，社会主义的本质是解放生产力、发展生产力、消灭剥削、消除两极分化，最终达到共同富裕，所以它既是一种有利于解放生产力、发展生产力的思想和制度，同时也是为人民谋幸福的思想和制度。所以只有走社会主义道路，才能实现国家的富强和人民的幸福，才能实现爱国主义所追求的目标。目标的一致性使得爱国主义与爱社会主义紧密结合在一起，拥有着共同的前途命运。所以二者相互

[①] 习近平：在发展中国特色社会主义实践中不断发现创造、前进 [EB/OL]．人民网，2013-01-06．

促进，社会主义要体现自身的优越性，就必须加快经济的发展，增强综合国力。社会主义现代化建设搞得越好，国家发展越快，中国在国际上的地位就越高，因此，社会主义的发展就是爱国主义的发展，社会主义的胜利就是爱国主义的胜利。同时社会主义建设事业不仅需要全体人民的参与，更需要大家的奉献，只有热爱祖国的人，才能真正关心祖国的建设事业，并为祖国的富强和人民的幸福贡献自己的力量，所以，大力弘扬爱国主义能进一步促进社会主义事业的发展。

所以，从以上几个方面，我们可以看出，爱国主义与爱社会主义在本质上是一致的。但是我们也要看到，爱国主义与爱社会主义毕竟是两个不同的概念，不能把两者完全等同起来。在当代中国，爱国主义具有层次性，对不同的人提出了不同的要求。从总体上来看，当代中国的爱国主义可以划分为两个层次，拥护社会主义的爱国者和拥护祖国统一的爱国者。邓小平曾说："什么叫爱国者？爱国者的标准是，尊重自己民族，诚心诚意拥护祖国恢复行使对香港的主权，不损害香港的繁荣和稳定。只要具备这些条件，不管他们相信资本主义，还是相信封建主义，甚至相信奴隶主义，都是爱国者。我们不要求他们都赞成中国的社会主义制度，只要求他们爱祖国、有香港。"[①] 这就是对爱国主义的低层次的要求。早在改革开放之初，邓小平同志针对有人提出的爱国可以不爱社会主义的观点明确指出："有人说不爱社会主义不等于不爱国。难道祖国是抽象的吗？不爱共产党领导的社会主义的新中国，爱什么呢？海外的爱国同胞，不能要求他们都拥护社会主义，但是至少也不能反对社会主义的新中国，否则怎么叫爱国呢？至于对中华人民共和国领导下的每一个公民、每一个青年，我们的要求当然要更高一些。"[②] 这就是对爱国主义的高层次的要求了。

总之，面对这一问题的时候，我们必须要具体分析，让学生既能明白爱国主义的层次性要求，又能明白爱国主义与爱社会主义的一致性，只有如此，才能深化爱国主义的理论内涵，增强爱国主义信念，推进社会主义现代化建设和中华民族的伟大复兴。

---

① 邓小平．邓小平文选：第3卷[M]．北京：人民出版社，1993：61．
② 邓小平．邓小平文选：第2卷[M]．2版．北京：人民出版社，1994：392．

如何理解"人类命运共同体"视野下的爱国主义？

龙文成*

近年来，习近平总书记在多个国际重大场合反复强调"人类命运共同体"的重要性，并将"推动构建人类命运共同体"作为当前中国对外交往的政策宗旨写入了十九大报告。①"命运共同体"思想是中国领导人对于当前国际发展趋势的深刻认识，不仅对我国的外交活动具有指导作用，而且对国内的爱国主义及其教育提出了更高的要求，正确认识"构建人类命运共同体"和"爱国"之间的关系，有利于我们正确处理好本国利益与国际共同利益之间的关系，将国家发展与世界发展相结合。

"人类命运共同体"思想更新了爱国主义的时代主题。不同的历史时期爱国主义有不同的主题，在综合国力日益提升的今天，习近平总书记指出："实现中华民族伟大复兴的中国梦，是当代中国爱国主义的鲜明主题。"② 中国梦与"世界梦"、爱国主义与国际主义，四者之间关系密切，具有内在一致性。一方面"世界梦"离不开中国梦，"世界梦"的实现需要中国的推动；另一方面中国梦也离不开"世界梦"，"世界梦"是中国梦的保障，二者息息相关，相互促进。对于爱国主义与国际主义，习近平总书记指出："中国人是讲爱国主义的，同时我们也是具有国际视野和国际胸怀的。随着国力的不断增强，中国将在力所能及的范围内承担更多国际责任和义务。"③ 实现和平、发展、共赢是世界各国的共同期望，也使得中国梦和世界梦紧密相连，命运共同体视野下重新审视爱国

---

* 龙文成：临沂第二十八中学教师
① 赵华珺，刘建军. 人类命运共同体视野下爱国主义的创新发展 [J]. 中共杭州市委党校学报，2018（2）：84-88.
② 习近平主持中共中央政治局第二十九次集体学习 [EB/OL]. 中国共产党新闻网，2015-12-30.
③ 中共中央文献研究室. 习近平关于实现中华民族伟大复兴的中国梦论述摘编 [M]. 北京：中央文献出版社，2013：67.

主义是实现中国梦的必然要求，也是实现"世界梦"的必然选择。

"一带一路"的建设，不仅是承载时代使命的世纪工程，也是构建人类命运共同体的伟大实践。"一带一路"建设以开放包容的心态面向世界，它不是中国版的"马歇尔计划"，不重复地缘博弈的老套路，不谋求霸权和势力范围，不以文明和意识形态划线，继承了古丝路精神，其初衷和最高目标是构建人类命运共同体。习近平总书记在党的十九大报告中指出，中国坚持对外开放的基本国策，坚持打开国门搞建设，积极促进"一带一路"国际合作，努力实现政策沟通、设施联通、贸易畅通、资金融通、民心相通，打造国际合作新平台，增添共同发展新动力。开辟了各国合作共赢、共同发展的新路径，不仅给中国带来了利益，也使得亚洲、非洲、拉丁美洲等广大发展中地区基础设施不断完善，世界经济发展的红利因此不断输送到那些"被遗忘的角落"，从而推动世界经济增长。"一带一路"建设以文明的互鉴超越文明的冲突，推动各国相互尊重、民主协商和共同决策，开创了多元文明交融的新路径，用实际行动体现了人类命运共同体的精神实质。

"人类命运共同体"思想丰富了爱国主义的理论内涵。按照列宁的定义，"爱国主义是由于千百年来各自的祖国彼此隔绝而形成的一种极为深厚的感情"[①]，这表明爱国情感的形成巩固与国家之间彼此隔离这一先决条件有密切关联。经济全球化进程的加速打破了国与国之间相互隔离的状态，使国家之间在政治、经济、文化各方面的联系日益密切。命运共同体所倡导的合作共赢、互惠共利的原则有利于解决国际纠纷，使爱国主义思想在全球化进程中坚持正确的义利观，避免被狭隘的民族主义所绑架。不可否认的是，经济全球化在密切各国联系、促进共同发展的同时也使得国家间的利益冲突被激化。2018年3月美国总统特朗普宣布，将对中国价值高达500亿美元（约合人民币3165亿元）的商品征收惩罚性关税，这是美国对中国开出的最大一笔贸易"罚单"，也标志着特朗普酝酿已久的对华贸易战正式开始，面对美国的贸易保护，中方本着互利共赢的原则积极进行协商，使中美贸易终于拨云散雾。假使中美之间真的进行大规模的贸易战，受伤的无疑是两国的经济利益以及整个国际贸易和经济全球化进程。

全球化进程不断加速，在全球发展深层次矛盾长期积累的情况下提出"人类命运共同体"思想，既不是要消解现代民族国家，更不会使个体"热爱、忠

---

① 中共中央马克思恩格斯列宁斯大林著作编译局. 列宁选集：第3卷［M］. 北京：人民出版社，2012：579.

诚、保卫、建设祖国的生命情结"泯灭，而是要在全球化深入发展的时代背景下，使爱国主义理论能够合理规避某些狭隘、消极成分的影响，提升理论视野与格局。

因此，面对矛盾冲突时必须要重新审视"义"和"利"的关系，做出符合人类共同发展的选择。习近平总书记深刻地阐述了当前中国在国际社会交往过程中所遵循的新型"义利观"，他指出："在处理国际关系时必须摒弃过时的零和思维，不能只追求你少我多、损人利己，更不能搞你输我赢、一家通吃。只有义利兼顾才能义利兼得，只有义利平衡才能义利共赢。"① "人类命运共同体"思想正是对正确义利观的实践，只有各个国家平等地参与国际事务，在谋求自身发展的同时兼顾他国利益才能有效地化解矛盾纠纷，使各国共享全球化带来的红利，促进人类社会共同发展。

"人类命运共同体"思想更新了爱国主义的实践形式。吉登斯在论述全球化造成人类社会的"结构性变化"时指出："全球化创造了更具有反思性思维的公民，人们比过去更加积极，更加有能力去反思他们所生活的世界。"② 随着个体的反省思维不断提升，爱国不仅仅停留在爱祖国的山川等物质事实层面，还包括对祖国政治制度、思想文化的热爱和认同，人类命运共同体思想的提出有助于当代中国爱国主义摆脱长久以来的历史烙印，帮助民众正确处理各种思想困惑，引导民众理性爱国，实现新时代实践形式的重塑。

"爱国"是一个永恒的话题，近代以来中国饱经风霜，遭受帝国主义的入侵，在不懈的斗争中形成了"救亡图存"的爱国精神，这种精神在实现民族独立的过程中发挥了重要作用。但是，也增加了作为"受害国"身份出场时的悲情色彩和仇恨心理。以至于在中国实现了由"站起来"到"富起来"再到"强起来"的历史过程中，国民的爱国心理仍然没有在"受害国"的阴影中走出来，任何一点涉及民族利益的刺激都会牵动国民的神经，甚至引发激进的爱国行为。尤其是在互联网快速发展的今天，爱国尤其是理性爱国显得尤为重要。网络的即时性和共享性，使其成为很多爱国事件的"助燃剂"，呈现出广泛的参与性和社会动员性，但同时也伴随着许多情绪化和非理性的因素，当祖国和其他国家发生冲突时，出现一哄而上、一点即燃的现象。这种非理性、狭隘的爱国主义被国家主义所绑架，没有站在整个民族和人类命运共同体的角度上考虑爱国，

---

① 习近平. 共创中韩合作未来，同襄亚洲振兴繁荣———在韩国国立首尔大学发表重要演讲［N］. 人民日报，2014-07-05.
② 吉登斯. 全球时代的民族国家：吉登斯讲演录［M］. 南京：江苏人民出版社，2010：142-143.

仅仅是出于各自情绪的宣泄和盲目跟风，将爱国与爱世界在某种程度上相互割裂，甚至将二者视为对立关系，这种激进行为背后所反映的是一种自卑的国民心理，在冲突面前急于维护自己、表现自己以证明自身实力。"人类命运共同体"思想的提出是中国硬实力和软实力提升到一定高度的必然结果，它表明我国已经摆脱了弱国状态，开始谋求更高水平和地位的国际交往与合作。所以，在中国的国际地位得到大幅提升的当代，摆脱病态的爱国心理，更新爱国主义的实践形式显得尤为重要。

全球化背景下国家相互之间的影响愈加深刻，而中国崛起已经成为事实，新时期的爱国者必然是既对自身祖国有着深沉热爱和眷恋之情，又关注全球和全人类未来发展的公民，既积极参与国家建设，为中华民族的最终富强而贡献自己的力量，又能参与国际事务，具有国际视野、世界眼光的中国特色的"世界公民"。"人类命运共同体"视野下的爱国主义突破了民族和种族的界限，将整个人类社会的发展作为一个有机整体，避免爱国主义被狭隘的民族主义所束缚。"人类命运共同体"思想更新了新时代爱国主义的时代主题，丰富了全球化背景下爱国主义的内涵，也更新了爱国的实践形式，提升了爱国主义的视野和格局。同时也表现出中国"从被动性的融入世界秩序到开始主动性的布局，将自身发展与世界的发展结合到一起，并力图在更深刻理解全球化变局的基础上，探索塑造理想世界秩序的可能性"[1]，昭示着当代爱国主义在命运共同体视野下的新变化。

---

[1] 修远基金会. 新全球化时代与"人类命运共同体"[J]. 文化纵横，2015（5）：18-26.

为什么说文化软实力的竞争本质是不同文化所代表的核心价值观的竞争

马卫花[*]

2014年2月24日,习近平总书记在中共中央政治局第十三次集体学习时指出,"核心价值观是文化软实力的灵魂、文化软实力建设的重点。这是决定文化性质和方向的最深层次要素。一个国家的文化软实力,从根本上说,取决于其核心价值观的生命力、凝聚力、感召力"。[①]

一、文化软实力与核心价值观

一个国家的综合实力中,除了传统的、基于军事和经济实力的硬实力,另外一个重要的组成部分就是软实力。"软实力"这个概念是由美国学者约瑟夫·奈首次明确提出的,它是与传统的经济、军事、科技优势等"硬实力"相对而言的。软实力指的是一种能力,它通过吸引力而非威逼或利诱达到目的。这个概念的提出,明确了软实力的重要价值,并且把它与传统的"硬实力"放在了同样重要甚至还更加重要的位置上。一般认为,软实力包含外交软实力、政治软实力和文化软实力三个部分。其中,文化软实力即文化的吸引力和感染力,既体现在对国内民众的凝聚和动员,也体现为对其他国家和地区的人们以及整个国际社会的吸引和同化。文化软实力通常被认为是"软实力"的核心部分。我们理解的文化软实力,主要是指那些在社会文化领域中具有精神的感召力、社会的凝聚力、市场的吸引力、思想的影响力与心理的驱动力的文化资源。现在综合国力的博弈对一个国家在未来世界秩序中的排序起着关键性作用。各个国家也越来越重视软实力的建设。党的十七大报告提出要"提高国家文化软实力",把它作为一项长远的战略任务提升到前所未有的高度,这也标志着我们党

---

[*] 马卫花:曲阜师范大学马克思主义学院教师。
[①] 习近平. 习近平谈治国理政:第1卷[M]. 北京:外文出版社,2014:163.

对文化建设的认识达到了一个新境界。

我们一般把价值观分为两大类：一类是一般价值观，一类是核心价值观。在一个国家和社会的价值观体系中，各种价值观的地位并不是完全相同的，有些价值观在整个社会价值体系中居于从属地位，它仅仅体现社会某个方面或领域的价值取向和追求，这种价值观我们就称之为一般价值观；另一种是处于主导和支配地位的价值观，它引领和统率着其他处于从属地位的价值观念，是一种社会制度和社会公民普遍遵循的基本原则，体现了这个国家或社会所特有的文化精神追求和基本价值理念。这种居于社会主导地位的价值观就叫核心价值观。价值观是人类在认识、改造自然和社会的过程中产生与发挥作用的一种思想。不同民族、不同国家由于其自然条件和发展历程不同，产生和形成的核心价值观也各有特点。一个民族、一个国家的核心价值观必须同这个民族、这个国家的历史文化相契合，同这个民族、这个国家的人民正在进行的奋斗相结合，同这个民族、这个国家需要解决的时代问题相适应。①

历史的经验表明，一个国家的崛起，不仅仅伴随着经济的强盛，而且也必然伴随着文化的昌盛。文化越来越成为民族凝聚力的重要源泉。一个国家要把全社会的意志和力量凝聚起来，就必须有一套与经济基础、政治制度相适应的核心价值体系，它是一个国家、民族赖以生存的精神支柱。我们国家是一个多民族的国家，如果我们没有统一的指导思想、共同的理想信念、强大的精神支柱和基本的道德规范，也就是如果没有我们整个社会大家都必须遵循的核心价值理念，就必然会导致人心涣散、社会混乱，最终变成一盘散沙的局面。而文化的力量归根结底来自凝结其中的核心价值观的影响力和吸引力，文化软实力的竞争，从本质上说也就是不同文化所代表的核心价值观的竞争。

二、核心价值观是文化软实力的灵魂

我们说核心价值观是文化软实力的灵魂，是因为核心价值观引领着文化的发展方向，使得文化更具有凝聚力、感召力，才能更好地发挥出文化在我们国家综合国力中的功能和作用。

第一，核心价值观决定着文化软实力的性质和发展方向。

任何社会都有在这个社会中占主导地位的价值观，也就是核心价值观，它是一定社会形态、社会性质的集中体现，在一个社会的思想观念体系中处于主导地位，体现着社会制度、社会运行的基本原则和社会发展的基本方向。核心

---

① 习近平.习近平谈治国理政：第1卷[M].北京：外文出版社，2014：171.

价值观并不与政治、法律、艺术、道德、科学等社会意识形态和其他文化形态相并列，而是深藏、凝结、渗透在一切社会意识形态和文化形态中，持久发生主导、支配、引领作用，并被其他社会意识形态和文化形态始终贯穿、散发，并体现其意蕴。因此，核心价值观是决定文化性质和方向的最深层次要素，是文化的最根本的核心内容和最重要的特征，它是一个社会意识形态的主体和灵魂，作用于经济、政治、文化和社会生活的各个方面。

党的十八大提出，要倡导富强、民主、文明、和谐，倡导自由、平等、公正、法治，倡导爱国、敬业、诚信、友善，积极培育和践行社会主义核心价值观。这与中国特色社会主义发展要求相契合，与中华优秀传统文化和人类文明优秀成果相承接，是我们党凝聚全党全社会价值共识作出的重要论断。我们可以看出，"与中国特色社会主义发展要求相契合"，是指社会主义核心价值观反映了中国特色社会主义发展的本质要求；"与中华优秀传统文化和人类文明优秀成果相承接"，是指社会主义核心价值观继承了我国优秀传统文化价值理念中的合理因素，同时也借鉴和吸收了人类文明的有益成果，体现了人类命运共同体的价值诉求，内在地包含着反映人类共同价值的价值观念。文化软实力最终还是要体现在人的精神状态、理想追求上。我们的社会主义核心价值观是当代中国文化的精髓，体现着人们心中最美好、最执着的向往和愿景，为当代中国文化指明了发展方向，并促使人们为这美好的向往和愿景而努力奋斗、不懈前进。所以在我国文化的发展过程中，社会主义核心价值观起着导航罗盘的作用。

第二，核心价值观是整合社会多元价值以提升我国文化软实力的必然选择。

我国自改革开放以来，人们的价值观呈现出多元、多变的特点。一方面，改革的进步性决定了人们价值观变化的进步性；但另一方面，价值秩序的变迁，价值观的多样性也引发了价值观的冲突，这种冲突表现在个人、群体、社会不同主体之间在效率与公平、利益与道义、自由与平等等一系列重要价值问题上，有着不同乃至截然相反的看法与选择。同一主体在不同领域、不同方面的价值取向也往往呈现出多变性与矛盾性。这种矛盾和冲突也是不同形态的价值观——传统的与现代的、本土的与外来的、宗教的与世俗的、精英的与大众的——之间的一系列矛盾和冲突。在这些多样化的价值观中，我们看到了一些人视金钱、财物等为他们的全部目标，信奉拜金主义、消费主义、享乐主义。一些人的价值观具有明显的模糊性，混淆是非界限，美丑不分、荣辱不辨。一些人信仰缺失、精神迷离，陷入无意义的焦虑与孤独之中，并走向虚无化、冷漠化。与此同时，我们也看到，某些发达国家不遗余力地推行其信奉的价值观，在海量的影视、书刊、游戏和各种信息中输出其价值观。不少洞察深刻、见微知著的学者说，"兵不血刃夺天下"正在取代传统的武力征服，在征服的过程中，价值观的认同起到了不可估量的作用。

价值秩序变迁中出现的矛盾冲突以及一定程度上的价值理念的混乱，凸显了人们对核心价值观的诉求。历史和现实一再表明，每一个社会共同体都需要有自己的核心价值观，而社会主义核心价值观的提出，为我国全体社会成员提供了共同的价值理念和价值规范，使人们能够对多样化的价值予以批判性整合，对价值之间的冲突加以调解。人们在自己的长远利益和根本利益上有了共同的目标和追求，形成价值共识，从而有效建构精神家园。社会也能够找到全体社会成员在价值认同上的最大公约数，最大限度地凝聚形成社会思想共识，形成精神纽带，进而化作维系社会和民族生命共契的巨大能量。正如习近平总书记所说，一个国家的文化软实力，从根本上说，取决于其核心价值观的生命力、凝聚力、感召力。文化软实力只有通过核心价值观的认同作用，才能形成统一人民意志、培育民族精神、增强国家凝聚力，从而激发创新活力、推进社会主义发展与和谐稳定的强大力量。

三、核心价值观是文化软实力中最主要的竞争力量

在当今时代，全球的竞争从传统的资源的竞争、资本的竞争，到现在演变成文化的竞争。而文化软实力的比拼，说到底是核心价值观的较量，谁拥有强大吸引力和影响力的价值观，占据道德的高地，谁就赢得国际社会的认同，获得有力的话语权，便能够在激烈的国际竞争中赢得主动。所以我们国家的发展不能仅仅是经济的发展和壮大，更要有与之相匹配的核心价值观的优势。党的十八大提出积极培育践行社会主义核心价值观以来，社会主义核心价值观从国家层面凝聚了精神力量、社会层面厘定了规则秩序、个人层面涵养了公民德性，树立了我国良好的大国形象，引领了社会舆论潮流，应对了外来价值观挑战，显著地增强了我国意识形态的主导权、话语权。我国通过语言和践行社会主义核心价值观，告诉世界中国是什么样的国家、什么样的社会、拥有什么样的公民。我们用最简洁的语言介绍中国，彰显文明、民主、开放、和谐与负责任的国家形象，增强中华文化对国际社会的吸引力和感召力，并为构建世界价值体系、引领世界价值走向作出贡献。我们要把核心价值观作为实施国家软实力战略的根本，积极培育、践行和传播社会主义核心价值观，在使之贯彻于社会各个领域的同时，也使之贯穿于国际交流的方方面面，切实推进国家软实力的不断提升。

对任何国家来说，就既有的文化传统而言，有什么样的文化，就有什么样

的核心价值观；但从文化建设的角度来看，则是有什么样的核心价值观，就会形成什么样的文化。后者表明，在文化建设过程中，核心价值观决定着文化的性质和方向，从而决定着一个国家具有什么样的文化软实力。正是在这一意义上，我们说社会主义核心价值观是当代中国文化软实力的灵魂，文化软实力的竞争从本质上说是不同文化所代表的核心价值观的竞争。

如何理解社会主义核心价值观的历史底蕴

魏秀珍*

任何一种价值观都不可能凭空产生，总是有其特定的历史底色和精神脉络。牢固的核心价值观，都有其固有的根本。社会主义核心价值观不是无源之水、无本之木，它深深地根植于中华优秀传统文化之中。社会主义核心价值观内含着中华民族几千年来最深层的精神追求和道德规范准则，具有鲜明的民族特色。[①] 源远流长、博大精深的中华优秀传统文化，滋养了世代绵延的伟大民族精神，蕴含着中华民族最根本的精神基因，积淀着中华民族最深层的精神追求，是社会主义核心价值观深厚的历史底蕴，也给我们坚定践行社会主义核心价值观提供了充分的理由。

一、社会主义核心价值观在国家层面的历史底蕴

"富强、民主、文明、和谐"是社会主义核心价值观在国家层面的十分具体和明确化的目标，揭示了当代中国在经济发展、政治文明、文化繁荣、社会进步等方面的价值目标，从国家层面标注了社会主义核心价值观的时代刻度。为中华儿女努力奋斗树立了重要标杆，我们要始终朝着这个目标迈进。这一目标是对传统文化中国家概念的挖掘和梳理，也是对新时代国家发展理念的凝练与创新。

富强，在中国历史发展进程中，一直都是人们心中的美好期许。富强包括民富和国强，且二者密不可分，"百姓足，君孰与不足？百姓不足，君孰与足"。（《论语·颜渊》）管子提出"凡治国之道，必先富民。富民则易治也，民贫则难治也"（《管子·治国》）。因此历代贤君明君多实行仁政，与民休息，发展生产，创造财富。人民生活富足和国家富裕是国家强盛的标志，也是国家发展

---

* 魏秀珍：曲阜师范大学马克思主义学院教师
① 习近平. 习近平谈治国理政：第1卷 [M]. 北京：外文出版社，2014：164.

的最首要的目标。社会主义核心价值观在国家层面将富强列在首位，作为国家社会发展的基础，既代表中华民族的千年夙愿，也表达了当代中国人民不懈奋斗的愿景，正是体现出对传统文化的继承和发展。

民主，有人认为是学习西方现代意义上的民主制度，其实中华传统文化中民本思想很丰富，核心价值观中的民主是对民本思想的吸收创新。无论是孔子讲仁政、孟子谈民贵君轻、荀子言立君为民、贾谊论民为政本等述论，还是监察制度、言官制度、净谏制度等体系，这些都包含有丰富的民本思想，成为今天我们民主政治建设的重要源泉。当今，我国高度重视民主政治建设，始终致力于实现和维护人民群众的根本利益。民主成为核心价值观关于国家层面的目标是题中应有之义。

文明，是一个社会进步的标志。《尚书》中讲，"经天纬地曰文，照临四方曰明"。文明不仅体现个人素养，也是国家发展的动力与目标。人人讲文明，国家发展才能充满正能量。传统文化中文明一词常与礼仪并用，礼文化是中国传统文化中的重要内容，子曰："不知礼，无以立"，还制定了针对文明礼仪的各种行为规范和要求。新时代的文明正是以中国传统文明为基石，结合时代特点，将几千年的民族价值追求、生活方式、社会发展模式等进行了再创造，成为社会主义核心价值观的重要内容。

和谐，是中国传统文化强调的重要内容，崇尚和谐、爱好和平是中华民族的优良传统和高尚品德，是中华民族一直以来的理想追求，"和"是中华传统文化中最深入人心的理念。不仅儒家主张致中和，道家也讲天人要协调，墨家更是讲和合。而且中国传统文化中讲和谐，不仅指人与人、人与社会之间，也包括人与自然之间要和谐共处。"天地之气，莫大于和。和者，阴阳调，日夜分，而生物。"[①] "四马不和，取道不长；父子不和，其世破亡；兄弟不和，不能久同；夫妻不和，室家大凶。"（《说苑·敬慎》）所以"和为贵"。人际相处主张建立和谐友爱的人际关系；民族之间，主张各民族和衷共济团结和睦；国与国关系上，主张协和万邦，互相尊重，平等相待。

二、社会主义核心价值观在社会层面的历史底蕴

自由、平等、公正、法治是社会主义核心价值观在社会层面提出的价值要求，反映了我国人民对美好社会的期望和憧憬，是衡量现代社会是否充满生机

---

① 罗国杰，等. 中国传统道德 简编本 重排本 [M]. 北京：中国人民大学出版社，2012：23.

活力又和谐有序的重要标志。

自由是人类思维的最本质的特征。从先秦时期的庄子到魏晋时期的竹林七贤，以及东晋的陶渊明都是追求自由的代表。当然中国古代提倡的自由更多是指人"由于自己"而不受制于外力，强调自我的放松、自我调节的精神状态，与现代意义上的权利观念有别。但中华文化中的自由有其自己的特色，自由是在注重修身养性与慎独的自我规范基础上，强调身体自由、精神自由，更偏向于内心的自由。这样的自由是中华民族特有的情怀。社会主义核心价值观正是把中国传统意义上的自由与"实现自由全面发展"相结合，将这种自由观跨越时空成为现代社会新的活力目标。

平等，虽然在古代社会中，并没有实现人人平等，但渴望平等的思想由来已久，一直保留在传统文化之中。孔子在对夏周社会的描述中也提出"大道之行也，天下为公"。"有教无类"四字讲的是受教育的权利平等。法家主张刑法不分等级；墨子提出"兼相爱"观念；古代农民的历次起义，如陈胜、吴广喊出"王侯将相，宁有种乎"，太平军提出的"四有两无"的社会理想，都体现出底层民众对平等的渴求。社会主义社会为社会成员的平等创造了条件，平等自然成为社会主义核心价值观的应有之义。社会主义核心价值观中的平等观是对以往历史经验的借鉴和发扬，不是单纯地讲"不患寡而患不均"的绝对平均主义，而是为人民带来更多机会、更能调动社会成员的积极性、发挥其才能、更好地实现自身价值的平等。

公正即公平正义。"公"常与"私"相对应，孔子讲"大道之行，天下为公"，老子讲"以正治国"，近代孙中山讲"天下为公"，都在讲公的理念。"天下为公"的公正和"均贫富"的平等都是基本的社会政治理念，也是治国安民的基本准则，二者相辅相成，代表着最广大人民的共同利益。社会主义核心价值观讲公正有着丰富的历史资源，也有利于化解社会中的一些矛盾。

法治与我国政治发展有着深厚的渊源，春秋战国时期，法家主张"以法而治"，商鞅"立木建信"，强调"法必明，令必行"，使秦国变强，促成统一大业。刘邦与汉中百姓"约法三章"，汉武帝时形成的汉律，沿用近四百年。唐太宗以奉法为治国之重，在《贞观律》基础上修订成的《唐律疏议》为大唐盛世奠定了基石。从中国古代看，凡属盛世都是法制相对健全的时期。固然，囿于古代封建专制制度，不可能达到现代意义上的法治，但仍有一些法治理念有利于现代法治建设。当代中国实施全面依法治国战略，凸显了社会主义核心价值观中法治的重要意义。

三、社会主义核心价值观在公民个人层面的历史底蕴

爱国、敬业、诚信、友善是现代社会发展和人们生存的基本品质和观念，是社会主义核心价值观在个人层面提出的行为准则，也是中华民族的传统美德的直接传承。

爱国。自古以来，中国人就有一种胸怀天下、心系家国的爱国情怀，在我国悠久的历史发展中出现了众多的爱国民族英雄，他们以实际行动诠释着"天下兴亡、匹夫有责"。"匈奴未灭，何以成家""苟利国家生死以，岂因祸福避趋之""革命尚未成功，同志仍需努力"等这些有关爱国的名言如一枚烙印，深深熨在了中华民族的精神深处。特别是近代以来，中国人民遭受的苦难，更是激发了人民对国家的深厚情感，这种情感是开创伟大事业的精神支撑和动力。因此，爱国作为社会主义核心价值观个人层面的首要内容，恰如其分。

敬业是中华民族宝贵的精神财富。人生在世，必须有业。无业则无以谋生，不敬业则不会有生活之幸福。因此，中国传统道德中对于社会的管理者君主百官，对于士农工商，对于从事社会教育的教师、从事治病救人的医生和从事艺术工作的人员，都有相应的职业道德要求。在中国传统道德中，政治道德不仅是一般的职业道德，还是一种齐家治国平天下的道德。要求为官者要勤政，要"公忠""廉洁"等。"当官之法，唯有三事：曰清，曰慎，曰勤。知此三者，则之所以持身矣。"① 师以传道授业解惑为职，但不学则无以尽职，"温故而知新，可以为师矣"（《论语·为政》）。医德以仁慈救人、谨慎医病和医术的精益求精为基本规范。商德以买卖公平、货真价实、明察取利为规范。"三百六十行，行行出状元"，由此也可以看出古人倡导尽心尽力做事。朱熹的"敬业者，专心致志以事其业"，诸葛亮的"鞠躬尽瘁死而后已"都是讲人们在职业活动中要忠于职守、坚韧不拔。不论时代如何变迁，敬业都始终是人们创业奋发有为的强大力量。

诚信被认为是为人之本，是我国古代传统文化中最为重要的价值观念之一，是中华民族的精神标杆。早在春秋时期，诚信的理念就深入人心，信守承诺在那时就成为衡量人类品行的标准。诸子百家的论点虽有不同，但都把诚信作为重要的规范，强调诚信不可或缺。儒家强调"人而无信，不知其可也"，道家说"信言不美，美言不信"，墨家强调"言必信，行必果"，法家认为"巧诈不如

---

① 罗国杰，等. 中国传统道德 简编本 重排本 [M]. 北京：中国人民大学出版社，2012：79.

拙诚",杂家也谈"信而又信,谁人不亲"。诚信更是被儒家视为"进德修业之本""立人之道"和"立政之本"。孔子不仅提出"人而无信不知其可"的思想,而且把信提到"民无信不立"的地位,以致去兵、去食,宁死必信。强调无论上下左右关系,其诚信之德都在于言行一致,表里如一,真实好善,博济于民。这些传统的诚信理念,与今天我们倡导的诚信价值观一脉相承,为新时代诚信体系建设提供了直接来源。

友善是人们自身内在的修养,也是与人相处的传统美德。中华民族是友善民族,强调以包容之心对待别人,主张"己所不欲勿施于人","老吾老以及人之老,幼吾幼以及人之幼","扶贫济困"。与人为善渗透在每个中国人的心里,已经成为一种行为本能。友善既包含同情心,也包括关爱他人。墨子就曾提出"兼爱"的理念,即平等、无差别地对待他人。只有每个人都充满善意,有着善言善举,与己为善,与人为善,与社会为善,与自然为善,才会在新时代中体会到真正的人生价值。

这样的思想和理念,不论是在过去还是现在,都有其鲜明的民族特色,都有其永不褪色的时代价值。正如习近平所说的,要"深入挖掘和阐发中华优秀传统文化讲仁爱、重民本、守诚信、崇正义、尚和合、求大同的时代价值,使中华优秀传统文化成为涵养社会主义核心价值观的重要源泉"。①

培育和弘扬社会主义核心价值观,必须立足于中华优秀传统文化。要积极发掘优秀传统文化的现代价值,从中华优秀传统文化中汲取丰富营养。中国人民的理想、价值观和精神世界是始终扎根于中华优秀传统文化的沃土之中的,同时又是随着历史和时代的前进而不断演化的。社会主义核心价值观,是对中华优秀传统文化的继承和升华。立足于新时代,深入中华民族历久弥新的精神世界,把长期以来我们民族形成的积极向上、向善的思想文化充分继承和弘扬起来,坚持历史唯物主义立场,坚持古为今用、推陈出新,有鉴别地加以对待,有扬弃地予以继承,而非对传统文化乔装打扮或随意嫁接。推动中华优秀传统文化创造性转化和创新性发展,激活其生命力,增强其影响力和感召力,把跨越时空、超越国度、富有永恒魅力、具有当代价值的文化精神弘扬起来,把继承优秀传统文化又弘扬时代精神、立足本国又面向世界的当代中国文化创新成果传播出去。

---

① 习近平. 习近平谈治国理政:第1卷 [M]. 北京:外文出版社,2014:164.

社会主义核心价值观与社会主义核心价值体系的关系

张方玉[*]

众所周知，文化在一个国家、一个民族的生存、发展的过程中起着至关重要的作用。文化是一个国家、一个民族的灵魂。历史与现实都表明，一个丢失或者是背叛了自己民族文化的国家，最终是无法发展起来的。每个国家有每个国家的文化，每个时代有每个时代的文化。中华民族，一个拥有五千年历史的文化大国，一个拥有14亿多人口的世界大国，如何在五千年文化中提炼出满足当代中国发展需求，又能被人民共同认可的价值体系，这是一个理论问题，也是一个实践问题。社会主义核心价值体系与核心价值观应运而生，而一种价值观的倡导从顶层设计到具体个人的领会、认同、践行之间存在着诸多问题，因此必须要在落细、落小、落实上下功夫。

一、概念辨析

在理解、掌握社会主义核心价值体系与社会主义核心价值观之前有必要对几组概念进行区分：

（一）价值、价值体系、核心价值体系

在哲学意义上，价值是一个关系范畴，它是指具体特定属性的客体对于主体需要的意义。

不同的价值随之又组成一个价值体系，以结构形式存在的价值体系是广义上的价值体系。与之相对应的狭义价值体系：竖立在经济结构之上的"法律的和政治的上层建筑"和与现实基础相适应的"一定的社会意识形态"。[①] 在马克思主义哲学中，上层建筑被划分为意识形态和政治法律制度及其设施、政治组织两部分。其中意识形态称为观念上层建筑，政治法律制度及其设施和政治组

---

[*] 张方玉：曲阜师范大学马克思主义学院教授、博士生导师
[①] 陈新汉. 核心价值体系及其与核心价值观的关系 [J]. 红旗文稿，2012（8）：14-16.

34

织称为政治上层建筑。

核心价值体系则是价值体系中最为精髓的部分，它在整个社会的价值体系中居于主导位置，决定着整个价值体系的特征。

（二）价值观、核心价值观

价值观：就个人而言，是人作为主体对客体价值评价的一种观念。就国家而言，价值观即社会价值观，它是社会倡导的，为社会大多数成员所认可的同时又体现社会评判是非曲直的一种价值标准。

核心价值观：所谓核心价值观就是价值观最为核心、最为精髓的表达。它承载着一个民族、一个国家的精神追求。社会主义核心价值观是当代中国精神的集中体现，是凝聚中国力量的思想道德基础。[①]

二、社会主义核心价值体系与社会主义核心价值观提出的时代背景、发展过程

（一）时代背景

国际方面，随着改革开放的不断深入，我国经济社会发展得到不断的推进，中国在综合实力上发生了巨大的转变，一贯奉行霸权主义的资本主义国家借助"文化渗透"的手段，给我国意识形态安全带来了巨大冲击。事实上，"普世价值"、宪政民主、新自由主义等错误思潮对当前社会的共同思想基础已经产生了一定的思想冲击。

国内方面，我国经济体制改革提出了建立社会主义市场经济体制的目标。市场经济崇尚多元经济、多元利益，但也出现了贫富差距拉大的现象。建设核心价值体系和核心价值观就是从最根本的价值观层面出发，为统一思想、达成价值共识、缓解价值冲突提供有效指导。

（二）发展过程

建设社会主义核心价值体系，积极培育和践行社会主义核心价值观二者均属于社会主义文化建设。想要更好地把握和理解社会主义核心价值体系和核心价值观，必须深入剖析精神文明建设的发展脉络。

1982年，党的十二大报告中指出："在全党把工作重点转移到现代化经济建设上来以后，党中央曾多次郑重提出：我们在建设高度物质文明的同时，一定要努力建设高度的社会主义精神文明。这是建设社会主义的一个战略方针问题。社会主义的历史经验和我国当前的现实情况都告诉我们，是否坚持这样的方针，

[①] 习近平．习近平谈治国理政：第2卷［M］．北京：外文出版社，2017：351.

将关系社会主义的兴衰和成败。"

1986年,党的十二届六中全会做出了《中共中央关于社会主义精神文明建设指导方针的决议》,这个决议有两大特点,其一是针对社会主义精神文明建设的重要地位,将其纳入社会主义现代化建设的总体布局之中,指出其"是关系社会主义兴衰成败的大事";其二是关于社会主义精神文明建设的重要作用,指明其"为物质文明的发展提供精神动力和智力支持,为它的正确发展方向提供有力的思想保证"。

1996年,党的十四届六中全会做出《中共中央关于加强社会主义精神文明建设若干重要问题的决议》,这个决议也有两个突出特点,其一对此前精神文明建设工作中的经验和教训作出总结,同时对精神文明建设工作面临的形势作了具体分析;其二是对之前设定的社会主义精神文明建设的基本内容,在部署上有分列,把属于社会主义精神文明建设三个重要内容的"思想道德和文化建设"加以突出,而且对其战略地位与作用的价值定位上有了进一步认识,明确提出"加强社会主义精神文明建设是一项重大战略任务""切实把精神文明建设提到更加突出的地位""已经成为全党和全国各族人民极其关注的大事"。

2006年,党的十六届六中全会审议并通过了《中共中央关于构建社会主义和谐社会若干重大问题的决定》,首次明确提出"社会主义核心价值体系"这个命题,其主要内容包括:马克思主义指导思想,中国特色社会主义共同理想,以爱国主义为核心的民族精神和以改革创新为核心的时代精神,社会主义荣辱观。同时决定中指出:"坚持把社会主义核心价值体系融入国民教育和精神文明建设全过程、贯穿现代化建设各方面。"

2007年,党的十七大报告中进一步强调"切实把社会主义核心价值体系融入国民教育和精神文明建设全过程,并将其转化为人民的自觉追求"。[1]

2012年,党的十八大报告中不仅强调加强社会主义核心价值体系建设,同时提出了社会主义核心价值观,其基本内容包括:"倡导富强、民主、文明、和谐,倡导自由、平等、公正、法治,倡导爱国、敬业、诚信、友善,积极培育和践行社会主义核心价值观。"

经过对重要文献的梳理,不难发现从"努力建设社会主义精神文明",到"建设社会主义核心价值体系",再到"培育和践行社会主义核心价值观",我们对于中国特色社会主义文化建设的理解不断深入。

---

[1] 本书编写组. 十七大报告辅导读本 [M]. 北京:人民出版社,2007:33.

三、社会主义核心价值体系与社会主义核心价值观的辩证关系

对于社会主义核心价值体系与社会主义核心价值观之间的关系，学术界所持观点也并不一，其中最为典型的就是：社会主义核心价值体系等同于社会主义核心价值观。事实上，既相互区别又相互联系才是二者关系最准确的反映。

（一）内容上相互联系、相互区别

社会主义核心价值体系的具体内容包括：马克思主义指导思想，中国特色社会主义共同理想，以爱国主义为核心的民族精神和以改革创新为核心的时代精神，社会主义荣辱观。马克思说："理论一经掌握群众也会变成物质力量。理论只要说服人就能掌握群众；而理论只要彻底就能说服人。所谓彻底就是抓住事物的根本。"[①]"形成认同"和"达成共识"是落实社会主义核心价值体系的根本所在，而"过于学理性""不具大众性"使其在理论宣传与群众认知过程中面临诸多问题。促使核心价值体系更好地为人民群众所接受，发挥其引领社会思潮的作用，最先要实现的就是理论内容的通俗化。24字的社会主义核心价值观对其内容进行了高度凝练，不仅实现了理论内容的通俗化，同时也体现了其价值精髓。"倡导富强、民主、文明、和谐"的理念是对"中国特色社会主义共同理想"的凝练与发展；"倡导自由、平等、公正、法治"的理念是对"以改革创新为核心的时代精神"的凝练与发展；"倡导爱国、敬业、诚信、友善"的理念是对"以爱国主义为核心的民族精神"和"社会主义荣辱观"的凝练与发展。

因此，在内容上，社会主义核心价值体系涵盖社会主义核心价值观，它着眼的是理论产生发展的"源"与"流"的关系层面；社会主义核心价值观涵盖社会主义核心价值体系，它是指理论意义外延的大小关系。就区别而言，基于核心价值体系是核心价值观产生的逻辑起点，因此后者具有更大的普适性。

（二）作用上相互促进、相互补充

社会主义核心价值体系的发展促进核心价值观的变化发展。由于核心价值体系包含政治、经济、文化、社会、科技、宗教、伦理等诸多层面的内容，它们的变化发展促使社会主义核心价值体系不断与时俱进，核心价值观作为其凝练形态必然会随之发生变化。另一方面，社会主义核心价值观对于核心价值体系也具有积极的能动作用，整合与引导作用是这种能动作用的主要体现。核心

---

① 中共中央马克思恩格斯列宁斯大林著作编译局. 马克思恩格斯选集：第1卷[M]. 北京：人民出版社，2012：9-10.

价值观体现的价值精神与价值原则，使"核心价值体系成为一个有着内在逻辑的整体"成为现实。同样也是因为这种价值精神与价值原则具有终极性，对于现阶段的核心价值体系具有引导与统率作用。例如，儒家在庞大的儒家价值体系中凝练出"仁、义、礼、智、信"的核心价值观，而"仁"被视为伦理道德的最高标准，凡一切道德实践都要建立在此基础之上。

　　二者在推动中国特色社会主义现代化建设过程中扮演的角色不一样。"什么是社会主义，如何建设社会主义"这个问题贯穿于社会主义现代化建设过程的始终。"什么是社会主义"体现的是目的或目标的问题，"如何建设社会主义"体现的是手段问题。党的历届领导人都结合具体时代情况，对该问题进行了回答，也形成了丰富的理论成果，其中就包括社会主义核心价值体系。党的十八大报告中明确指出："社会主义核心价值体系是兴国之魂，它决定着中国特色社会主义的发展方向。"从其具体内涵来看，社会主义核心价值体系是对"如何建设社会主义"问题做出的回应，在推动社会主义现代化建设过程中扮演的是"手段"的角色。社会主义核心价值观试图解决的是"什么是社会主义"的问题，社会建设尤其是精神层面的建设要达到什么目标，它扮演的是"目的"的角色。

　　中共中央在《关于培育和践行社会主义核心价值观的意见》中指出："社会主义核心价值观是社会主义核心价值体系的内核，体现社会主义核心价值体系的根本性质和基本特征，反映社会主义核心价值体系的丰富内容和实践要求，是社会主义核心价值体系的高度凝练和集中表达。"这就意味着，培育和践行社会主义核心价值观可以积极推动社会主义核心价值体系的建设，带动其运行。必须指出，无论是社会主义核心价值体系的建设还是社会主义核心价值观的培育与弘扬，都必须在落细、落小、落实上下功夫。

如何理解人生的自我价值与社会价值的关系

魏秀珍*

大学生常关注实现自我,但如何实现,很多人又有困惑。解除困惑的关键就是要弄清人生的自我价值与社会价值之间的关系。搞清人生价值中的这对关系也就明白了如何实现自我价值。

从哲学上看,价值是一种关系,是客体满足主体需要时的关系,即客体的某种属性对于满足主体的需要有意义。人生价值是一种特殊的价值,是人的生活实践对于社会和个人所具有的作用和意义。人的生活实践对于个体自身的意义和作用就是人生的自我价值,人的生活实践对于社会的意义和作用就是人生的社会价值。人生的自我价值与社会价值是辩证统一的关系,既相互区别,又密切联系、相互依存,二者不可分割。

一、人生的自我价值与社会价值是相对立的,二者有着不同的价值定位,不可混淆

人生自我价值与社会价值是相对立的,二者有着不同的价值定位,在人生价值的形成发展过程中共同发挥作用,不可混淆。人生的自我价值是个体生存和发展的必要条件。人生自我价值的实现是个体为社会创造更大价值的前提。马克思、恩格斯曾经指出,"全部人类历史的第一个前提无疑是有生命的个人的存在"[①]。个人的存在取决于他们进行生产的物质条件,"人们为了能够'创造历史',必须能够生活,但是为了生活,首先就需要吃喝住穿以及其他一些东西。因此第一个历史活动就是生产满足这些需要的资料,即生产物质生活本身,而且,这是人们从几千年前直到今天单是为了维持生活就必须每日每时从事的

---

* 魏秀珍:曲阜师范大学马克思主义学院教师
① 中共中央马克思恩格斯列宁斯大林著作编译局. 马克思恩格斯选集:第1卷[M]. 北京:人民出版社,2012:146.

历史活动,是一切历史的基本条件。"① "因此,第一个需要确认的事实就是这些个人的肉体组织以及由此产生的个人对其他自然的关系。"② 人们正是在从事一切的物质生产和精神生产实践活动中展开自己的生命历程,创造满足自己生存发展需要的物质产品和精神产品,支撑自己生命活动的不断展开,从而构建起人生的自我价值。

因此,人生的自我价值是指人们所生存发展的前提和意义的必要条件,离开了这些前提和意义,人们便不能在自己的生命活动中构建起满足自己需要的人生价值,人们就会觉得自己的人生对于自己没有价值,从而丧失人生意义的建构和现实追求,在无价值和无意义的人生理解中迷惘、悲观甚至绝望,也就失去了在自己的生命活动中创造人生社会价值的前提条件。因此,人们应关注和追求人生对自我的价值实现,社会应该尊重个体的生存发展需要,为满足自身需要的努力即为实现人生的自我价值提供条件、创造环境。

当然,绝不能将一个人的自我价值,理解为这个人所具有的孤立的绝对价值,它不是这个人自身对于其自身的关系或者这个人自身满足其自身需要的价值,而是应理解为这个人自我与其所处的社会相关联的价值。如果抛去自我与社会关系的视角,或者离开人们的社会实践,单纯关注和片面追求人生自我价值实现,人生又是不完整的,也是不可取的,自我价值实现也是不可能的,进行这样的分析是没有实际内容的,也是没有现实意义的。因为人生价值从根本上来说是社会的,正是人生的社会价值表征着人的社会性本质存在发展方式,揭示出人生价值的深刻意蕴。"人的本质不是单个人所固有的抽象物,在其现实性上,它是一切社会关系的总和。"③ 人是社会的人,离开社会,人就不存在。这意味着个体在物质和精神上的需要必须在社会中才能得到满足,也意味着这些需要以怎样的方式和多大程度上获得满足也都由社会来决定,即个人自我价值的实现也离不开社会,因为个人的生存与发展离不开社会提供的物质和精神的条件,个人自我价值的实现、自我奋斗的过程离不开社会提供的机遇、手段、环境等条件,个人自我价值实现的结果也要靠社会来体现,其作用和影响要靠社会来传播。个人不能仅靠自己就满足自己的物质和精神需要,如同人不能仅

---

① 中共中央马克思恩格斯列宁斯大林著作编译局. 马克思恩格斯选集:第1卷[M]. 北京:人民出版社,2012:158-159.
② 中共中央马克思恩格斯列宁斯大林著作编译局. 马克思恩格斯选集:第1卷[M]. 北京:人民出版社,2012:146-147.
③ 中共中央马克思恩格斯列宁斯大林著作编译局. 马克思恩格斯文集:第1卷[M]. 北京:人民出版社,2009:505.

靠自己就构建和实现对自己的关系,因为"人对自身的关系只有通过他对他人的关系,才成为对他来说是对象性的、现实的关系"①。人们只有在社会中才能展开自己的生命活动,只有把自己的生命活动置于社会视野中去考察自身所作所为对社会和他人的意义、作用,才能获得自己的人生,才能使自己的人生真正具有价值。不仅如此,社会是由一个个具体的个体组成的,每个人生的自我价值和社会价值构成人类社会整体存在发展的价值依据与价值内涵,正是人生的社会价值把人的价值同社会的价值链接起来,正是人生的社会价值把人生价值表征到社会视野中,呈现出人作为社会性存在物的价值本质。因此,人们应当努力在自己的人生中创造价值,使自己的生命活动对他人、对社会具有意义,在社会价值实现中获取人之为人的根据和表征。在此意义上,人生的社会价值是社会存在和发展的必然要求,人生社会价值的实现是个体自我完善、全面发展的保障。

由此可见,人生的自我价值和社会价值都是人生价值的内在根据与价值构成,在生命实践活动中,一个指向个体,一个指向社会。因此,自我价值和社会价值的评价主体和评价标准等都会有所差别,自我价值是个体自身的判断,侧重于主观性,以个体自身需要的满足为标准。自我价值的实现状况主要表现为对自身物质和精神需要的满足程度。社会价值是社会和他人的判断,侧重于客观性,以个体对社会和他人的贡献为标准。当然,作为人生价值矛盾统一体的两个方面,人生的社会价值是矛盾的主要方面,换句话说,人生社会价值高于自我价值并为其规定,这是由人的本质属性所决定的。②

二、人生的自我价值与社会价值是相互联系的,二者共同构成人生价值,不可割裂

人生的自我价值与社会价值是相互联系的,二者共同构成人生价值,其中人生的自我价值是人生价值实现的前提,人生的社会价值是人生价值实现的基础和保障,人生价值离开任何一方都是不现实的。在理解人生自我价值和社会价值的关系时,既要看到二者的区别,更要看到二者的联系,不可把二者截然对立起来。

人生的自我价值和社会价值都源于人的劳动实践,社会的具体的劳动实践

---

① 中共中央马克思恩格斯列宁斯大林著作编译局. 马克思恩格斯选集:第 1 卷 [M]. 北京:人民出版社,2012:59.
② 吴潜涛,武东生. "思想道德修养与法律基础"课重点难点解析 [M]. 北京:高等教育出版社,2016:76-79.

为人们创造自我价值和实现社会价值提供了共同的坚实的平台；二者都是为了满足人与社会发展的需要。只不过满足的对象不同而已，自我价值能满足个人生存和发展的需要，社会价值能满足社会存在和发展的需要。

  人生的自我价值和社会价值应当是协同推进、共同实现的。自我价值与社会价值在人生价值实现过程中具有价值同构性，是相互依存的。"正像社会本身生产作为人的人一样，社会也是由人生产的。"[1] 社会结构是个人行动的条件和前提，而个人行动又产生了新的社会结构。个人与社会之间是相互构建的关系结构，个人与社会是互为前提和依据的。个人能够怎样，取决于社会怎样，以及他在社会中怎样；社会能够怎样，取决于社会中的人怎样，以及它对每个个体的人怎样。人在动，社会就在动，社会在发展，人才能够发展。个人与社会的这种互相建构的关系结构表现在人生的价值实现中，就是人生自我价值和社会价值的相互依存关系，二者密不可分、互为前提和基础。也就是，人的生命实践活动在创造自我价值的同时也在创造着人生的社会价值。自我价值的追求与实现是个体创造社会价值的逻辑起点。现代人都希望自己的人生有成就，希望自己的人生充实、富裕、开心，得到应有的尊重与获得感。因而，自我价值的实现是个体创造社会价值的逻辑起点，只有个体主动地积极地去追求自我价值，才有可能去创造社会价值。由此形成的自我价值在得到社会的认可后自然就转换成社会价值的一部分，二者是同步生成的关系。没有个体自我价值的创造就不会有社会价值的创造。同样，人在实现社会价值的同时，也在实现着人生的自我价值。创造社会价值是自我价值追求与实现的立足点和基本路径。作为社会的人，他所做出的一切努力，都要依托社会提供的环境与条件，依托其所在群体或集体提供的平台与资源，只能在特定的社会舞台实现自我，并且要将自己创造的自我价值转化为社会价值，得到社会的认可。一个人的自我及实现程度往往取决于他的社会价值创造成果，他在多大程度上创造自己人生的社会价值，就在多大程度上具备实现自己人生自我价值的可能条件；同样，他在多大程度上实现着自己人生的自我价值，就说明他在多大程度上依赖着自己人生的社会价值，因而，他必须在实现人生自我价值的同时，积极创造人生的社会价值。否则，个体自我价值的追求与实现就是一句空话。那种以为只靠个人的努力就能实现自我价值，以为脱离社会价值的创造就能实现自我价值的说法在现实中是行不通的。

---

[1] 中共中央马克思恩格斯列宁斯大林著作编译局. 马克思恩格斯文集：第1卷［M］. 北京：人民出版社，2009：187.

因此，人生价值内在地包含人生的自我价值与社会价值两个方面，这两个方面的关系在本质上是个人与社会的关系。个人与社会的关系是我们认识人生自我价值与社会价值关系的基础。第一，人的本质属性决定了任何人创造人生价值的活动其本质都是一种社会活动，个人不能脱离社会生存和发展，所以，个人只有在与社会和他人的关系中才能实现社会价值和自我价值。第二，人生价值实现的基础是社会价值，也就是个人对社会的贡献越大，他的社会价值越大，他的自我价值也就会愈加得到肯定。所谓自我价值不是孤立和抽象的个人对自己的满足和认同，而是社会价值在个人身上的体现，是自我与社会相关联的价值。人生自我价值和社会价值的这种辩证统一关系，要求人们应当在自己生命实践活动中注重对自己人生自我价值和社会价值双向关注和创造，在生命展开过程中保持自我价值和社会价值的协调推进，共同实现，进而获取人生的真正价值。在当前，创造人生价值实现自我价值就是投身于建设中国特色社会主义的伟大实践中，在实践中贡献自己的才华，从而使自己的人生价值得到充分实现，使自我价值与社会价值得到完美统一。

如何理解"明大德、守公德、严私德"的科学含义

李泽明*

"国无德不兴，人无德不立。"2018年3月10日上午，习近平总书记在全国两会期间参加重庆代表团审议时强调，"领导干部要讲政德。政德是整个社会道德建设的风向标。立政德，就是明大德、守公德、严私德"①。习近平总书记对如何立政德提出明确要求，具有很强的现实针对性和长远的指导意义。

政德是社会道德建设的风向标。政德正则民风淳，政德毁则民风降。正如《论语》中所说："为政以德，譬如北辰，居其所而众星共之。"做人讲人品、为官讲政德，这是维护社会公序良俗的基本要求，也是共产党人必须坚持的道德操守。我们党在选人用人上历来坚持德才兼备、以德为先，就是因为德是首要、是方向，一个人只有明大德、守公德、严私德，方能在工作岗位上发挥才能。领导干部的政德好坏，绝不是私事、小事，而是事关党的形象和创造力、凝聚力、战斗力的大事、要事。

一、明大德

明大德，实质是明人生的使命追求。习近平总书记强调，共产党人要"不忘初心，牢记使命"。这应当就是我们明大德所要解决的根本问题。初心，属于人生信仰；使命，乃是人生理想。要明大德，就要筑牢理想信念、锤炼坚强党性，在风浪考验面前无所畏惧，在各种诱惑面前立场坚定。

（一）筑牢理想信念

理想信念是一个人的世界观、人生观和价值观的集中体现，包含着我们对未来事物的科学预见和合理想象。对于一个国家、阶级、政党而言，理想信念就是他们的行动引领和精神支柱，标识了他们的精神目标、价值追求和精神动

---

* 李泽明：曲阜师范大学马克思主义学院教师
① 习近平参加重庆代表团审议［EB/OL］．中国青年网，2018-03-10．

力，是所属成员政治觉悟、思想境界和道德情操的集中体现。

理想信念不是与生俱来的，需要用毕生精力去培养塑造，需要用持久热情去磨砺锤炼。党员领导干部筑牢理想信念，关键是要从认知上固本培元，从精神上升温淬火，确保理想信念不动摇。同时，还要和本职工作相结合，只有把理想信念和具体的做人做事结合在一起，和脚踏实地的本职工作联系起来，既当理想家又当实干家，才能让理想信念落地生根、开花结果。

（二）锤炼坚强党性

习近平总书记指出："党性是领导干部立身、立业、立言、立德的基石，必须在严格的党内生活锻炼中不断增强。"① 党性强则战斗力强，党性弱则战斗力弱，无产阶级政党丢掉党性，就会丢掉用鲜血和生命赢得的人心。

锤炼坚强党性要打牢基础。政治上的坚定来自理论上的清醒，从井冈山道路、延安整风到"两个务必"的提出，从"三讲教育"到群众路线教育，从"三严三实"到"两学一做"教育，都要求广大党员树立终身学习的理念，学党章党规、政策理论、国史党史、科学文化知识，切实增强"四个意识"。锤炼坚强党性，既要夯实信念的基石，也要加强党的作风建设，想群众之所想，急群众之所急，坚决克服懒政庸政不作为等不良现象，直面矛盾，主动作为，让群众有更多的获得感。

锤炼坚强党性要守住纪律底线。加强纪律性，革命无不胜。马克思说，"我们现在必须完全保持党的纪律，否则一切都会陷入污泥中。"② 破法者必先破纪，任何社会公民都不能触犯法律高压线，党员还不能碰纪律警戒线，否则就会出现违纪—违法—犯罪的自由落体。共产党人要严格遵守政治纪律、组织纪律、群众纪律、廉洁纪律，勇于担当，修身正己。只有这样，才能做到"在大是大非面前旗帜鲜明，在风浪考验面前无所畏惧，在各种诱惑面前立场坚定"③。

（三）在风浪考验面前无所畏惧，在各种诱惑面前立场坚定

目前，我国正处于发展机遇期和矛盾凸显期，面对复杂多变的世情、国情和党情，广大领导干部要做到在风浪考验面前无所畏惧，最重要的就是要对党绝对忠诚。忠诚是人生的本色，是领导干部的初心，亦是职责，任何时候都要

---

① 中央党校第16期中青二班二支部三组. 学习总书记系列重要讲话 筑牢党性锻炼之基［EB/OL］. 人民网，2016-06-30.
② 中共中央马克思恩格斯列宁斯大林著作编译局. 马克思恩格斯全集：第29卷［M］. 北京：人民出版社，1972：413.
③ 习近平. 习近平谈治国理政：第1卷［M］. 北京：外文出版社，2018：413.

与党同心同德，用忠诚铸就忠诚。"天下至德，莫大乎忠。"① 忠者，赤诚无私；诚者，真心实在。共产党员对党忠诚，要讲信念，挺起理想信念的主心骨。从朱德、陈云、彭德怀、习仲勋、王震等老一辈革命领袖，到焦裕禄、孔繁森、郭明义、杨善洲等模范人物，他们都把党和人民的利益看得高于一切，真心实意地为人民谋利益，始终鲜明地表现了共产党人优良的政治本色和高尚的道德情操。

领导干部还要做到在各种诱惑面前立场坚定，习近平总书记所讲的坚定政治立场，就是坚定马克思主义立场，坚定党和党性的立场，坚定人民群众的立场。我们的党是马克思主义政党，在各种诱惑面前立场坚定是对党员特别是领导干部的基本要求，广大党员特别是各级领导干部能否坚定政治立场，不仅直接关系党自身的建设和发展，而且直接关系国家的前途命运和人民的幸福安康。

二、守公德

"守公德，就是要强化宗旨意识，全心全意为人民服务，恪守立党为公、执政为民理念，自觉践行人民对美好生活的向往就是我们的奋斗目标的承诺，做到心底无私天地宽。"② 习近平总书记关于立政德要守公德的重要论断，为新时代领导干部特别是领导干部，恪守从政宗旨提供了根本遵循。

（一）强化宗旨意识

习近平总书记指出，"衡量一名共产党员、一名领导干部是否具有共产主义理想，是有客观标准的，那就要看他能否坚持全心全意为人民服务的根本宗旨"。③ 我们党的根本宗旨是全心全意为人民服务，坚持和践行党的根本宗旨，使我们党获得广大人民群众拥护和支持的执政基础，也是衡量每个领导干部政治品德和人格魅力的重要标准。

强化宗旨意识，要把人民群众利益作为谋划发展的根本依据。每一名共产党员都应该把践行党的宗旨同自己的工作和言行紧密联系起来，求真务实，扎实工作。牢固树立群众观念，做到一切为了群众，真心实意为群众谋利益，把群众利益摆在首要位置，关心群众冷暖，热情对待群众，以全心全意为人民服务的实际行动，积极作出贡献。

---

① 马融. 忠经 [M]. 吴茹芝，编译. 西安：三秦出版社，2008.
② 习近平李克强栗战书赵乐际分别参加全国人大会议一些代表团审议 [EB/OL]. 光明日报，2018-3-11（01）.
③ 习近平. 习近平谈治国理政：第1卷 [M]. 北京：外文出版社，2018：23-24.

强化宗旨意识，还要诚心诚意地为群众办实事、解难题。我们应深入基层、深入一线、深入群众，了解把握经济社会发展的深刻变化，在以往经验的基础上，因地制宜地健全完善党员领导干部联系帮扶群众的长效机制，科学安排领导干部联系点；要细化社情民意的收集处理程序，确保群众的意见和建议能够及时准确地收集整理上来，并且得到有效的处理和答复；要明确职责，确保领导干部能够定期走访群众，群众反映的问题能够得到认真的研究和解决。

（二）恪守立党为公、执政为民的理念

"治天下也，必先公。公则天下平矣。"（《吕氏春秋·孟春纪·贵公》）共产党人的"公"，就是人民。共产党人的初心和使命正是为人民谋幸福、为中华民族谋复兴。立党为公、执政为民充分体现了我们党"全心全意为人民服务"的根本宗旨，体现了我们党长期坚持的"权为民所赋、权为民所用"的执政理念。

习近平总书记用"大公无私、公私分明、先公后私、公而忘私"来阐述共产党人应该如何处理公与私的关系，为领导干部恪守立党为公、执政为民的理念指明了具体方法和路径。恪守立党为公、执政为民的理念，必须正确认识、处理公与私的关系，坚决摒弃各种私心杂念。首先，绝不能将权力当成谋取一己之私的工具，为个人、为亲朋好友谋取私利，换取好处。其次，绝不能用权力为个人的升迁服务，搞劳民伤财的政绩工程，做表面文章。最后，绝不能沉溺于个人生活的安逸和享受，碌碌无为、消极懈怠。

所有领导干部都应按照习近平总书记的要求，不忘初心、牢记使命、修好公德、守好公德，用立党为公、执政为民的理念，用全心全意为人民服务的实际行动，践行人民对美好生活的向往就是我们的奋斗目标的承诺，当好人民的勤务员，树立好整个社会道德建设的风向标。

三、严私德

严私德，实质就是要严格约束自己的操守和行为。所有领导干部都要戒贪止欲、克己奉公，切实把人民赋予的权力用来造福于人民。要把家风建设摆在重要位置，廉洁修身、廉洁齐家，防止"枕边风"成为贪腐的导火索，防止子女打着自己的旗号非法牟利，防止身边人把自己"拉下水"。

（一）将家风建设摆在重要位置

"天下之本在国，国之本在家。"（《孟子·离娄章句上》）家风是领导干部私德的一部分，是领导干部廉洁从政的重要土壤。对领导干部来说，家风不仅仅是个人小事、家庭私事，它既关系一家之荣辱，更关系党风、政风，是领导干部的政德尤其是私德的重要基础和内在表现，是私德的"第一颗扣子"。

良好的家风是中华民族的传统美德。中华民族从古至今不乏许多优秀的治家传统，如周公旦的《诫伯禽书》、诸葛亮的《诫子书》、包拯的《包拯家训》、颜之推的《颜氏家训》等，这些良好的家风造就了一批批青史留名的人物和家族。但传统文化中也有一些糟粕，如"一人得道，鸡犬升天""夫荣妻贵""封妻荫子"等，对于这些封建思想的余毒，我们要坚决摒弃，领导干部更是要远离，否则就会犯错误。

领导干部要心有所畏、言有所戒、行有所止。在家风建设上，每一位领导干部都要以身作则，廉洁修身、廉洁齐家，首先自己做到心有所畏、言有所戒、行有所止，才能做到敢抓敢管、善抓善管、常抓常管，为子女树立好的榜样。在家风的问题上，从出现偏差到违纪违法，是一个量变到质变的过程，关键要慎独、慎初、慎微、慎欲。当领导干部发现家人出现不好的迹象时，一定要及时提醒，让他们"红红脸"，防患于未然，否则到最后事情变大了，想救都救不了。

（二）净化自己的生活圈、交往圈、娱乐圈

习近平总书记强调，要管好自己的生活圈、交往圈、娱乐圈，在私底下、无人时、细微处更要如履薄冰、如临深渊，始终不放纵、不越轨、不逾矩，增强拒腐防变免疫力。

一名领导干部的蜕化变质往往就是从生活作风不检点、生活情趣不健康开始的，都是从吃喝玩乐这些看似小事的地方起步的。领导干部不是生活在"真空"里，领导干部也和普通人一样，工作之余的活动范围基本都处在生活圈、交往圈、娱乐圈这"三圈"之中。但领导干部又和普通人不一样，其社会角色和社会影响力又决定了领导干部在自身的言行举止上要比一般群众有更高的要求。

领导干部一定要洁身自好，保持健康的生活情趣，正视领导干部"三圈"问题，这事关党的事业兴旺发达，事关党风廉政成效，也事关领导干部个人成长进步。从组织建设到个人修养都必须注意净化生活圈、严控社交圈、纯洁娱乐圈，必须树立正确的人生观、价值观、世界观，做到在风浪考验面前不动摇，在各种诱惑面前不失德，在腐朽文化侵蚀面前不蜕变。

大德、公德、私德，相互影响、互为支撑，大德不明，公德、私德难保；公德上接大德、下通私德，公德不守，大德、私德必失；私德虽是私事，但领导干部的私德却必须姓"公"，否则必然妨碍公德的坚守与大德的鲜明。领导干部涵养"政德"，无疑需要大德、公德、私德一并进行、同步积蓄，唯有三者相辅相成，水乳交融，美丽中国才能其道大光，和光同尘，众善奉行，才能温暖人心，扮靓世界。

如何理解党的领导和依法治国的关系

王 景[*]

中国共产党的领导是中国特色社会主义最本质的特征,也是建设法治中国的最根本保证。党的领导与依法治国是有机统一的,推进依法治国必须要坚持党的领导,而党的领导也必须在宪法和法律范围内活动。

一、推进依法治国必须坚持党的领导

依法治国是一项规模庞大、结构复杂、因素众多的社会系统工程。首先,依法治国包含了经济生活、政治生活、文化生活等社会生活的方方面面,它不单是指一个特定地区或者部门的局部性工作,这需要各个部门、各个团体之间互相配合、密切协作的同时也要各司其职,做好自己的本职工作;其次,建设中国特色社会主义法制体系、建设社会主义法治国家,这一依法治国总目标的实现是一个长期的过程,不能一蹴而就,更不能只注重短期效益,而忽视长远规则。所以,在复杂的社会背景下,依法治国方略的实施需要有一个坚强的领导核心,能够协调各方关系,动员全员力量,整合社会资源,推进工作落实,取得最终成效。中国共产党作为马克思主义执政党,作为中国人民和中华民族的先锋队,无疑最有能力承担这个领导核心的历史重任。只有坚持、加强和改善党的领导,把各种形式的依法治国实践放在党的统一领导之下,才能做到统一决策、统一部署,避免政出多门、法出多道,保持政令和法制的统一;才能使各级立法、司法、行政执法等部门科学分工,各司其职,充分发挥各自的职能作用,并密切配合、协调工作、形成合力,从而创造依法治国的条件。

党的领导是坚定不移走中国特色社会主义法治道路的根本保证。全面推进

---

[*] 王景:曲阜师范大学马克思主义学院2018级硕士研究生

依法治国，建设法治国家，方向要正确，政治保证要坚强。① 党的领导是社会主义法治最根本的保证。习近平总书记在党的十九大报告中指出："必须把党的领导贯彻落实到依法治国全过程和各方面，坚定不移走中国特色社会主义法治道路。"② 什么是中国特色社会主义法治道路，其本质就是中国特色社会主义道路在法治领域的具体体现，中国共产党的领导直接决定和体现了中国特色社会主义的性质。中国特色社会主义法治道路是社会主义法治道路，而不是别的法治道路。走社会主义法治道路，必须由马克思主义政党来领导；党的领导是中国特色社会主义最本质的特征，是社会主义法治最根本的保障，把党的领导贯彻到依法治国全过程和各方面，是我国社会主义法制建设的一条基本经验。党政军民学，东西南北中，党是领导一切的。党的领导必须是全面的、整体的，任何领域、任何方面、任何环节都必须坚持和加强党的领导，否则党和人民的事业必将受到损害。依法治国是党领导人民治理国家的基本方式，没有党的领导，依法治国就会失去灵魂，中国特色社会主义法治道路就会驶离正确轨道。要健全党领导全面依法治国的制度和工作机制，继续推进党的领导制度化、法治化，把党的领导贯彻到全面依法治国全过程和各方面，为全面建成小康社会、全面深化改革、全面从严治党提供长期稳定的法治保障；党的领导是全面加强法治建设，有序推进国家和社会生活法治化的根本保证。党的领导体现在总揽全局、协调各方上，体现在把方向、谋大局、定政策、促改革上，全面推进科学立法、严格执法、公正司法、全民守法，坚持依法治国、依法执政、依法行政共同推进，坚持法治国家、法治政府、法治社会一体建设，有序推进国家和社会生活法治化，不断开创依法治国新局面，必须切实加强党的领导。

二、党的领导和依法治国是有机统一的

党的领导和依法治国二者相辅相成，相互作用。党的领导是依法治国的前提和保障。坚持党的领导，是社会主义法治的根本要求，是党和国家的根本所在、命脉所在，是全国各族人民的利益所系、幸福所系，是全面依法治国的题中应有之义。中国特色社会主义进入了新时代，我国法治建设之所以能迅速开创新局面、谱写新篇章，最根本的就是有以习近平同志为核心的党中央的坚强

---

① 习近平. 在省部级主要领导干部学习贯彻党的十八届四中全会精神全面推进依法治国专题研讨班上的讲话（2015年2月2日）[M]//中共中央文献研究室. 习近平关于全面依法治国论述摘编. 北京：中央文献出版社，2015：15.
② 习近平. 决胜全面建成小康社会 夺取新时代中国特色社会主义伟大胜利——在中国共产党第十九次全国代表大会上的报告[N]. 人民日报，2017-10-28.

领导，有习近平新时代中国特色社会主义思想的科学指导。新时代坚定不移走中国特色社会主义法治道路，推进全面依法治国，必须牢固树立"四个意识"，统筹推进"五位一体"总体布局，协调推进"四个全面"战略布局，把坚定维护以习近平同志为核心的党中央权威和集中统一领导作为根本要求，自觉在思想上、政治上、行动上同党中央保持高度一致，进一步坚持和加强党的领导。健全党领导依法治国的制度和工作机制，完善党确定依法治国方针政策和决策部署的工作机制和程序，加强党对全面依法治国的统一领导、统一部署、统筹协调。全面依法治国的总目标是建设中国特色社会主义法制体系，建设社会主义法治国家。这就是在中国共产党的领导下，坚持中国特色社会主义制度，贯彻中国特色社会主义法治理论，形成完备的法律规范体系、高效的法治实施体系、严密的法治监督体系、有力的法制保障体系，形成完善的党内法规体系，坚持依法治国、依法执政、依法行政共同推进，坚持法治国家、法治政府、法治社会一体建设，实现科学立法、严格执法、公正司法、全民守法，促进国家治理体系和治理能力现代化。

依法治国是加强和改善党的领导的有效途径。依法治国有助于更好地执行党的政策。中国共产党的宗旨是全心全意为人民服务，党的各项方针政策也是以人民为中心、更好地服务于人民展开的，围绕推进中国特色社会主义事业的发展，更快地提升综合国力。同样的，我国现行的法律法规也是以中国共产党为主体，按照政策要求和服务于人民的宗旨制定的强制性规范。也就是说，党将其制定的路线方针政策通过法定程序付诸实践的过程就是国家法律产生的过程，国家法律的产生也是将党的政策由原则化的宏观层面落实到社会管理的具体层面、用规定行为模式和法律后果将党的政策的指引和约束作用形成体系的过程。法律与党的政策本质上是一体的。依法治国要求国家的政治、经济、社会各方面的活动统统依照国家法律法规进行，本质上也就是按照党的政策和方针执行的另一种表现形式。贯彻依法治国方略，能够将党的政策通过法律的指引、限制和管理体现出来，一方面可以检验党的政策效果；另一方面可以为党进行自我更新提供依据，有助于更好地执行党的政策、改善和加强党的领导。

三、坚持党的领导必须加强和改善党的领导

党是先进的政治组织，要紧紧抓住政治建设这个党的根本性建设，统领思想建设、组织建设、作风建设、纪律建设，推进制度建设，严肃党内政治生活。一是要加强党员干部的理想信念，树立正确的价值观。理想信念是党员保持奋斗前进的精神动力，要牢固树立共产主义的远大理想和中国特色社会主义的共

同理想,坚持用马克思主义的立场、观点和方法看问题,时刻关注国内外时政形势,不为金钱利益所动,用习近平新时代中国特色社会主义思想武装头脑,同党中央保持高度一致,补足精神之钙。二是要建立完善的党内权力监督体系,把权力关在制度的笼子里。

优化党内政治生态的前提是发挥领导干部"关键少数"的作用。领导干部是党执政兴国的中坚力量,要强化责任担当,这不是一句空话,而要付诸实践、见诸行动,领导班子成员要履行"一岗双责",抓好分管领域管党治党工作,调动各方面积极性,形成一级抓一级、层层抓落实的工作格局;要坚持以上率下,领导干部既有领导责任,还有示范责任。各级领导干部特别是一把手,要清醒认识自己岗位的特殊性和重要性,切实增强自律意识、标杆意识、表率意识,以身作则、率先示范;始终严格自律,慎独慎微是党员领导干部应有的修养境界。要自觉同特权思想和特权现象作斗争,始终保持对权力的敬畏,要正确对待、主动接受广大人民群众监督,习惯在监督和约束的环境中工作生活。

四、党的领导必须在宪法和法律范围内活动

依法治国就是广大人民群众在党的领导下,依照宪法和法律规定,通过各种途径和形势管理国家事务,管理经济文化事业,管理社会事物,保证国家各项工作都依法进行,逐步实现社会主义民主的制度化、法律化。

2012年11月,党的十八大审议通过题为《坚定不移沿着中国特色社会主义道路前进 为全面建成小康社会而奋斗》的报告。报告指出:"党领导人民制定宪法和法律,党必须在宪法和法律范围内活动。任何组织或者个人都不得有超越宪法和法律的特权,绝不允许以言代法、以权压法、徇私枉法。"

宪法是我国的根本大法。依法治国可以有效规范党与宪法及其他法律之间的关系。依法治国不仅要求普通民众遵纪守法,更重要的是要求共产党员和党的各级干部必须带头树立宪法意识和法治观念,带头学法、遵法、守法、用法,让党在宪法和法律范围内活动,权力运行纳入法治轨道。因此,我们应深入推进依法治国方略,使党员干部明确党的政策、党组织职能与法律之间的关系,从根本上杜绝法为党服务的错误思想;明确党赋予的权力界限宗旨和遵守法律的底线思维,规范有序地行政执法,避免以言代法、以权压法、徇私枉法的现象和"以党代法"的严重后果出现,保证党的政策的贯彻实施,保持党的队伍的纯洁性。

如何理解 2018 宪法修改的必要性

张玉珍[*]

2018年3月第十三届全国人大一次会议通过的《中华人民共和国宪法修正案》（以下简称"宪法修正案"），修改了宪法部分内容，共11个方面，其中涉及宪法序言中的四个自然段（第7、10、11、12自然段）和宪法正文17个条款（第1、3、4、24、27、62、63、65、67、70、79、89、100、101、103、104、107条）的修改；同时《中华人民共和国宪法》（以下简称"宪法"）第三章"国家机构"中增加了"监察委员会"作为其中的第七节，从而使宪法条文总数从原来的138条扩展为修改后的143条。宪法是国家的根本法，具有最高的法律地位和法律效力，是治国安邦的总章程，是党和人民意志的集中体现。党的十八大以来，习近平总书记多次强调，坚持依法治国首先要坚持依宪治国，坚持依法执政首先要坚持依宪执政。宪法修改，是党和国家政治生活中的一件大事，是以习近平同志为核心的党中央从新时代坚持和发展中国特色社会主义全局和战略高度作出的重大决策，是推进全面依法治国、推进国家治理体系和治理能力现代化的重大举措。

一、宪法修改完善的必要性

（一）宪法修改是实践发展的必然要求

宪法是国家根本法，它不是一成不变的，必须随着时代和国情的变化而不断完善与发展，宪法只有不断适应新形势，才具有持久生命力。这是世界各国宪法发展的一条基本规律。比如，法国宪法1958年实施，迄今为止经历了24次修改；美国宪法1787年制定，至今已通过27条修正案；我国现行宪法是1982年制定的，38年来先后于1988年、1993年、1999年、2004年、2018年进行了5次修改，通过了50条修正案。

---

[*] 张玉珍：曲阜师范大学马克思主义学院副教授

我国宪法的每一次修改，既是对改革开放发展阶段理论和实践成果的肯定与吸收，也是对下一阶段深化改革进行的战略部署和安排。从1988年修宪，国家允许私营经济在法律规定的范围内存在和发展，到1993年修宪，确定国家实行社会主义市场经济，再到1999年宪法中写入"依法治国"、2004年写入"人权保障"、2018年写入"新的奋斗目标"等重要内容，可以说，5次宪法修改充分体现了改革开放和社会主义现代化建设的成功经验，体现了中国特色社会主义道路、理论、制度、文化的发展成果。中国特色社会主义进入新时代，这是我国发展新的历史方位，我国宪法应该坚持与时俱进，根据新时代的新形势新任务作出适当修改。这是宪法发展规律的必然要求，也是时代发展的客观需要。

（二）宪法修改是实践发展的必然要求

宪法修改是党中央从新时代坚持和发展中国特色社会主义全局和战略高度作出的重大决策。自2004年修改宪法以来，党和国家事业又有了许多重要发展变化，特别是党的十八大以来，以习近平同志为核心的党中央团结带领全党全国各族人民毫不动摇地坚持和发展中国特色社会主义，统筹推进"五位一体"总体布局、协调推进"四个全面"战略布局，推进党的建设新的伟大工程，形成一系列治国理政的新理念新思想新战略，推动党和国家事业取得历史性成就、发生历史性变革。党的十九大在新的历史起点上，对新时代坚持和发展中国特色社会主义作出了重大战略部署，提出了一系列重大政治论断，确定了新的奋斗目标。

新时代、新形势、新目标，呼唤宪法与时俱进，根据党的十九大精神对我国现行宪法作出必要的修改完善，把党和人民在实践中取得的重大理论创新、实践创新、制度创新成果通过国家根本法确认下来，使之成为全国各族人民的共同遵循，成为国家各项事业、各方面工作的活动准则。

（三）宪法修改是全面推进依法治国的客观需要

依法治国就是依照宪法和法律来治理国家，它是社会文明进步的显著标志，是国家长治久安的必要保障。习近平总书记强调，没有全面依法治国，我们就治不好国、理不好政，我们的战略布局就会落空。必须坚持把依法治国作为党领导人民治理国家的基本方略、把法治作为治国理政的基本方式，不断地把法治中国建设推向前进。坚持依法治国首先要坚持依宪治国，坚持依法执政首先要坚持依宪执政。全面依法治国是党治国理政的基本方略，是实现国家治理现代化的重要依托。修改宪法，完善以宪法为核心的中国特色社会主义法律体系，是全面推进依法治国的必然要求，是完善和发展中国特色社会主义制度、推进国家治理体系和治理能力现代化的重大举措。

二、2018 宪法修改的核心内容和精神实质

本次修宪，对我国现行宪法作出 21 条修改，涉及 11 个方面，内容丰富，但其核心内容和精神实质非常凝练，主要包括以下 6 个方面。

（一）确立了习近平新时代中国特色社会主义思想在国家政治和社会生活中的指导地位，实现党的指导思想、国家意志与全民共同思想基础的有机统一

宪法的指导思想是宪法的核心与灵魂。我国宪法不同于西方宪法的一个基本特征，就是特别重视宪法的指导思想的建构。主要原因在于我国是共产党一党执政，将党的指导思想写入宪法，以根本法的形式确立党的指导思想为国家的指导思想，对于国家的长治久安与执政党长期执政具有重大的理论与现实意义。因此，自 1982 年宪法制定以来，党中央在修宪过程中都非常重视党和国家的指导思想的入宪问题。1982 年宪法序言明确将"马克思列宁主义、毛泽东思想"作为党和国家的指导思想，1999 年宪法修改将"邓小平理论"载入其中，成为国家的指导思想，2004 年宪法修改将"三个代表"重要思想载入其中，2018 年宪法修改将"科学发展观"与"习近平新时代中国特色社会主义思想"一并载入宪法序言，成为国家的指导思想，从而成为我国宪法的指导思想。

邓小平理论的贡献在于成功地开创了中国特色社会主义。第一次系统地回答了在中国这样经济文化比较落后的国家如何建设社会主义的路线、如何巩固和发展社会主义等一系列基本问题；"三个代表"重要思想则主要回答了我们要建设什么样的党、怎样建设党的重大问题；科学发展观针对中国的可持续发展问题进行了深刻的认识和回答；习近平新时代中国特色社会主义思想，针对中国特色社会主义的总目标、总任务、总体布局、战略布局和发展动力、战略步骤、政治保证等全方位基本问题作出了明确的理论分析和政策指导，因而这一理论体系更加系统、全面，是马克思主义中国化最新成果，是党和人民实践经验和集体智慧的结晶，是中国特色社会主义理论体系的重要组成部分，是全党全国人民为实现中华民族伟大复兴而奋斗的行动指南，是党的十八大以来党和国家事业取得历史性成就、发生历史性变革的根本理论指引。在宪法中把习近平新时代中国特色社会主义思想同马克思列宁主义、毛泽东思想、邓小平理论、"三个代表"科学发展观重要思想写在一起，确立其在国家政治和社会生活中的指导地位，反映了全国各族人民的共同意愿，体现了党的主张和人民意志的统一，明确了全党全国人民为实现中华民族伟大复兴而奋斗的共同思想基础，意

义重大而深远。

（二）调整充实中国特色社会主义事业总体布局和第二个百年奋斗目标的内容，为国家根本任务、发展道路、奋斗目标得到全面贯彻提供了制度保障

从物质文明、政治文明和精神文明协调发展到物质文明、政治文明、精神文明、社会文明、生态文明协调发展，是我们党对社会主义建设规律认识的深化，是对中国特色社会主义事业总体布局的丰富和完善。把我国建设成为富强、民主、文明、和谐、美丽的社会主义现代化强国，实现中华民族的伟大复兴，是党的十九大确立的奋斗目标。作这样的修改，在表述上与党的十九大报告相一致，有利于引领全党全国人民把握规律、科学布局，在新时代不断开创党和国家事业发展的新局面，齐心协力为实现"两个一百年"奋斗目标、实现中华民族伟大复兴的中国梦而不懈奋斗。

（三）完善依法治国和宪法实施举措

宪法修正案将宪法序言"健全社会主义法制"修改为"健全社会主义法治"，是我们党依法治国理念和方式的新飞跃。法治以民主为前提，以严格依法办事为核心，以确保权力正当运行为重点，重在确保社会形成由规则治理的管理方式和法治秩序。作这样的修改，有利于推进全面依法治国，建设中国特色社会主义法治体系，加快实现国家治理体系和治理能力现代化，为党和国家事业发展提供根本性、全局性、稳定性、长期性的制度保障。

在宪法第二十七条增加规定"国家工作人员就职时应当依照法律规定公开进行宪法宣誓"。在该项规定中将宪法宣誓制度在宪法中确认下来，有利于促使国家工作人员树立宪法意识、恪守宪法原则、弘扬宪法精神、履行宪法使命，也有利于彰显宪法权威，激励和教育国家工作人员忠于宪法、遵守宪法、维护宪法，加强宪法实施。

（四）增加了"中国共产党领导是中国特色社会主义最本质的特征"的规定

党的十八大以来，习近平总书记指出"中国共产党的领导是中国特色社会主义最本质的特征"，[①] 之所以作出这种政治论断，是因为中国特色社会主义是在中国共产党的领导下开创、建设和发展的。没有共产党的领导，就没有中国特色的社会主义。中国共产党的领导直接决定和体现着中国特色社会主义的性

---

① 习近平. 决胜全面建成小康社会 夺取新时代中国特色社会主义伟大胜利——在中国共产党第十九次全国代表大会上的报告［N］. 人民日报，2017-10-28.

质，也是中国特色社会主义制度的最大优势。习近平总书记在中共十九大报告中指出："中国共产党人的初心和使命，就是为中国人民谋幸福，为中华民族谋复兴"，全党"永远把人民对美好生活的向往作为奋斗目标"。① 因此，中国共产党完全不同于西方资产阶级政党，中国共产党的利益与人民的利益是完全一致的。

尽管党的领导已经在宪法序言中作了确认，但没有在宪法条文中加以明确规定，没有在我国国体的表述中明确突出党的领导的宪法地位。这次修改，宪法把党的领导写进宪法总纲规定国家根本制度的条款，把党的领导和社会主义制度内在统一起来，把党的执政规律和中国特色社会主义建设规律内在统一起来。从社会主义制度的本质属性角度对坚持和加强党的全面领导进行规定，有利于在全体人民中强化党的领导意识，有利于把党的领导落实到国家工作的各方面，确保党和国家事业始终沿着正确的方向前进。

（五）修改了关于国家主席任职期限方面的规定

宪法修正案将国家主席"连续任职不得超过两届"内容删去，保证了中共中央总书记同时兼任国家主席、中央军委主席这种"三位一体"的国家领导人体制的一致性。

这一修改是在全面总结党和国家长期历史经验的基础上，从全局和战略高度完善党和国家领导体制的重大举措，体现了中国特色社会主义政治优势和制度优势。党章对党的中央委员会总书记、党的中央军事委员会主席、宪法对中华人民共和国中央军事委员会主席都没有"连续任职不得超过两届"的规定，如果国家主席的任期有所限制，那么这种"三位一体"的党和国家领导体制即被打破。历史经验证明，"三位一体"的领导体制是确保政局与社会的稳定、党和国家长治久安的制度安排。修宪之后的"三位一体"真正实现了党章与宪法在形式上的统一，即关于党中央总书记、中共中央军委主席与国家主席均对任期期限不作限制，而是根据党和人民事业的需要确立任期。这种修宪有利于维护以习近平同志为核心的党中央权威和集中统一领导，有利于加强和完善党和国家领导体制，增强政治意识、大局意识、核心意识、看齐意识"四个意识"，自觉地在思想上、政治上、行动上同党中央保持高度一致。

（六）增加了有关监察委员会的各项规定

本次宪法修改提出21条修正案，有11条与国家监察体制改革密切相关。

---

① 习近平. 决胜全面建成小康社会　夺取新时代中国特色社会主义伟大胜利——在中国共产党第十九次全国代表大会上的报告[N]. 人民日报，2017-10-28.

宪法修正案在第三章"国家机构"第六节后增加专门章节，就监察委员会进行相关部署规定，以宪法的形式明确国家监察委员会和基层各级监察委员会的性质、地位、名称、人员组成、任职任届、监督方式、领导体制、工作机制等，为监察委员会行使职权提供了宪法依据。充分赋予监察委员会宪法地位，为建立健全集中统一和权威高效的党和国家监督体系提供坚实法理基础。

按照1982年宪法，我国国家权力体系是由立法权、行政权、审判权与检察权构成的，上述权力分别由人民代表大会、人民政府、人民法院、人民检察院行使。新设立的国家监察机关，与国家行政机关、审判机关、检察机关一样，由人大产生并向人大负责、受其监督，这是对国家权力体系的重大调整。因为监察权整合了行政监察权、检察权中对公职人员职务犯罪行为的法律监督权以及党的纪检机关的党内监督权。因此，宪法上所设立的监察机关行使的监察权，不是一般意义的法律监督权，而是一种独立的监察权。根据《监察法》第11条规定，监察权包括监督权、调查权和处置权，其中监督权的对象是所有行使公权力的公职人员，不仅是违法犯罪行为的监督，而且涉及依法履职、秉公用权、廉洁从政从业及道德操守情况进行监督检查，从而把公职人员的违纪、违法、犯罪以及道德操守等皆纳入监督检查的范围，监督力度之大、范围之广前所未有。

深化国家监察体制改革是一项事关全局的重大政治体制、监察体制改革，是强化党和国家自我监督的重要决策部署。这些新规定，体现了中国特色社会主义政治发展道路和法治道路的一致性，为监察委员会履职尽责提供了依据和遵循，是国家治理体系的重大完善，也是国家治理能力现代化的重大进步。

宪法的生命在于实施，宪法的权威也在于实施。习近平总书记强调，"保证宪法实施，就是保证人民根本利益的实现"。① 修改宪法，正是为了更好地实施宪法，更好地发挥宪法的国家根本法作用。回顾历史，改革开放以来党和国家事业取得的历史性成就和进步，都离不开宪法的全面有效实施，离不开全社会对宪法精神的尊崇。学习宪法、尊崇宪法，大力弘扬宪法精神，才能更好地发挥宪法在新时代推进全面依法治国、推进国家治理体系和治理能力现代化中的国家根本法作用，让宪法为中华民族伟大复兴的中国梦保驾护航。

---

① 习近平．习近平谈治国理政 [M]．北京：外文出版社，2014：137.

大学生如何处理学业与爱情的关系

刘 明[*]

爱情是建立在一定社会基础和共同生活理想上的男女双方强烈、纯真、专一的感情表现，是人们对美好感情的渴望和追求。毫无疑问，爱情是人类社会生活中不可缺少的重要组成部分，在每个人的人生中占有重要位置。爱情是一个古老而又常新的话题，也是家长、教师及大学生们普遍关注的问题。因为爱情关系个人的幸福，关系家庭的美满，关系社会的和谐。

大学生是国家宝贵的人才资源，是家庭的寄托、民族的未来、祖国的希望。学业是学校有计划地为了培养在校大学生而开展的学习知识、训练能力和塑造品德等各方面的实践活动。学业是在校大学生必须完成的任务，大学生在校的学业状况直接关系我国全面建设小康社会和实现社会主义现代化的进程，关系中华民族的伟大复兴。在社会价值观多元甚至碰撞的新时期，引导大学生正确处理学业与爱情的关系，树立远大理想，珍惜年华，刻苦学习，积极参与社会实践活动，磨炼意志，砥砺品格；引导大学生认真对待爱情，遵守恋爱道德，使其大学生活美好绚丽，是教师的重要工作内容之一。

一、认清学业与爱情的主次关系，摆正二者的位置

对于大学生来说，学习知识、增长才智和提升品德是其根本职责，因此，大学生在处理学业与爱情的关系时，当然应该是以学业为重，恋爱次之。作为学生，在学习的人生阶段，应该做到真正用心、对自己的将来负责，学好知识，练好本领，把学业作为生命的最强音，大学生活才不致失去意义，只有学业突出，才能获得学校社会的认可，学业永远是大学生力量的源泉和精神的支柱。别林斯基说过："如果我们生活的全部目的仅在于我们个人的幸福，而我们个人幸福仅仅在于一个爱情，那么生活就会变成一片遍布荒茔枯冢和破碎心灵的真

---

[*] 刘明：曲阜师范大学马克思主义学院教师

正阴暗的荒原,变成一座可怕的地狱。"在大学生的大学生活中,恋爱只应该是位于学业之下的一个次要的问题,绝不能支配大学阶段的人生。爱情只有融入学业之中,与学业相得益彰,其价值才会充分显示出来。

从大学生的心理特点看,大学生年龄一般在18—23岁之间,心理正处于迅速走向成熟而又未真正成熟的过渡期,在心理上表现出过渡状态的矛盾性,即情绪、情感日益丰富但波动性较大,抽象逻辑思维迅速发展但易带主观片面性。大学生情感的不完全成熟、思考问题的不全面、人生价值观的不完全定型、责任义务感的不稳定、承受挫折能力较弱等特点,使得大学生对爱情内涵的理解和择偶标准的判断充满了不稳定性,恋爱有很强的盲目性,失败和受伤害的概率都比较高。以学业为先,丰富知识,促进心理健康发展,待心智成熟后再去邂逅爱情,是符合大学生心理特点的明智选择和做法。反之,若二者顺序颠倒,由于大学生心理的不成熟,还不能承受恋爱所带来的心理纷扰,会最终消磨掉曾经美好的爱情。例如大一年级的部分学生,出于赶时髦或好奇的心理,看见别人谈恋爱,自己也想试试,加之远离父母,思乡心切,对大学生活不适应,遇到有人关心,特别是异性的关心,很难拒绝和自持,便开始了大学的恋爱。结果是有的同学满足了对方的需要后被抛弃;有的因为生活、学习意见分歧,闹翻分手,给大学生活带来阴影。许多同学都后悔在心理不成熟的错误的时间谈恋爱,给自己找来麻烦,甚至是灾难。

从大学生的生理特点看,大学生身体发育日趋定型,身体各项机能日益完善。这一时期,具有年龄、精力、体力、创造力等多方面的优势,是人生积累知识、增长智慧、提升能力和品德的最佳阶段。科学研究表明,二十多岁的青年人,如果过早地陷入情网,特别是受到爱情的打击,就会分散精力,浪费宝贵时光。凡是理想远大、事业有成的人,都是无比珍惜青春、发愤图强的。人的时间、精力是有限的,在某方面投入多,其他方面的投入就会减少。大学生在对待恋爱与学业的关系时,应该以学业为主、爱情为次,把发愤学习作为人生的使命和追求,把提升能力和品德作为大学生活的主题,才是正确的选择和做法。

二、认真对待爱情,遵守恋爱道德

爱情是人生的重要组成部分,人生的完美少不了美好的爱情,因此,拥有美好的爱情是人们的共同的期盼,也是大学生们的美好愿望。为此,认真对待爱情,遵守恋爱道德就是大学生们必须要做到的。

沈从文在给他的恋人张兆和的信中这样写道:"我一辈子走过许多地方的

路,行过许多地方的桥,看过许多次的云,喝过许多次的酒,却只有爱过一个正当最好年龄的人。"认真对待爱情要求大学生既要勇于真心实意地向对方表达自己的爱情,也要敢于理智地拒绝不希望得到的爱情,还要掌握恰当的接受爱和拒绝爱的方式。真挚认真地对待爱情,是对他人的尊重,也是一种自重的表现。

爱情总是在一定的具体的社会和文化环境中展开的,身处爱情中的大学生们要理解和把握爱情的真谛,考虑具体社会条件的制约,考虑一定的文化传统、社会心理和风俗习惯的影响,遵守恋爱中的道德规范。

相互尊重彼此人格的平等。恋爱双方在关系上是平等的,把对方当作自己的附庸,或依附于对方而失去自我,都是对爱的曲解。恋爱双方都有给予爱、接受爱和拒绝爱的自由,放纵自己的感情或者不顾对方意愿予以强迫,都是不尊重对方人格平等和独立的表现,都是违背恋爱道德的做法。

自觉承担责任。教育家苏霍姆林斯基曾教导儿子:"要记住,爱情首先意味着对你的爱侣的命运、前途承担责任……爱,首先意味着献给,把自己的精神力量献给爱侣,为她缔造幸福。"[①] 自觉为对方负责是爱情本质的体现。无论对方身处顺境还是逆境,是富裕还是贫穷,是健康还是疾病,爱一个人就要自觉地为对方承担责任,而责任的担当需要见诸行动的自觉,它往往体现在日常的点点滴滴之中。

文明相亲相爱。热恋中的情侣接触频繁,情深意切,是很正常的现象,但正所谓"发乎情,止乎礼",必须注意情意的表达方式,保持恋爱行为的端庄,切不可放纵自己的情感,卿卿我我,做出不文明、不雅观的举动。在恋爱中,过分亲昵的不文明方式,超越阶段的非礼行为,都是缺乏道德情操的表现。只有恋爱双方既相互爱慕、亲近,又举止得体、相互尊重,使理性与爱情真正融合一体时,才能奏出优美动听的爱情乐曲。

正确对待失恋。据调查,大学生在校爱情成功率占谈恋爱人数的58%,而这58%的校园恋爱成功者,走出校园后恋爱是否能够修成正果还是未知数。因此,人们普遍认为校园爱情是短暂的,失恋越来越成为大学生恋爱的普遍现象。我们希望大学生们在得到爱情的时候百倍珍惜,失去它的时候更要坦然面对。爱情是两个不同个体合作的过程,是两个人的联袂演出,爱情需要双方真心地付出,理性对待。假如双方不适合就会分手,这是正常的情感变化。大学生们

---

① 蔡汀,王义高,祖晶.苏霍姆林斯基选集(五卷本):第3卷[M].北京:教育科学出版社,2001.

在面对这一问题时要做到失恋不失德,不能转爱为恨;失恋不失态,不能消极颓废;失恋不失学,不能贻误学业;失恋不失命,不能出现意外。

鲁迅先生说过:"不要只为了爱,盲目的爱,而将别的人生要义全盘疏忽了,人生第一要义就是生活,人必须生活着,爱才有所附丽。"[①] 人生是宝贵的,大学生活是这宝贵人生经历中最亮丽的一道风景,更是为以后整个人生积蓄能量的准备期,大学生要处理好爱情与学业的关系,只有建立在共同理想以及为理想而努力奋斗的基础之上的爱情,才能为人生增添光彩,也才是真正的爱情,而只有真正的爱情,才能使我们获得人生的幸福。

---

① 鲁迅. 鲁迅全集:第2卷 [M]. 北京:人民文学出版社,2005.

当代大学生如何践行"爱国、励志、求真、力行"的要求

王 瑞*

青年寄托着国家的未来、民族的希望,是助推新时代中国特色社会主义发展前行、实现中华民族伟大复兴中国梦的生力军。2018年5月2日,习近平总书记来到北京大学考察并在与师生进行亲切座谈时给广大青年学生提出了"爱国、励志、求真、力行"的希望,勉励广大青年"忠于祖国,忠于人民;立鸿鹄志,做奋斗者;求真学问,练真本领;知行合一,做实干家",为青年学生坚定理想信念、励志求学奋进、勇于探索实践指明了方向。

一、忠于祖国,忠于人民

爱国主义是一个历久弥新的课题。古往今来,"先天下之忧而忧,后天下之乐而乐""人生自古谁无死,留取丹心照汗青""苟利国家生死以,岂因祸福避趋之"都彰显着国人的爱国主义情怀。新时代的爱国主义,是实现中华民族伟大复兴中国梦的强大推动力。当代青年大学生,应当时刻将爱国作为自己的责任和义务,做忠诚的爱国者,为实现中华民族伟大复兴中国梦不懈奋斗。

由于受到经济全球化和开放的网络环境的影响,当代青年大学生对于爱国主义的信仰以及对于外来不良文化的抵御能力有所降低。当代青年大学生应该积极主动参与到弘扬和践行爱国主义精神行列中,高扬爱国主义旗帜,把爱国情感体现在学习与生活中的方方面面。第一要刻苦学习科学文化知识,掌握过硬的本领和技能,提高分析问题、研究问题、解决问题的能力,把爱国热情转化为学习动力,将学习知识与祖国建设紧密结合在一起,树立远大的理想抱负,"为中华之崛起而读书"。第二要坚定理想信念,厚植爱国情怀。通过不断加强爱国主义宣传和教育,让广大青年学生增强民族自信心和自豪感,面对是非曲

---

* 王瑞:枣庄市山亭区城头镇人民政府四级主任科员

直能够作出正确的价值判断和选择，使他们的思想适应新形势发展变化的需要，时刻心系祖国、心系人民，坚定实现中华民族伟大复兴中国梦和实现共产主义事业的信心和决心。第三要自觉践行社会主义核心价值观，积极投身新时代中国特色社会主义建设及各项社会实践活动中，从身边点滴小事做起，借助参观革命老区、烈士陵园、历史博物馆等多种爱国主义实践形式和大学生"三下乡"等项目，培育广大青年大学生的爱国主义情感。第四要理性爱国，学会正确表达爱国之情。以史为鉴、尊重历史，理解和接受祖国悠久的历史文化。当代青年大学生要在中华优秀传统文化和社会主义核心价值观的指引下树立和坚持正确的历史观、民族观、国家观、文化观，绝不能打着"爱国"的口号去僭越法律、突破底线，这样只会失掉民族尊严，不是真正的爱国。

二、立鸿鹄志，做奋斗者

孙中山曾劝勉广大青年"要立志做大事，不要立志做大官"。大学生涯是当代青年大学生成长过程中一个十分重要的阶段，志向远大、勤奋刻苦才能不断进步。"江山代有才人出，各领风骚数百年"，新时代的青年大学生朝气蓬勃，信念执着，在追逐梦想的过程中要有理想、有担当、有作为，做新时代的奋斗者。

新时代是属于奋斗者的时代，广大青年大学生要立鸿鹄志、做奋斗者，坚定理想信念，为实现中华民族伟大复兴的中国梦不懈奋斗。第一要志向远大。"士贵立志，志不立则无成。"一代人有一代人的使命，广大青年大学生有着不同的理想追求和人生选择，作为新时代的奋斗者，广大青年大学生要顺应时代形势的发展变化，勇于把握机会，让个人梦融入中国梦，将个人价值与国家命运紧密联系在一起，把个人的理想追求融入实现中华民族伟大复兴中国梦的奋斗中，勇于立志，敢立大志。第二要勤勉好学。"业精于勤，荒于嬉；行成于思，毁于随。"古人的刻苦治学精神为我们学习和进步树立了榜样，新时代的中国为广大青年大学生提供了更加宽广的舞台，勤奋学习可以开阔视野、激发潜能，只有通过学习不断充实大脑、提升自我，才能紧紧跟随时代前进的脚步，勇做时代的弄潮儿，要通过学习增长见识和本领，经过奋斗实现理想与志向。第三要勤于实践。"纸上得来终觉浅，绝知此事要躬行。"广大青年大学生不仅要认真学习科学文化知识，而且要用理论知识来指导实践并应用于实践，在不断的实践中去发现和创造。广大青年大学生作为新时代的奋斗者，要不断实践、不断探索、不断发现，读万卷书行万里路，为助力实现中华民族伟大复兴中国梦而不懈奋斗。

三、求真学问，练真本领

大学是青年学生一生中最宝贵且青春不可复制的时期，是我们丰富知识积累、提升能力素养、拓宽思维眼界、完善品德修养的关键时期。中华民族自古以来就是勤勉好学的民族，"三更灯火五更鸡，正是男儿读书时""书山有路勤为径，学海无涯苦作舟"的刻苦求知精神一直都是激励当代青年学生励志成才的宝贵财富。

当前科学技术日新月异，国与国之间综合国力的竞争日趋激烈，归根到底是人才的竞争，是创新能力的比拼。青年兴则国家兴，青年强则国家强。广大青年学生作为新时代中国特色社会主义建设的生力军，第一要学好专业知识技能，练就扎实的专业基本功，为将来工作、成才打下坚实基础，既要敏而好学，多读书、读好书；又要不耻下问，求真理、悟道理，切实在学好、弄懂、做实上勤下功夫、下苦功夫。第二要学思并重、学思结合，古人说"学而不思则罔，思而不学则殆"，学而不忘思才能将学到的知识内化吸收为自己的知识素养，从而把书读活、活学活用；思而不忘学才能掌握科学、系统的理论知识，从而深化思考、求得真知。当代青年学生要努力做到日学日思、学思并重，将理论知识学习与新时代中国特色社会主义实践联系在一起，坚持问题导向，增强问题意识，学以增智、学以创业。第三要不断丰富拓展知识面，努力提升创新能力和综合素养。万丈高楼平地起，建立起事业和成才的"大厦"就需要广博的学识做地基。宽广的知识面不仅能让我们的知识结构更趋合理，还能有效地开阔我们的视野，创新解决问题的方式方法。因此，当代大学生在努力学好专业课程的同时还要广泛涉猎、博采众长，掌握科学的学习方法，从多方面充实完善自我，持之以恒、求真向善。

青年学子定要倍加珍惜大学时光，时刻把学习求知作为第一要务，不忘身上肩负的责任与重担，求得真学问，练就真本领，"让勤奋学习成为青春远航的动力，让增长本领成为青春搏击的能量"，① 为新时代中国特色社会主义发展接续奋斗而时刻准备着！

四、知行合一，做实干家

"空谈误国，实干兴邦。"今天的"中国奇迹""中国故事""中国创造"都

---

① 人民日报评论部. 习近平用典 [M]. 北京：人民日报出版社，2015：149.

是由中国人民一步一个脚印踏实奋斗出来的。无论是国家与民族的繁荣振兴还是个人成就事业干出成绩都需要勤勉踏实、苦干实干。

作为追梦者和圆梦人的广大青年学生，一要以知促行、以行求知。知识积累固然重要，但若仅仅停留在书本上、脑海中就会成为"死知识"而变得毫无意义。因此大学生一方面要在学习实践中自觉将学到的知识与生活实际联系起来，从而指导、完善自身行为，学以致用；另一方面要以生活实践为现实导向，进一步激发自己获取知识、提升自我的求知欲，增强更新知识的紧迫感。二要迎难而上、敢闯敢试。成功的道路上从来都不是一帆风顺的，需要一点一滴攻坚克难、千锤百炼。广大青年学生要不畏困难与挑战，以青春的蓬勃朝气迎难而上、披荆斩棘，充分发挥自身专业所长敢于创新创业，"要有逢山开路、遇河架桥的意志，为了创新创造而百折不挠、勇往直前"。① 三要埋头苦干、持之以恒 。"锲而舍之朽木不折，锲而不舍金石可镂"。眼高手低、坐而论道永远不会等来机遇、成就梦想。青年学子要从身边的一点一滴小事做起，培养自己能吃苦、愿吃苦的耐心和意志，将自己的梦想与追求与新时代中国特色社会主义伟大实践结合起来，驰而不息、艰苦奋斗，用拼搏奋斗成就出彩人生、开创新的天地。

---

① 习近平．习近平谈治国理政：第 1 卷［M］．北京：外文出版社，2014：52.

中国特色社会主义进入新时代时代新人如何担当民族复兴的大任

张方玉[*]

进入新时代，面临新挑战，作为时代新人该如何肩负起民族复兴的重任？这是一个摆在我们面前亟待解决的问题。自鸦片战争以来，经过 180 年的不懈奋斗，中华民族实现了"质"的转变，民族复兴呈现出一片光明的前景。"雄关漫道真如铁，而今迈步从头越"，新的历史方位下我们比任何时候都更接近中华民族伟大复兴的目标，但这也意味着我们要比以往任何时候付出的都要多。

时代不同，内涵不同。党的十九大报告中提道："中国特色社会主义进入了新时代，这是我国发展新的历史方位"。进入新时代，何为新时代？这个新时代，是承前启后、继往开来、在新的历史条件下继续夺取中国特色社会主义伟大胜利的时代，是决胜全面建成小康社会、进而全面建设社会主义现代化强国的时代，是全国各族人民团结奋斗、不断创造美好生活、逐步实现全体人民共同富裕的时代，是全体中华儿女勠力同心、奋力实现中华民族伟大复兴中国梦的时代，是我国日益走近世界舞台中央、不断为人类作出更大贡献的时代。

时代不同，任务不同。进入新时代，我国社会主要矛盾已经从"人民日益增长的物质文化需要同落后的社会生产力之间的矛盾"转变为"人民日益增长的美好生活需要和不平衡不充分的发展之间的矛盾"。这一变化是关系全局的历史性变化，党和国家的各项工作任务也随之发生变化。而这些新任务的完成归根到底要依靠人才，依靠时代新人，时代新人创造新时代。

时代不同，对时代新人的要求不同。所谓时代新人，是根据社会发展要求而设定的，区别于其他时代的人才培养目标和"理想"社会主体应具备的综合素质的体现。历届党中央领导人都结合具体时代发展需要对"时代新人"提出了不同的要求。毛泽东提出培养"又红又专"的社会主义建设者；邓小平提出

---

[*] 张方玉：曲阜师范大学马克思主义学院教授、博士生导师

将青年培育成社会主义"四有新人"（有理想、有道德、有文化、有纪律）；江泽民指出"青年兴则国家兴，青年强则国家强，青年有希望，未来的发展就有希望"；胡锦涛对青年工作做出指示：要培育青年"成为理想远大、信念坚定的新一代，品德高尚、意志顽强的新一代，视野开阔、知识丰富的新一代，开拓进取、艰苦创业的新一代"；党的十八大以后，以习近平同志为核心的党中央领导集体在继承和发扬"重视青年工作，关心青年"这一优良传统的基础上，立足历史进程，面向发展需求，提出诸多加强培养"时代新人"的思想与观点。党的十九大报告中在"培育和践行社会主义核心价值观"部分提出，"要以培养担当民族复兴大任的时代新人为着眼点"。① 质言之，培养担当民族复兴大任的时代新人就是培养"有理想、有本领、有担当"的社会主义新人，就是培养合格的社会主义建设者和接班人。

一、时代新人如何担当民族复兴大任

"空谈误国，实干兴邦。"习近平在同各界优秀青年代表座谈时提道："中国梦是历史的、现实的，也是未来的。中国梦是国家的、民族的，也是每一个中国人的。中国梦是我们的，更是你们青年一代的。"② 实现中华民族伟大复兴梦，仅靠描绘"理想的时代新人"是无法实现的，最终还要落实到青年一代的自觉行动上，在不断提升自身素质的同时，自觉担负民族复兴大任。

（一）坚定理想信念，树立担当意识

全国教育大会上习近平总书记提出："要在坚定理想信念上下功夫，教育引导学生树立共产主义远大理想和中国特色社会主义共同理想，增强学生的中国特色社会主义道路自信、理论自信、制度自信、文化自信，立志肩负起民族复兴的时代重任。"③ "坚定理想信念"不光是对教育工作者提出的要求，更是对青年提出的要求。"心中有理想，行动有方向，脚下有力量"，理想信念是精神之钙。青年一代在坚定理想信念的同时，应找准自身定位、明确社会角色、树立担当意识、开阔胸怀与格局，在实现个体理想与国家理想的有机结合、自身全面发展与国家社会发展的有机结合的过程中承担自己的责任与使命。

---

① 习近平. 决胜全面建成小康社会 夺取新时代中国特色社会主义伟大胜利——在中国共产党第十九次全国代表大会上的报告 [M]. 北京：人民出版社，2017：42.
② 习近平. 习近平谈治国理政：第1卷 [M]. 北京：外文出版社，2014：49.
③ 习近平. 坚持中国特色社会主义教育发展道路 培养德智体美劳全面发展的社会主义建设者和接班人 [N]. 人民日报，2018-09-11.

（二）坚持理论学习，提升认知能力

随着全球化程度的加深，西方各种错误思潮和言论的入侵给青年一代造成了诸多负面影响。新时代青年处于身心发展的关键期，正确成熟的"三观"尚未形成，自觉学习马克思主义理论和习近平新时代中国特色社会主义思想，不断提升自身的认知能力，认识到负面思潮的错误所在，同时形成对人类社会发展客观规律的正确认识；认识到在推动中国特色社会主义建设与发展过程中遇到的困难与矛盾，坚定中国特色社会主义制度不动摇。

（三）注重实践锻炼，练就过硬本领

发展和提高社会生产的一种方法，就是生产劳动同智育和体育相结合，这也是造就全面发展的人的根本方法。理论学习是成长进步的途径，实践锻炼是提高本领的载体。青年在注重科学文化知识学习的同时也要注重参与实践，让理论在实践中得以检验，也让自身在实践中得以提升。努力提升自己各方面的素质与能力，让自己成为真正有本领的"时代新人"，而不仅仅是一般意义的"时代新人"。为实现中华民族伟大复兴贡献出自己独有的一份力量，必须具备过硬本领，而这也是成为"时代新人"的必要条件。

（四）培养创新精神，勇于拼搏竞争

创新是一个民族进步的灵魂，是一个国家兴旺发达的不竭动力。综合国力竞争说到底就是创新竞争。实践证明，我国在改革开放四十多年能取得如此成就，"创新"功不可没。是否具有创新精神，也是区分时代新人和普通人的重要依据。"青年"作为最具创新精神的主体，理应走在创新队伍的前列，争当创新排头兵。21世纪是"互联网+"的时代，青年拥有更加开放、更加便捷、更加自主的学习平台，在对前人已有成果的理解把握基础上，融入自己的观念与思想，理性思维中注入感性的力量。做到积极应对竞争环境，让竞争"涵养"创新精神，凭借创新精神在竞争中脱颖而出。

时代新人身处中华民族伟大复兴的关键时期，作为党和国家各项事业的建设者和接班人，理应将自己塑造成"有理想、有本领、有担当"的时代新人。在肩负起自身的责任与使命中为民族事业奉献自己的智慧与力量；在肩负起自身的责任与使命中书写无愧时代的精彩人生。以奋斗的青春同心共筑中国梦，让青春梦与中国梦同频共振。

二、如何培养时代新人

"工欲善其事，必先利其器。"中国特色社会主义进入新时代亦是实现民族复兴的关键时代，要想时代新人担负起民族复兴的大任，首先就要解决"如何培育担当民族复兴大任的时代新人"这一根本性问题。

（一）把"培育担当民族复兴大任的时代新人"贯穿到国民教育全过程

中国特色社会主义进入新时代，"培育担当民族复兴大任的时代新人"是国民教育应当承担的时代责任与历史使命。它是培育社会主义事业合格建设者和接班人所必须遵循的教育价值观。把培育担当民族复兴大任的时代新人贯穿到国民教育全过程，意味着要将这项工作覆盖所有教育阶段：从基础教育到高等教育、职业教育、成人教育；运用各种教育平台：从传统课堂到社会实践、校园文化；联合各种教育阵地：从学校教育到家庭教育、社会教育。在遵循教书育人的基本规律下，多方联动、协同运作，促使时代新人正确认识自身肩负的责任与使命，积极投身于社会主义现代化建设和中华民族伟大复兴的实践中。

（二）把"培育担当民族复兴大任的时代新人"贯穿到高校思想政治理论课中

当代大学生作为最富朝气与活力、最具创新精神的群体，作为肩负民族复兴大任的主力军，高校思政课作为"孵化"时代新人的主要载体，在培育时代新人的过程中应充分发挥思政课对个体发展的多维价值，包括引导政治方向、激发精神动力、塑造个体人格、规范调控行为。促使学生在提升自身的内在价值的同时，科学全面地认识新时代、融入新时代，自觉扮演"时代新人"的角色，为新时代的事业奉献自己的一份青春力量。

（三）把"培育担当民族复兴大任的时代新人"与核心价值观的培育践行相结合

"教育应培养什么样的人"——"培育担当民族复兴大任的时代新人"，这是中国特色社会主义进入新时代所作出的根本性回答。习近平总书记在全国宣传思想工作会议上指出："育新人，就是要坚持立德树人、以文化人，建设社会主义精神文明、培育和践行社会主义核心价值观。"[①] 社会主义核心价值观作为社会共同认同的价值观"最大公约数"，"国家富强、民族复兴、人民幸福"是近代以来中华民族最伟大的梦想，是全体中华儿女共同的使命与责任。在这样的意义上来说，中国梦也正是社会主义核心价值观的呈现形式和根本内容，二者内在相通。无论是中国梦的实现主体，还是社会主义核心价值观的认知主体、实践主体，所指向的都是担当民族复兴大业的时代新人。因此，必须把培育时代新人的工作和核心价值观的培育践行结合起来。

---

① 习近平在全国宣传思想工作会议上强调：举旗帜 聚民心 育新人 兴文化 展形象更好完成新形势下宣传工作使命任务［N］.人民日报，2018-08-23.

互联网对大学生思想理论教育带来的机遇与挑战

刘 婧[*]

习近平总书记在全国高校思想政治工作会议的讲话中指出："做好高校思想政治工作，要因事而化、因时而进、因势而新"，"要运用新媒体新技术使工作活起来，推动思想政治工作传统优势同信息技术高度融合，增强时代感和吸引力。"[①] 互联网时代的信息传播速度、范围、密度等，是传统思想政治教育无法比拟的。爆炸式增长的互联网信息中掺杂着消极负面的意识和内容，开放的大环境对高校大学生的意识形态领域产生着深刻的影响，也给当前高校大学生思想政治教育工作带来了机遇与挑战。

一、网络时代思想政治教育工作带来的机遇

（一）有利于打破传统思想政治教育手段的局限

随着科技的进步，无纸化沟通和阅读电子书已经越来越多地成为当今大学生最推崇和习惯的了解信息沟通的手段。网上数以万计的新闻、信息、资料在以秒为单位的频率不断地更新着。于是，现实生活中单调陈旧的教育手段和网络上不断更新却得不到合理利用的资源浪费就形成了令人惋惜的矛盾。若将互联网的海量资源和新颖工具与传统教育手段相结合，那么互联网的生机与活力就变成了思想政治教育工作的生机与活力。

（二）有利于打破传统思想政治教育形式的局限

传统的思想政治教育工作总是不可避免地受到客观条件的限制，而互联网不同于传统教育，它是开放性的、是自主的，每个有不同人生观和价值观的大学生都可以按照自己的习惯和接受能力来"选择性"地接受思想政治教育。互联网的主动性和开放性就是思想政治教育工作的主动性和开放性。互联网时代，

---

[*] 刘婧：曲阜师范大学马克思主义学院教师
[①] 习近平．习近平谈治国理政：第2卷［M］．北京：外文出版社，2017：378．

打破了传统课堂以老师为知识中心的呈现方式，教育主体和教育客体的互动模式由单向灌输转为双向互动。因此，高校思想政治教育应将视角从"求量"过渡为"求质"，即从注重受教育者能接受多少知识，转变为注重知识中如何汲取利于受教育者身心发展中有益的知识，注重学生的感官教化、思维养成、行为引导。

（三）有利于打破传统思想政治教育模式的局限

德国传统教育学派的赫尔巴特认为，学生本身不能创造出自己的世界，需依赖于教师的引导获取改造世界的知识和能力，因此，教师在教学过程中占据主体地位，学生作为受教育者处于客体地位。而互联网促成了新型师生关系角色地位的根本性改变，在信息渠道多元化的今天，环境的局限性被打破，面对广袤无垠的知识海洋，知识的获取模式更契合学生认知需求，教育主客体的概念逐渐模糊，地位趋于平等。这对于"知识权威"的教师群体来说，可谓是一种挑战。

二、网络时代思想政治教育面临的挑战

（一）非法信息的入侵

互联网是一个开放的平台，各类人群都能够在互联网上获得和发布信息，互联网上充斥着大量非法的言论和信息。这对于数以亿计的网民来说，是一个非常严重的问题。因此，要将互联网的进步和科技效果融入思想政治教育工作的手段当中去，要懂得如何引导这些肯接受新型手段进行思想政治教育的大学生，这是一项长期的繁重的工程。

（二）海量信息的泛滥

网络的海量信息带来的不得不面对的一个残酷现实就是：网络诞生和发展是很多人无法想象的，而网络对于一个年轻人思想层面的冲击和伤害也是我们无法简单估量的，在网络世界里，每一个人都会实实在在地感受到自己的无知和渺小，而如何控制这种挫败感以及如何将这种挫败感和真实生活相平衡是我们当下无法找到准确答案的问题。

（三）网络虚拟化严重

网络的虚拟程度是超出我们的掌控的。由于网络可以很好地隐藏自己的真实信息，网络诈骗的事件层出不穷、屡禁不止，人们的人生观、价值观甚至人与人之间的诚信一次又一次地遭到来自虚拟网络的打击。随着网络日益普及的脚步一起到来的还有人与人之间交往的安全感的日益下降。网络的诚信的缺失

加剧了个体行为的麻木和冷漠,越来越多的人在这个"地球越来越小的"时代产生了难以与人沟通的心理疾病。互联网对人的情感、心理健康、人际交往产生的副作用急需广大的思想政治教育工作者去纠正,这项工作不仅艰巨而且同样刻不容缓。

(四)对思想教育工作者提出了更高要求

网络的丰富性和多样性对每一个思想政治教育工作者都提出了更加严格的要求。除了以往在传统的教育中扮演的权威角色,我们的思想政治教育工作者还应适应从教师到导师的身份转变。网络时代的思想政治教育工作者不仅自身应当具备极强的理论水平,还应当能够将这些高深但是略显枯燥的理论转化成受教育者能够理解的话,能够使大学生一步一步地走上正轨。如何能抓住机会因势利导、因材施教地开展思想政治教育工作才是网络时代思想政治教育工作面临的最大挑战。

21世纪是一个网络的世纪,是一个思想政治教育工作机遇与挑战并存的世纪。面对机遇,我们要积极准备主动出击;面对挑战,我们要坚持原则和立场不放松,要用革命的大无畏精神勇敢地面对一切风险,只有这样我们才能在网络时代的思想政治教育工作中继续取得辉煌的成绩。

三、面临网络时代思想政治教育挑战的应对举措

第一,在网络时代的思想政治教育工作中继续高举中国特色社会主义伟大旗帜,继续旗帜鲜明地宣传马克思主义、毛泽东思想和中国特色社会主义理论体系,坚持用习近平新时代中国特色社会主义思想武装自己;继续大力弘扬中华优秀文化传统,增强网民的民族自豪感和自信心,使他们能自觉自愿地抵制西方的"文化侵略";继续加强唯物论、无神论教育和科普知识的普及,用更加机动灵活的办法为大学生树立科学的世界观。

第二,利用多种渠道加强网络道德教育,使大学生能在各种不同道德准则发生冲突时作出正确的判断和选择,采取正确的行为;能有效地在上网过程中自我约束自我管理;能在面对道德困境的时候坚持原则;能正确对待人际关系,塑造健康的网络道德人格。

第三,建立网络时代的切实有效的监管机制。这种监管机制必须区别于网络平台监管机构的管理办法,应该是对上述办法的补充。既然我们认同网络本身并没有主观意义上的任何错误,那么,我们就应该杜绝接触网络的人从主观意义上犯错误的可能,要把网上思想政治教育工作做好,要把网上思想政治教

育工作和现实中的思想政治教育工作相结合。

　　网络时代的思想政治教育工作的机遇的确很大，但是我们在看到巨大机遇的同时不得不看到我们的工作还面临着来自网络和现实社会双方面的巨大压力和挑战。我们的工作不仅不能放松，反而要时时刻刻地提醒着自己、激励着自己，不断地努力才能在网络时代的思想政治教育中继续取得胜利。

第二部分 02
"中国近现代史纲要"教学重点难点解析

太平天国起义与义和团运动同为农民阶级救亡图存的斗争，二者有何区别

刘辉萍[*]

太平天国起义与义和团运动，同为近代的农民战争，两者有许多相似之处，如都是以农民为主体，都是以宗教迷信来组织发动的，都承担了反帝反封建的历史使命。但由于所处历史阶段不同，二者在其各自的发生发展过程中，又表现出许多截然不同的历史特点。

一、性质上的不同

从性质上看，太平天国是典型的旧式农民战争，它以反清即反封建为主，主观上不主动反对西方列强；义和团运动则以"灭洋"即反帝为主，主观上不反封建，是一场自发的以农民为主体的反帝爱国运动，是一场正义的民族战争。就其根本性质而言，义和团运动已不再是纯粹意义上的旧式农民战争，尽管它还带着许多旧式农民战争的痕迹。换言之，主观上不反封建，是义和团运动与太平天国以及历次旧式农民战争相比最本质的不同。

太平天国发生于中国开始沦为半殖民地半封建社会的初期，西方列强对中国的侵略也处于初期，为偿还第一次鸦片战争后的赔款，清政府巧取豪夺，导致人民流离失所、不堪重负，所以说太平天国的直接原因是异常尖锐的国内阶级矛盾，洪秀全明确提出了以反封建作为太平天国的首要目标，而未明确提出过反对外来侵略的主张，甚至把西方列强视为"洋兄弟"，只有在清政府"借师为剿"的政策实施后，才与洋人交战。可以说，太平天国反封建但不主动反列强，在反封建方面达到了旧式农民战争的"最高峰"。

义和团运动发生于19世纪末20世纪初，是中国"半殖民地半封建社会"即将形成的时期，此时，西方列强已进入帝国主义阶段，对中国的侵略进一步

---

[*] 刘辉萍：曲阜师范大学马克思主义学院教师

深入和强化。以甲午战争为导火线，帝国主义与中华民族的矛盾急剧上升为当时中国社会最首要的矛盾。由此，帝国主义必然成为世纪之交中国革命的首要目标。义和团运动就是在这样的背景下发生、发展的。因此，义和团运动是一场严格意义上的反帝爱国运动。"灭洋"自始至终是义和团运动的首要目标和中心内容，其主要口号是"扶清灭洋"，在反帝的问题上，义和团比太平天国要前进了一大步，其行动比太平天国更富主动性、直接性和暴力性。

二、宗教上的不同

从宗教上看，太平天国与义和团运动，都以宗教迷信形式来组织发动群众，但二者在宗教的具体形式、内容尤其是宗教信仰上明显不同：太平天国的宗教信仰是一元化、中西合璧式；而义和团则呈现出多元化、本土性。

太平天国是以洪秀全创立的"拜上帝会"为指导思想组织发动起来的。拜上帝会认为上帝是创造主宰天地万物的"独一真神"；上帝面前人人平等，与中国传统文化中的平均、平等思想相互融合，它有两个突出的特点：第一，中西合一——它是中西宗教的杂交体，具有相应的优势和较强的感召力，因而成为太平天国的主导思想而贯穿这场农民战争的始终。第二，宗教信仰的一元化，太平天国教义《十款天条》中明确规定：上至天王下至普通教众都只信奉一个神——洪秀全，至于清朝皇帝不过是为祸人间的"阎罗妖"，因此，洪秀全虽然未能跳出历代农民战争以宗教形式发动民众的旧圈子，但他对西方文化的大胆借鉴、吸收和运用，实为历代农民领袖之第一人。

与太平天国形成鲜明对照的是义和团的宗教形式是土生土长的，具有十分浓郁的东方神秘主义色彩。它传承了白莲教、大刀会等教门结社组织，在信仰神灵的多样化上，也达到了无所不包的地步。从这个意义上讲，义和团运动可视为西方基督教文化与中国传统文化矛盾冲突尖锐化的产物。太平天国与义和团运动，虽然在宗教信仰以及宗教的具体形式上大相径庭，但二者在与宗教的关系上，有一点是共同的，即"成也宗教，败也宗教"。宗教既是太平天国、义和团运动的"发动机"和"助推器"，又是其走向失败的主要因素之一。

三、组织上的不同

从组织上看，太平天国是洪秀全等人酝酿已久、精心策划、周密组织的农民战争，其组织上的严密性、系统性，实为历代农民战争之最；而义和团运动纯系自发的反帝爱国运动，组织上的松散性是其最主要的特征之一。

太平天国组织上的严密性、系统性，从其军队的建制建设上可略见一斑。这一切表明太平军作为一支以农民为主构成的军队，其高度的组织性及组织程度之系统性、严密性是历代农民起义无法比拟的。

从义和团的组织来看，各地义和团仍然是自成体系、互不统属、各自为战，自始至终没有形成统一的领导机构，也没有形成统一的队伍。这种组织上的松散性是义和团的最主要特点之一。它表明了义和团运动的自发性，反映了小生产者的分散性，极大地制约了义和团整体"合力"的发挥。

四、成员构成上的不同

太平军与义和团的主要群众基础虽然都以贫苦农民为主，但在成员构成上明显不同：太平军自上而下几乎都是拜上帝会众，比较整齐划一，且多为南方人；而义和团是在义和拳的基础上发展起来的，成分复杂多样，且以北方人为主，有较广泛的民族性。

义和拳原是民间反清秘密结社的一种，其中有的原属白莲教系统的八卦教，有的原属大刀会，有的则是从民间习拳练武的群众组织发展而来的。随着反洋教战争的逐渐展开，义和拳改称义和团，成为群众性的反帝组织。其成员极其广泛，其中以贫苦农民为主体，也有一些失业的水手、脚夫、筑路工人、盐民、小手工业者、小商贩和店员，以及散兵游勇。到鼎盛时期，不少中小地主、知识分子、地方官吏甚至部分清朝王公贵族和清军官兵也参加了义和团。义和团成分的复杂性由此可见一斑。这一特点集中反映了当时中国社会中外民族矛盾急剧上升的客观事实，一方面表明义和团反帝运动具有十分广泛的群众性；另一方面也应看到造成这种状况的原因，是以西太后为首的顽固派承认了义和团为"合法"使然，从而使义和团具备了"奉旨造反"的意味，其进步性、革命性打了不少折扣。这是义和团运动的不足之处，与太平天国形成了较大的反差。

综上所述，太平天国主要是第一次鸦片战争后国内阶级矛盾尖锐化的结果，是中国传统文化与西方基督教文化初次交融的产物，是以南方农民为主体、以推翻清朝政府为首要目标、反封建的农民战争，其组织程度之严密、革命理论之完备，实为历代农民战争之最；而义和团运动则主要是甲午战争后中外民族矛盾激化的产物，是以北方农民为主体、以"反帝仇教"为主要内容完全自发的反帝爱国运动，其成分之复杂多样，抗争行为之暴烈程度以及浓郁的东方神秘主义色彩，在历代农民革命斗争中又是绝无仅有的。二者各有所长、各有所短、互相映衬，构成了近代中国人民反帝反封建斗争史上极为独特的景观，给世人留下了无尽的思考和经验教训。

如何看待洋务运动对中国近代化的影响

魏秀珍*

一般认为，近代化有生产的工业化、政治的民主化和思想文化的多元化等几个标志，其中生产的工业化是最重要的标志。鸦片战争以来，部分中国人开始反思西方列强入侵中国的原因，于是开始学习西方，意图改变中国的落后挨打的命运。起于19世纪60年代初的洋务运动正是清朝统治阶级中部分成员，如奕䜣、曾国藩、李鸿章，在严重"内忧外患"形势下所采取的"自强"措施。这是一场引进西方资本主义的军事装备、机器生产和科学技术以维护封建统治的"自强""求富"运动。中日甲午战争爆发，洋务派苦心经营的北洋陆军和北洋舰队一败涂地，清政府被迫签订了丧权辱国的《马关条约》，洋务运动宣告失败。这场运动虽然以失败告终，但却为中国近代化的起步开辟了道路，对中国近代化有着深远的影响，它揭开了中华民族探求近代化历程的百年大幕。因此，从一定意义上来说，洋务运动就是中国早期的近代化运动。

一、洋务派提出的"中体西用"的指导思想，是当时思想领域的一大变革

所谓"中体西用"，就是以孔孟之道和以三纲五常为核心的封建伦理道德所维护的统治秩序为主体，用西方的近代工业和技术为辅助，作为巩固封建统治的手段和工具，并以前者来支配后者。洋务派把中学和西学的关系解释为"体"与"用"的关系、"道"与"器"的关系、"本"与"末"的关系、"主"与"辅"的关系，进而提出了两者的相对价值，即中学具有精神价值，西学具有物质价值；还提出了两者的不同功能，即中学"治心身"，西学"应世事"，两者互相补充、不可偏废。"中体西用"是洋务派处理中西文化关系的原则，也是洋务派回击顽固派进攻的武器。对于西方近代文化，顽固派采取了一概拒绝的态

---

* 魏秀珍：曲阜师范大学马克思主义学院教师

度，主张"夷夏之辩"；洋务派则采取比较开放的态度，主张"中学为体，西学为用"。"中体西用"具有兴西学和保中学的双重性质。这一思想体系中，企图用先进的资本主义生产力来维护落后的封建生产关系，显得有些不相协调，是一种既肯定西方实用文化又不否定传统中国文化的调和主义文化思想，它敢于承认中学中不足之处，有待用西学来补充，西学确有超越于中学的地方，这实际上是对中国传统伦理价值观权威地位的一种挑战，也是近代以来中国思想界的一大进步，它使中国人的价值观开始由传统向现代转变。

二、洋务派兴办的近代企业，为中国近代化的发展提供了物质条件和管理经验，客观上促进了中国早期工业和民族资本主义的发展，也为近代中国经济转型创造了有利条件

洋务派继承了魏源的"师夷长技以制夷"的思想，以"求强""求富"为目标，通过所掌握的国家权力，集中力量优先发展军事工业，同时也发展若干民用企业，使资本主义成分在社会经济中明显增长，在客观上促进了中国早期工业和民族资本主义的发展。洋务运动虽说是一场没有达到目标的近代化运动，但在30多年的时间里，它取得了一些重要成果。洋务派先后办过规模不一的20多个近代军工厂。洋务派打着"求富"的招牌办民用企业，先后创办40个近代民用工矿企业。同时还经营轮船、电报、采矿冶炼与纺织工业四个部门，修筑了共计477公里的铁路，架设了沟通全国主要省份的通信线路数十条，基本上形成了全国的电讯网。洋务企业尽管机械化的程度也很低，各企业内部仍大量使用手工劳动，但它们毕竟引进了西方先进的机器和工艺，在生产技术方面发生了空前的大变革，使中国破天荒地出现了近代工业文明的曙光。洋务派创办企业，多采取官督商办的管理，由于缺乏经验，在经营管理方面走了不少弯路，经过多次失败，洋务派逐渐摸索到一些办厂经验，并在后来的经营中加以改进。这些经验教训，对稍后出现的民族资本主义的成长大有裨益。

洋务运动的兴起、洋务企业的兴办以及商品生产的出现，一些地主、官僚和富商也投资于近代工矿企业，这样民族资本主义就产生了。洋务派在创办民用企业时，由于资金不足，采取了招引私人投资的办法，通过"官督商办"或"官商合办"的方式创办企业，这些企业虽受官僚控制，发展受到很大的限制，但基本上是资本主义性质的近代企业。后来或转化为官僚资本，或发展为单纯的商办，成为民族资本主义企业。这就为中国民族资本主义的产生和发展开辟了道路，为中国经济逐渐近代化迈出了关键的第一步。

洋务事业的开展使中国社会的阶级结构发生了变化，使中国资产阶级和无产阶级以及新式知识分子逐渐产生和成长起来。洋务派举办的军、民用工业中，产生了大量的产业工人，从而使中国近代产业工人的人数扩大起来，同时还形成了中国资产阶级。新的生产力的产生、新的阶级力量的形成，不仅是对封建社会的冲击和破坏，为向近代社会迈进创造了条件，客观上也为后来的维新运动和辛亥革命奠定了初步基础。

三、洋务运动为中国组建和培植了新式陆军和海军，是近代中国筹建国防的开始，为中国军事近代化创造了条件

不管是为了镇压农民起义维护清朝的统治还是为了抵御外侮，都不能否认洋务运动在中国军事的近代化中所起的重要作用。洋务运动之初，为实现"自强"目标，洋务派建立起一批军事工业，实行军事装备的机械化生产。还大量购买或制造新式枪炮，组建新式军队，以促进军队和国防的近代化。同时还筹划海防，建立新式海军，到1884年建成了南洋、北洋、福建三支水师。中法战争中福建水师在马尾遭法军偷袭，几乎全军覆没。战后，清政府决心大建水师。其中北洋海军发展最快、实力最强，到1888年，北洋海军拥有铁甲战舰2艘、巡洋舰7艘、其他船舰14艘。另外，还修建了旅顺船坞和威海卫军港。通过以上的海陆军建设，清军的战斗力和抵抗外国侵略的能力有所增强。翻译西方军事著作，采用西方先进的军事编制与训练方法，加速了军队职能的近代化。可以说，洋务运动开创了中国军事近代化的先河。

四、洋务运动成为近代教育的开端，为中国培养了一批近代化人才

洋务派在创办近代工业的过程中，为了培养新式外交、军事、科技人才，开办了一批新式学堂，派出了最早的官派留学生，在改革封建文化教育制度上打开了缺口，这是中国近代教育的开始，这也是洋务运动中办得最成功、最有远见卓识的一项内容。新式学堂无论是教育内容还是教育形式，都与中国传统的教育有很大区别，打破了旧式教育和科举制度的一统天下，培养了一批近代科技军事人才。从19世纪70年代开始，洋务派又先后向外国派遣留学生，派遣出洋留学的人数共200余人，这些留学生归国后大都成为重要的专业人才，如赴美的詹天佑成为著名的铁路工程师，留英的严复成为近代著名的启蒙思想家。洋务运动中还培养了大批新型知识分子，近代数学家华蘅芳、化学家徐寿和徐建寅父子等人就是在办洋务的实践中成长起来的。

此外，洋务派设立的翻译馆，翻译印发了大量书籍，引进了声、光、电等自然科学知识，这不仅有利于西方近代科技在中国的传播，而且影响了一代进

步思想家，为戊戌变法准备了条件。同时，在洋务派所办军事、民用企业的近四万名工人中，还锻炼出了一大批掌握现代大机器生产的技术工人，成为中国无产阶级中早期的技术力量。洋务运动中锻炼和培养出来的科技人才，为近代中国民族资本的产生准备了条件。

五、洋务运动引起了社会风气和人们价值观的变化，为推进中国近代化营造了良好的社会氛围

洋务运动的兴起和资本主义生产方式的出现，给当时的中国带来了新知识、新学问，开阔了人们的眼界，人们原有的价值观念受到冲击，社会风气也有所改变。传统的封建主义义利观，"重农抑商""重义轻利""商为四民之末"的观念都受到很大冲击，商人、商业在社会中的地位明显提高。在对世界和中国自身认识方面，中国人传统的"天朝上国""夷夏"等思想观念在洋务运动中发生了变化，承认"蛮夷"也有比中国优越的地方。西方的科学技术不再是"奇技淫巧"，"西学"成为中国求强求富的学问。洋务运动也促使人们原有的君民政治观念发生了改变。人们原有的传统君民政治观是"君权至上""君为臣纲"为核心的专制主义政治观。西方资产阶级的民权观念在19世纪70年代，通过早期维新思想家的介绍逐渐在中国传开并且为中国人所接收。洋务运动时期已经有人认识到西方制度的根本就在于民主自治。只要是属于"民政"的事情全部都由人们自己决定、自己办理。从这些主张来看，这是一种完全意义上的民主自治的思想。这些主张的提出大大有利于改变中国传统的封建政治观念，有利于近代资本主义的民主政治观念在中国的传播和实践。这些都有利于资本主义的发展，有利于社会风气的转变。

总之，中国近代化经过洋务运动，虽远未成功，但却开启了近代化的进程，尤其是工业的近代化进程，并积累了一些符合中国国情的实现现代化的经验。中国正是在此基础上再接再厉、不断探索，为寻找到中国的出路作出了贡献。中国如果没有洋务运动时期建立起来的近代工业，也就没有后来的资产阶级的诞生和无产阶级的壮大，更不会有新民主主义革命的胜利。当然，洋务运动以及后来的中国近代化的缓慢进程带给中国的近代工业基础毕竟太薄弱了。因此实现中国近代化的任务最初不能不依靠地主阶级开明派——洋务派来承担，而由于洋务派具有浓厚的封建性，他们用"官督商办"的封建主义的方式经营和管理资本主义近代工业，使这些工业不可避免地带有一定的封建性。洋务派没有而且也不可能为中国近代化奠定一个坚实的基础。洋务派虽然在某些地区、某些企业的建设上取得了一些成就，但从全国来讲，它不可能全面推进中国的近代化。

如何看待戊戌变法对近代中国思想启蒙的作用

王德成[*]

一、维新派大力传播西方资产阶级的社会政治学说和自然科学知识以及自由平等、社会进化的观念，有利于解放思想

（一）变法图存论

甲午战争后中华民族面临着亡国灭种的危机，维新派认识到只有主动变法，才能救亡图存。康有为指出，世界上所有的国家都是"变法而强、守旧而亡"。梁启超认为变法是一种自然规律，"法者，天下之公器也。变者，天下之公理也"。谭嗣同学贯中西，主张通过"中外通""上下通""男女通"和"人我通"，以破除中国封建社会的迂腐与蒙昧，他认为在国家内忧外患之时，"唯变法可以救之"，只有变法，才能使民智、民富、民强。

（二）全变求强论

维新派批评洋务派的"中体西用"是"变事而已，非变法也"。要求实行"体"和"用"的全面变革，"全变则强，小变仍亡"。维新派的变法主张不仅涉及军事和经济产业，还涉及政治、文化教育、军事的制度方面，是全方位变革。经济上，他们要求采用资本主义生产方式，保护和发展民族资本主义；政治上，要求兴民权、设议院，实行君主立宪；文化教育上，要求废八股、改科举、兴学校、派留学、办报刊，允许言论、集会、结社、出版自由；军事上，要求裁撤绿营、八旗，练新式军队，办武备学堂。其变法主张深入肌理，远比洋务派、早期维新派深刻激烈。

（三）进化史观

变法的理论依据由洋务派的"穷通变久"的传统变易观念转化为康有为的"公羊三世说"和严复引进的进化论。康有为编纂了《新学伪经考》和《孔子改制考》。在《新学伪经考》中，曲解被东汉之后的统治者尊为儒学正宗的古文

---

[*] 王德成：曲阜师范大学马克思主义学院副教授，硕士生导师

经学是"伪经",是刘歆为帮助王莽篡权而伪造的。康有为以恢复儒学为幌子,斥责"伪经"湮没了孔子学说的微言大义,认为只有西汉的今文经学才是"真经"。被顽固派斥责为"其貌则孔也,其心则夷也"。康有为还引用《春秋公羊解诂》中的"据乱世、升平世、太平世"三世演进说,称人类社会就是沿着这三个阶段循序演进的,并加以比附为"据乱、小康、大同"。严复在《天演论》中引进了"物竞天择,适者生存"的生物进化论和"世道必进,后胜于今"的社会进化论,成为启发中国知识界探索西方资本主义的政治、经济和文化的重要理论依据。

二、维新派掀起了一系列文学艺术的变革运动,形成了激烈而广泛的文学艺术解放风潮

（一）"史学革命"

黄遵宪对旧的封建史学观点提出了质疑,提出新的历史分期,认为中国自周以前是"封建之世",统治者不论其贤愚都可以世卿世禄。自秦以后是"郡县之世","以设官治民",久而久之,"官与民无一相信",贪官污吏"舞文以弄法,秉权以肆虐,以民为鱼肉,以己为刀砧"。因此,他认为这"封建之世"和"郡县之世",都是百弊丛生、民不堪命的专制政治制度。而他揭露历史积弊的目的,在于"启民智""侵官权","以公理求公益"。这是在史学理论上为变法寻找依据。[①] 同时,梁启超也开始对封建史学大加鞭挞。他指出,历史"有国史、有君史、有民史。民史之著盛于西国,而中土几绝。中土二千年来,若正史、若编年、若载记、若传记、若纪事本末、若诏令奏议,强半皆君史也"。而中国的许多旧史书"不过为一代之主作谱牒","至求其内政之张弛,民俗之优绌",乃至制度政令之得失,历史的经验教训等,"几靡得而睹焉"。梁启超的这种史学思想是后来他提倡"史学革命"的前奏。

（二）"诗界革命"

黄遵宪提出"我手写我口"的诗歌创作原则,冲破旧式诗歌的束缚,并以自己的诗歌创作实践,成为中国近代"诗界革命"的先驱。在稍晚一段时期,梁启超、夏曾佑与谭嗣同等一起正式提出了"诗界革命"的口号。这些新派诗人对诗歌的改革、创新,虽然还只是一种大胆的尝试,把一些从西方学得的新名词移用于诗歌创作,显得有些不伦不类,但是却在一定程度上抒发了忧国忧民的激情,凸显时代的进步,反而给人一种耳目一新的感觉。使同时期的以风花雪月、

---

① 李侃. 戊戌维新与中国近代思想文化史 [J]. 历史研究, 1983 (5): 56.

才子佳人为主题的，以模拟往古为体例的"宋诗派"和"同光体"诗作，大为逊色。

（三）"小说界革命"

梁启超从维新变法的宣传需要出发，把小说看成是最有力的宣传工具。他借用康有为的话说："六经不能教，当以小说教之；正史不能入，当以小说入之；语录不能谕，当以小说谕之；律例不能治，当以小说治之。"①"彼美、英、德、法、奥、意、日各国政界之同进，则政治小说为功最高焉。"② 这样有些以偏概全的观点虽然过分夸大了小说的现实作用，但是也看得出，当时的维新派人士敢于把一向不登大雅之堂的小说，提高到超越"六经""正史"地位的高度，这不能不说是一个新颖而大胆的见解。而这种认识产生的结果就是1902年梁启超在创刊的《新小说》中的《论小说与群治之关系》一文提出了"今日欲改良群治，必自小说界革命始；欲新民，必自新小说始"的口号，由此掀起"小说界革命"的浪潮。

三、在教育方面，维新派主张采用西方近代教育制度，兴办新式学堂，这对中国近代教育的发展起了积极的推动作用

（一）改革科举制度，废除八股取士

变法伊始光绪皇帝即颁布上谕："著自下科为始，乡、会试及生童岁科各试，向用四书文者，一律改试策论。"③ 明令宣布废除八股考试。凡国家的会试、省级的乡试及府县的童生岁科（考秀才），旧用八股文的，一律改试策论。各级考试仍定为三场，一试历史政治；二试时务；三试"四书""五经"。以后一切考试、取士，均以讲求实学实政为主。在规定的考试外，又开设考试经世致用学问的"经济特科"，选拔新政人才。

---

① 陈平原，夏晓虹. 二十世纪中国小说理论资料（1897年—1916年）第1卷［G］. 北京：北京大学出版社，1989：13.
② 梁启超. 译印政治小说序［M］//阿英. 晚清文学丛钞·小说戏曲研究卷. 北京：中华书局，1960：13-14.
③ 大清德宗景（光绪）皇帝实录：卷四一九［M］. 台湾：中华书局，1987：490-491.

（二）光绪帝又命将"各省、府、厅、州、县现有大小书院，一律改为兼习中学、西学之学校"，"以省会之大书院为高等学，郡城之书院为中等学，州县之书院为小学"①

在北京设立京师大学堂（北京大学前身），将原设的官书局和译书局并入大学堂。大学堂在课程方面采取中西并重的方针，并把课程规定为普通学和专门学两类。京师大学堂不仅是各省学堂的表率，又有统辖全国各省学堂之权。② 地方捐办的义学、社学，亦令中西兼习，奖励绅民兴学。中学应读之书由官书局颁发，民间祠庙不在祠典者，一律改为学堂。同时筹备设立铁路、矿务、农务、茶务、蚕桑、医学等专门学堂。这些初生于戊戌时期的新式学校，在社会动荡和新旧斗争中曲折发展，并且成为日后改革和革命的思想摇篮。它所培育出来的区别于旧式封建士大夫的新式知识分子，大多都成为日后改革和革命的骨干力量。

（三）建立译书局和编译学堂，编译外国的进步书籍

随着维新运动发展，新的出版传播机构陆续创设。仅在上海一地，除维新派创办的大同译书局之外，还相继成立了多家译书局，其中最著名的就是于1897年成立至今的商务印书馆。在当时除了经史子集以及其他各种古书之外，新的近代的自然科学和社会科学书刊相继出版。封建正统道学在思想文化领域和出版界的垄断、一家独大的局面，几乎成为过去式。

（四）改《时务报》为官办，鼓励自由创立报馆、学会

康有为、梁启超、谭嗣同等，都认识到了学会的重要性，认为"泰西所以富强之由，皆由学会讲求之力"。③ "今日救亡保命至急不可缓之上策，无过于学会者"。④ 由于维新派的提倡和组织，从1895年8月康、梁在北京创立强学会开始，到1898年变法失败，各地共办起各种学会70多个。甚至有李提摩太等外国人参与办学会，足见当时兴办学会已经蔚然成风。尽管这些学会规模、作用不同，性质和政治主张也有区别，但是它们有一个同样的作用，就是在思想文化和风俗习惯上破旧立新。学会作为与维新变法相伴而生的新生事物，极大地推动了资产阶级新文化的传播与深化。

---

① 《中国近代史资料丛刊》编委会. 戊戌变法（二）［M］. 上海：上海书记出版社，2000：220.
② 李侃. 戊戌维新与中国近代思想文化史［J］. 历史研究，1983（5）：56.
③ 中国史学会. 戊戌变法Ⅰ. 上海：神州国光社，1953.
④ 蔡尚思，方行. 谭嗣同全集［M］. 增订本. 北京：中华书局，1998：457.

如何看待辛亥革命的历史地位

卢忠帅[*]

辛亥革命是资产阶级领导的以反对封建君主专制制度、建立资产阶级共和国为目的的革命,是一次比较完全意义上的资产阶级民主革命。正如毛泽东所指出的:"中国反帝反封建的资产阶级民主革命,正规地说起来,是从孙中山先生开始的。"[①] 辛亥革命是中国人民为救亡图存、振兴中华而奋起革命的一个里程碑,具有伟大的历史意义。

一、沉重地打击了中外反动势力

辛亥革命推翻了封建势力的政治代表、帝国主义在中国的代理人清王朝的统治,沉重地打击了中外反动势力,使中国反动统治者在政治上乱了阵脚。在这以后,帝国主义和封建势力在中国再也不能建立起比较稳定的统治,从而为中国人民斗争的发展开辟了道路。

首先,辛亥革命沉重地打击了中国封建势力。中国封建社会的皇帝大权独揽,是反动统治秩序得以保持稳定的重心所在。辛亥革命推翻了极端腐朽、媚外的清政府,把皇帝的统治地位推翻了,整个反动统治秩序就乱套了。在这以后,从袁世凯到蒋介石,像走马灯似地接连登场,却始终未能建立起统一、稳定的政治统治,就连统治阶级内部也无法再保持统一,矛盾重重,各自为治,形成一盘散沙的局面。因此,辛亥革命失败后,以袁世凯为首的北洋政府仅存在了16年、以蒋介石为首的南京政府仅维持了28年的反动统治便被人民推翻。

其次,辛亥革命还沉重地打击了帝国主义侵略势力。辛亥革命推翻了"帝国主义的走狗"——清政府,这就打破了帝国主义利用清政府为工具以图长期控制中国、奴役中国人民的美梦。此后,各帝国主义国家为维持其侵略权益,

---

[*] 卢忠帅:曲阜师范大学马克思主义学院副教授、硕士生导师
[①] 毛泽东. 毛泽东选集:第2卷[M]. 2版. 北京:人民出版社,1991:563.

千方百计扶植各派军阀作为其侵华代理人，但在革命力量的打击下，它们再也找不到能够控制全局的统治工具，再也无力在中国建立比较稳定的统治秩序了。

二、使民主共和观念开始深入人心

辛亥革命结束了中国两千多年封建社会的君主专制制度，建立了中国历史上第一个资产阶级共和政府，使民主共和的观念开始深入人心，并在中国形成了"敢有帝制自为者，天下共击之"的民主主义观念。

辛亥革命时期，世界范围内的共和政体屈指可数，那时主要的资本主义国家，除法、美两国外，英国、日本、德国、意大利、奥匈帝国、沙俄等无一不保留着君主制度。在这样的历史条件下，辛亥革命推翻了统治中国几千年的君主专制制度，建立起共和政体，并通过根本大法规定了"中华民国之主权，属于全体国民"，确立了主权在民的原则，可谓历史的巨大进步。从此以后，民主共和观念深入人心，任何复辟帝制的企图都由于遭到广大人民的反对而归于破产。正如林伯渠在纪念孙中山诞辰90周年大会上的讲话中所说："过去专制主义是正统，神圣不可侵犯，侵犯了就要杀头。现在民主主义成了正统，同样取得了神圣不可侵犯的地位。侵犯了这个神圣固然未必就要杀头，但为人民抛弃是没有疑问的。"[①] 正因为如此，当袁世凯、张勋先后复辟帝制时，均受到了社会舆论的强烈谴责和人民群众的坚决反抗，先后以失败而告终。

三、推动了中国人民的思想解放

在封建专制统治下，皇权至高无上，"君权神授"及"三纲五常"的封建意识形态牢牢地禁锢着人们的头脑。皇帝被称为天子，代表天意统治人民，神圣不可侵犯，稍有违背，便被视为"离经叛道""乱臣贼子"，随时都有被杀头的危险。辛亥革命推翻了清王朝的统治，结束了帝制，建立了共和政体，并颁布了《中华民国临时约法》，规定"中华民国之主权，属于全体国民""中华民国国民一律平等，享有人身、财产、集会、结社、出版、言论等自由，享有请愿、陈诉、考试、选举与被选举等民主权利"，这让人们看到了民主政体的好处，同时想到如今连皇帝都可以被打倒，那么还有什么陈腐的东西不可以被怀疑、不可以被抛弃？辛亥革命的参加者吴玉章曾指出："从前皇帝自称为天子，如果有人说皇上是强盗，可以打倒，别人一定把他看作疯子。孙中山就曾经是

[①] 林伯渠．林伯渠文集[M]．北京：华艺出版社，1996：662．

一个被人家看作是疯子的人。相反在辛亥革命以后，如果有人想做皇帝或者拥护别人做皇帝，一定也被看作疯子。"① 陈独秀在五四运动前夜写过一篇《偶像破坏论》，他说："君主也是一种偶像，他本身并没有什么神圣出奇的作用；全靠众人迷信他、尊崇他，才能够号令全国，称作元首，一旦亡了国，像此时清朝皇帝溥仪，俄罗斯皇帝尼古拉斯二世，比寻常人还要可怜。这等亡国的君主，好像一座泥塑木雕的偶像抛在粪缸里，看他到底有什么神奇出众的地方呢？"

于是，在辛亥革命后，人们开始想以前不敢想的问题、说以前不敢说的言论、积极议论国事，社会舆论空前活跃，各种主义、思潮得以在中国公开传播，各种政党组织、群众团体纷纷成立，发表他们对时局的意见并组织各种群众运动，推动着人们为探寻救国救民的真理而不懈奋斗。正是在这样的基础上，才有了新文化运动的发生及马克思主义在中国的传播，才有了后来的五四运动和中国共产党的诞生，才有了新民主主义革命的最终胜利。正如金冲及所说，辛亥革命"在很多重要方面改变了中国，成为一个新的起点，为中国以后的进步打开了闸门。辛亥革命过后只有七年多，中国便发生了五四运动，又过两年多便产生了中国共产党，这当然不是偶然的"。② 可见，辛亥革命砸碎了人民群众头脑中长期的封建专制主义的精神枷锁，极大地激发了人民的爱国热情和民族觉醒，促进了革命民主主义精神的高涨，打开了禁锢思想进步的闸门。

四、推动了中国的社会变革

首先，辛亥革命推动了中国民族资本主义经济的快速发展。南京临时政府成立后，以振兴实业为目标，鼓励人们兴办实业，先后颁布了一系列有利于工商业发展的政策和措施，如"商业注册章程""商业银行暂行条例"等；在中央设立实业部，要求各省成立实业司；鼓励民间兴办各种实业团体，以推动民族资本主义经济的发展。这使民族资产阶级深受鼓舞，旧军阀、旧官僚也以投资实业为荣，社会上迅速掀起兴办实业的热潮，各种实业团体纷纷出现，如"工业建设会""实业协会""国货维持会"等。正如当时《中华实业界》报道的那样："民国政府力行保护之策，公布商业注册条例、公司注册条例。凡注册的公司、商店、工厂，均妥为保护，许各专利。一时工商界踊跃欢怀，咸谓振

---

① 吴玉章（永珊）. 辛亥革命 [M]. 北京：人民出版社，1963：25.
② 金冲及. 辛亥革命改变了中国：金冲及自选集 [M]. 北京：中国社会科学出版社，2011：38.

兴实业在此一举，不几年而大公司大工厂接踵而起。"① 这极大地促进了中国民族资本主义经济的发展，使随后的几年成了资本主义发展的"黄金时代"。

其次，引起了社会风俗的积极变化。南京临时政府成立后，按照资产阶级自由、民主、平等、博爱的原则建立近代化的社会生活，提倡社会新风，扫除旧时代的"风俗之害"。如：保障人权平等，禁止刑讯、贩卖华工、买卖人口和蓄养奴婢，允许女子参政；革除社会陋习，禁止蓄辫、缠足、赌博、种植和吸食鸦片；树立民主新风，男子以"先生""君"的互称取代代表封建等级的"老爷""大人"等称呼，下级官吏见上级官吏时用"脱帽""鞠躬""握手"等礼节取代传统的跪拜礼。此外，为宣示与旧时代的决裂，临时政府改历改元，以公元纪年取代清帝纪元，用公历取代传统的农历。这些变化，不仅改变了社会风气，也有助于人们思想的解放及妇女地位的提高。

最后，促进了文化教育事业的近代化。南京临时政府还实行教育改革，提倡男女同校、奖励女学，将各种旧式学堂改称学校，发展新式教育，创办大学、中学、小学、师范学校及女子学校等，禁止使用清朝教科书，废止小学读经科和学堂奖励出身制度，颁布新的教育宗旨及学制，以培养共和国新国民。这些都奠定了民国时期教育的基础，有力地促进了中国教育事业的近代化。同时，在开放言论的政策下，全国的新闻出版事业也获得了迅速发展。据统计，1912年，全国有报纸500余家，一些中等城市也有多家报纸，这在中国新闻史上是空前的。

五、推动了亚洲各国民族解放运动的高涨

辛亥革命爆发于占世界人口四分之一的半殖民地半封建的中国，顺应了20世纪初世界民主革命和民族解放运动的历史潮流。革命成功地推翻了清政府，建立了亚洲第一个民主共和国，极大地鼓舞了世界被压迫民族尤其是亚洲人民的革命斗志。而且，孙中山反帝反封建的民主革命思想符合亚洲地区民族解放运动日益高涨的要求，成为各国人民反对殖民统治、争取民族解放的思想武器。受辛亥革命的影响，越南、朝鲜、菲律宾、印度、印尼等国家的人民都掀起了争取民族解放运动的高潮，形成了20世纪初席卷亚洲大陆的反帝反封建的"亚洲风暴"，沉重地冲击了帝国主义在东方的殖民体系，对整个亚洲和世界都产生了重大的影响，列宁曾将其称为"亚洲的觉醒"，并强调"中国人民的革命斗争

---

① 青霞. 苦力工作之改良法 [J]. 中华实业界，1915，2（5）：1-9.

具有世界意义，因为它将给亚洲带来解放并将破坏欧洲资产阶级的统治"。①

综上，正如习近平在纪念孙中山先生诞辰150周年大会上所说："由于历史进程和社会条件的制约，辛亥革命虽然没有改变旧中国半殖民地半封建的社会性质，没有改变中国人民的悲惨命运，没有完成实现民族独立、人民解放的历史任务，但开创了完全意义上的近代民族民主革命，打开了中国进步闸门，传播了民主共和理念，极大地推动了中华民族思想解放，以巨大的震撼力和影响力推动了中国社会变革。"② 辛亥革命在中国近代史上占有非常重要的历史地位，其丰功伟绩不可磨灭！

---

① 中共中央马克思恩格斯列宁斯大林著作编译局. 列宁全集：第21卷［M］. 北京：人民出版社，1990：163.
② 习近平：在纪念孙中山诞辰150周年大会上的讲话［N］. 人民日报，2016-11-12.

如何看待新文化运动对中国传统文化的影响

卢忠帅*

新文化运动是近代中国先进分子为挽救国家危亡而掀起的一场思想启蒙运动。新文化运动虽对孔学进行了激烈批判,但并没有全盘否定中国传统文化,反而推动了中国传统文化的近代转型。

一、新文化运动对孔学的激烈批判

中华民族有着五千多年文明史,历史上曾长期处于世界领先水平,为人类作出了卓越贡献。但近代以来,随着资本—帝国主义的入侵和封建制度的腐朽,中国面临严重的内忧外患,无约不损、无战不败,神州陆沉、山河破碎,中华民族到了危如累卵、大厦将倾的时刻。正如康有为在1898年4月保国会演讲词中所提到的:"吾中国四万万人,无贵无贱。当今日在覆屋之下、漏舟之中、薪火之上,如笼中之鸟、釜底之鱼、牢中之囚,为奴隶、为牛马、为犬羊,听人驱使,听人宰割,此四千年中二十朝未有之奇变。"为了挽救国家危亡,中国的先进分子开始向西方国家寻求真理。但是,中国人学习西方的努力在实践中却一而再、再而三地碰壁,"包括辛亥革命那样全国规模的运动,都失败了"[1]。袁世凯在窃取了辛亥革命的果实后,为了复辟帝制,极力推崇封建纲常名教,大搞祭天祀孔。康有为等保皇派也极力鼓噪,要求定孔教为国教,声称"无论何人,孔子之道不可须臾离也"[2]。一时间,社会上尊孔社团纷纷成立,尊孔刊物大量出版,形成了一股尊孔复古逆流。

面对这股逆流,中国的先进分子经过深刻反省,认为"吾人于共和政体之下,

---

* 卢忠帅:曲阜师范大学马克思主义学院副教授、硕士生导师
[1] 毛泽东. 毛泽东选集:第4卷[M]. 北京:人民出版社,1991:1470.
[2] 康有为. 孔教会序(一)[M]//汤志钧. 康有为政论集:下. 北京:中华书局,1981:732.

备受专制政治之痛苦"的原因，在于思想的蒙昧，因而"此等政治根本解决问题，犹待吾人最后之觉悟"，即"伦理的觉悟"①。因此，要建立名副其实的共和国，必须从根本上改造中国的国民性。而要改造国民性，就须建立新的价值观念和道德观念，代替以孔学为根基的旧的价值观念和道德观念。鉴于此，新文化运动的先驱者们如陈独秀、李大钊、鲁迅、胡适、蔡元培、钱玄同等，高举"民主"与"科学"两面旗帜，以《新青年》为主要阵地，对孔学展开了激烈批判。如李大钊也曾尖锐地指出："孔子者，历代帝王专制之护符也。宪法者，现代国民自由之证券也。专制不能容于自由，即孔子不当存于宪法。"② 鲁迅在《狂人日记》中控诉封建礼教是"吃人"的礼教，更是对旧礼教旧道德无情鞭挞。除了反对旧道德之外，他们还反对独裁专制、反对迷信盲从、反对旧文学。在新文化运动先驱者们激烈批判孔学的过程中，封建正统思想的统治地位动摇了，儒家思想一统天下的时代也宣告结束了。

二、新文化运动没有全盘否定中国传统文化

新文化运动的倡导者并没有因为批判孔学而全盘否定中国传统文化。首先，他们认为儒家思想只是中国传统文化的一部分，而非其全部，甚至认为其他思想优于儒家思想。如陈独秀指出："旧教九流，儒居其一耳。阴阳家明历象，法家非人治，名家辨名实，墨家有兼爱、节葬、非命诸说，制器敢战之风，农家之并耕食力，此皆国粹之优于儒家孔子者也。"③ 对此，他们反对"独尊儒术"的做法，提倡百家争鸣，在批判孔学时常以诸子百家的思想作为武器。

其次，新文化运动的倡导者批判的是尊孔派和封建礼教，并非批判孔子个人。正如陈独秀所说："我们反对孔教，并不是反对孔子个人，也不是说他在古代社会无价值。不过因为他不能支配现代人心，适合现代潮流，还有一班人硬要拿他出来压迫现代人心，抵抗现代潮流，成了我们社会进化的最大障碍。"④ 李大钊也说："余之抨击孔子，非抨击孔子之本身，乃抨击孔子为历代君主所雕塑之偶像的权威也；非抨击孔子，乃抨击专制政治之灵魂也。"⑤ 他们不但不反

---

① 任建树，张统模，吴信忠. 陈独秀著作选：第1卷 [M]. 上海：上海人民出版社，1984：179.
② 中国李大钊研究会. 李大钊全集：第1卷 [M]. 北京：人民出版社，2013：423.
③ 陈独秀. 宪法与孔教 [J]. 新青年，1916（3）：8-12.
④ 陈独秀. 陈独秀文集：第1卷 [M]. 北京：人民出版社，2013：462-463.
⑤ 中国李大钊研究会. 自然的伦理观与孔子 [M]//李大钊. 李大钊文集：第1卷. 北京：人民出版社，1999：250.

对孔子个人，而且承认孔子是历史上的伟人，属当时社会之名产，有其价值。李大钊一再强调："孔子于其生存时代之社会，确足为其社会之中枢，确足为其时代之圣哲，其说亦确足以代表其社会时代之道德。"① 陈独秀也承认孔子学说中包含人类普遍适用的道德原则，他说："记者之非孔，非谓其温良恭俭让、信义廉耻诸德及忠恕之道不足取；不过谓此等道德名词，乃世界普遍实践道德，不认为孔教自矜独有者耳。士若私淑孔子，立身行己，忠恕有耻，固不失为一乡之善士，记者敢不敬其为人？"②

三、新文化运动对传统文化近代转型的推动

进入近代以后，一直处于世界领先水平的中国传统文化开始走向落后。鸦片战争后，基于中国近代社会发展的现实需要、西方文化的冲击和自身因素，中国传统文化开始了艰难的近代化转型过程。在中国传统文化的近代转型过程中，新文化运动起了重要的推动作用。一方面，在经过了洋务运动、戊戌变法和辛亥革命之后，中国的先进分子终于认识到中西文化的深刻差距不在物质与制度层面，而在思想文化层面。由此，新文化运动的发生标志着近代西方文化对中国传统文化中腐朽成分的批判与解构已深入精神层面。新文化运动也为中国传统文化近代转型的真正完成提供了可能性。另一方面，在新文化运动中出现的以梁漱溟、熊十力、冯友兰等为代表的新儒家学派，在坚持传统道德本体论的基础上，试图利用西方理论对中国传统文化进行全新的整理、阐释与重构，深挖其现代价值，从而促进了传统文化的返本开新。

当然，新文化运动对中国传统文化并非没有任何破坏性。由于新文化运动的倡导者缺乏马克思主义的批判精神，他们只看到了新旧文化之间的对立，而没有看到新旧文化之间的继承性；只看到了中国传统文化落后性的一面，而忽视了其内含的优秀内容。正如毛泽东所说，新文化运动的许多领袖人物"对于现状，对于历史，对于外国事物，没有历史唯物主义的批判精神，所谓坏就是绝对的坏，一切皆坏；所谓好就是绝对的好，一切皆好"。但我们不应因此而过多地诟病新文化运动，因为历史赋予新文化运动的时代使命，就是要对整体上已经落后于时代的中国传统文化予以批判，这必然要体现出相当程度的破坏性。

---

① 中国李大钊研究会. 李大钊全集：第1卷 [M]. 北京：人民出版社，2013：419.
② 陈独秀. 答《新青年》爱读者 [J]. 新青年，1917（5）：3.

建党一百多年来，中国共产党如何坚持自己的初心与使命

汤 锐[*]

"至今发生过的一切运动都是少数人的运动，或者都是为少数人谋利益的运动。无产阶级的运动是绝大多数人为绝大多数人谋利益的独立自主的运动。"[①] 为绝大多数人谋利益，这个庄严的承诺是一切共产主义者的初心。中国共产党人的初心和使命就是为中国人民谋幸福，为中华民族谋复兴。建党一百多年来，中国共产党在领导中国革命、建设和改革的进程中，紧紧围绕自己的初心和使命，将人民幸福和民族复兴的伟大事业不断推向前进。

一、初心伊始：新民主主义革命时期

1921年中国共产党诞生后，便将全心全意为人民服务作为党的根本宗旨，诚如习近平总书记所说："中国共产党人的初心和使命，就是为中国人民谋幸福，为中华民族谋复兴，这个初心和使命是激励中国共产党人不断前进的根本动力。"[②]

人民群众是历史的创造者，中国共产党要推动历史发展，就必须反映和顺应人民的要求，带领人民创造美好生活。中国共产党创立伊始，就明确了以马克思主义为指导思想，全心全意为人民服务的根本宗旨。同以往众多政治力量追求自身特殊利益不同，马克思主义始终以无产阶级解放和全人类解放为奋斗目标。中国共产党从诞生那天起就没有自己特殊的利益。在马克思主义的指导下，党始终坚持人民主体地位，代表无产阶级和人民群众的利益。

---

[*] 汤锐：曲阜师范大学马克思主义学院副教授、硕士生导师。
[①] 中共中央马克思恩格斯列宁斯大林著作编译局. 马克思恩格斯全集：第4卷 [M]. 北京：人民出版社，1958：477.
[②] 习近平. 决胜全面建成小康社会 夺取新时代中国特色社会主义伟大胜利——在中国共产党第十九次全国代表大会上的报告 [M]. 北京：人民出版社，2017：10.

在风雨兼程的新民主主义革命时期，中国共产党始终坚持群众路线。毛泽东指出："在我党的一切实际工作中，凡属正确的领导，必须是从群众中来，到群众中去。"① 从井冈山时期的《星星之火，可以燎原》，到延安时期的《论持久战》，再到西柏坡时期的《将革命进行到底》，无一不彰显了中国共产党人不忘初心、奋斗不止的必胜信念。井冈山时期，中国共产党将马克思主义同中国革命具体实际相结合，开创了农村包围城市、武装夺取政权的革命道路。井冈山是中国共产党建立得最早的革命根据地，它的建立点燃了工农武装割据的星星之火，后来不同时期形成的延安精神、西柏坡精神等，都是对井冈山精神的继承和发扬。延安时期，在抗日战争全面爆发后，"亡国论""速胜论"甚嚣尘上，严重扰乱军心民心。为了批驳这些错误观点，为抗日战争指明奋斗方向，毛泽东经过反复修改，写了《论持久战》这部专著，明确指出抗日战争是持久的，最后胜利属于中国。毛泽东在《论持久战》中强调，"战争的伟力之最深厚的根源，存在于民众之中"，民心向背是决定战争胜负的关键性因素，体现了人民群众是历史的创造者，彰显了中国共产党人奋斗到底的初心。西柏坡时期中国共产党人面临着命运和前途的抉择，当时党的中心任务就是抓住时机发起战略决战，夺取民主革命的彻底胜利。面对敢不敢于斗争到底的生死考验，以毛泽东同志为代表的中国共产党人展现了大无畏的革命英雄主义精神，果断提出"打倒蒋介石，解放全中国"，抓住有利时机与国民党军队展开了战略决战，指挥了三大战役，消灭了国民党主力部队，夺取了民主革命的全国性胜利。

在中国人民解放战争即将取得全国胜利的前夕，中国共产党即将成为执政党。在这个重要的历史时刻，怎样保证党自身顺利实现向执政党的伟大转变，适应工作重心的转变，担负起新的历史重任，是一个重大的问题。毛泽东在七届二中全会上不失时机地提出了"两个务必"的重要思想，深刻地告诫全党"务必使同志们继续保持谦虚谨慎、不骄不躁的作风，务必使同志们继续地保持艰苦奋斗的作风"②。毛泽东指出，夺取全国胜利，这只是万里长征走完了第一步。中国的革命是伟大的，但革命以后的路程更长，工作更伟大、更艰苦。至今来看，"两个务必"重要思想不仅成了西柏坡精神最具特色的内涵，更成了共产党人强大的思想武器，充分彰显了中国共产党人的政治本色。以这个重要思想作为支撑，中国共产党人才有将革命进行到底的动力和保障，才能够承担起长期执政和建设好国家的重任。

---

① 毛泽东．毛泽东选集：第3卷［M］．北京：人民出版社，1991：899．
② 毛泽东．毛泽东选集：第5卷［M］．北京：人民出版社，1991：122．

"一切向前走，都不能忘记走过的路；走得再远，走到再光辉的未来，不能忘记走过的过去，不能忘记为什么出发。"① 中国共产党风雨兼程，经历百年的砥砺前行，一路走来，确实有人上了"船"又跳了"船"，但从不影响这艘"红船"朝向目标前进的定力。中国共产党在长期艰苦卓绝的奋斗中，历经曲折而不畏艰险，屡受考验而不变初衷，由小到大、由弱变强，靠的就是坚定的理想信念和百折不挠的革命精神，靠的就是为人民谋幸福、为民族谋复兴的初心和使命，靠的就是真理的力量和人格的力量。

二、初心成长：社会主义革命建设时期

确立社会主义基本制度，建设社会主义现代化强国，实现中华民族伟大复兴，是一代代中国共产党人长期以来的奋斗目标。长期革命和建设的历史经验，使中国共产党深刻地认识到，"要确保国家的独立和统一，发展国民经济，实现繁荣富强，使劳动人民免遭剥削和贫困，只有社会主义才是唯一的出路"②。

中华人民共和国成立后，中国共产党更加重视"改善民众生活"的任务，毛泽东指出，如果我们不能"使一般人民的生活有所改善，那我们就不能维持政权"。③ 随着土地改革和社会主义改造在全国范围内的相继完成，社会主义基本制度在我国确立了起来。这一时期，因社会主义制度的不断完善和巩固，大量人民内部矛盾逐步转化为居主导地位的矛盾。党的八大正确地分析了社会主义改造完成后我国社会主要矛盾的变化，指出我们国内的主要矛盾已经是人民对于建立先进的工业国的要求同落后的农业国的现实之间的矛盾，已经是人民对于经济文化迅速发展的需要同当前经济文化不能满足人民需要的状况之间的矛盾。在当前的主要矛盾中，人民的经济文化需要是其主要方面，落后的物质文化生活水平亟须改善。

在社会主义革命建设时期，党的初心和使命具体体现为进行人民民主政治建设，完善我国社会主义政治制度，推进我国工业化、现代化建设，为满足人民精神文化需求奠定坚实的物质基础。在此期间，中国共产党将马克思主义基本原理同中国的具体国情相结合，对中国如何进行社会主义革命和建设问题进行了系统回答和正确解决。中国共产党带领中国人民相继建立了一大批旧中国

---

① 习近平. 在庆祝中国共产党成立95周年大会上的讲话［N］. 人民日报, 2016-07-02.
② 《胡乔木传》编写组. 胡乔木谈中共党史［M］. 修订本. 北京：人民出版社, 2015：331.
③ 中共中央文献研究室. 毛泽东思想年编（一九二一——一九七五）［M］. 北京：中央文献出版社, 2011：640.

没有的基础工业部门和大中型工业企业，奠定了我国社会主义工业化的初步基础，社会主义公有制和民主政治建设不断巩固和发展，人民物质文化水平有了极大提升，医疗卫生状况有了极大改善，实现了中华民族由近代的衰落到根本扭转命运、持续走向繁荣富强的伟大飞跃。

不忘初心，牢记使命，在党的奋斗实践中体现为不断培育和弘扬中国共产党的伟大精神。走好风雨兼程的路，要靠特有的精神作风。中国共产党团结带领人民创造和积累了一系列彰显政党性质、反映民族精神、体现时代要求、凝聚各方力量的伟大精神，由此形成了中国共产党独有的"精神谱系"，诸如红船精神、井冈山精神、长征精神、延安精神、西柏坡精神、抗美援朝精神、"两弹一星"精神、大庆精神、雷锋精神、红旗渠精神、焦裕禄精神、经济特区拓荒牛精神、奥运精神、载人航天精神、劳模精神等。每一种精神既有奉献牺牲的共性，又有各自特定的内涵，共同服务于中国共产党领导的社会主义革命、建设和改革的历史进程中。

三、初心闪耀：改革开放时期

1978年12月召开的党的十一届三中全会，重新确立了解放思想、实事求是的思想路线，将党的工作重点转移到社会主义现代化建设上来，作出实行改革开放的重大决策，实现了党历史上具有深远意义的伟大转折。在这一时期，党的初心和使命具体体现为中国共产党团结全国人民，以经济建设为中心，推进社会主义政治、经济、文化建设，为实现全体人民共同富裕和社会主义现代化不懈奋斗。

1981年十一届六中全会的《关于建国以来党的若干历史问题的决议》指出，我国的主要矛盾已经是人民日益增长的物质文化需要同落后的社会生产之间的矛盾。阻碍生产力发展的体制机制弊端亟须破除，因此党必须以经济建设为中心，大力解放和发展生产力，最终带领人民实现共同富裕。改革开放以来，广大农村推行了家庭联产承包责任制，乡镇企业异军突起，农村青壮年劳动力向城市转移，加速了农村经济市场化进程。企业自主权逐渐扩大，经营机制逐步转换，多种经济成分参与流通体制逐步形成，促进了物资、劳力、资金、技术等在城乡市场的流动，显示了市场的作用与活力。特区经济蓬勃发展，实现了对外开放由沿海向内地扩展，充分体现了市场的活力。邓小平对社会主义与市场经济关系进行了深入探索，指出社会主义也可以搞市场经济。党的十四大确定了建立社会主义市场经济体制的改革目标。

改革开放的历史实践启示我们：为中国人民谋幸福，为中华民族谋复兴，是中国共产党人的初心和使命,也是改革开放的初心和使命。我们党来自人民、扎根人民、造福人民,全心全意为人民服务是党的根本宗旨,必须以最广大人民的根本利益为我们一切工作的根本出发点和落脚点,坚持把人民的感受作为制定政策的依据,顺应民心、尊重民意、关注民情、致力民生,既通过提出并贯彻正确的理论和路线方针政策带领人民前进,又从人民实践创造和发展要求中获得前进动力,让人民共享改革开放成果,激励人民更加自觉地投身改革开放和社会主义现代化建设事业。

四、初心路上:中国特色社会主义新时代时期

经过长期努力,中国特色社会主义进入了新时代,这是我国发展新的历史方位。这个新时代是继往开来、决胜全面建成小康社会,进而全面建设社会主义现代化强国的时代。党的十九大报告明确指出,我国社会主要矛盾已经转化为人民日益增长的美好生活需要和不平衡不充分的发展之间的矛盾。当前主要矛盾的变化为党和国家的工作提出了许多新的要求,党既要牢牢地抓住经济建设这个中心,促进生产力的发展,又要满足人民群众在经济、政治、文化、社会、生态等方面的需要,坚持人民主体地位。

中国特色社会主义进入新时代,中国共产党的初心和使命的具体内容也更加丰富和全面,既体现在党要牢牢抓住经济建设,为社会主义现代化的实现奠定坚实的物质基础,又体现在要坚持以人民为中心,坚持人民主体地位,坚持立党为公、执政为民。习近平总书记曾多次强调指出,要把人民对美好生活的向往作为奋斗目标,依靠人民创造历史伟业。习近平总书记当年作为"年龄最小、去的地方最苦、插队时间最长的知青"[1],在梁家河度过了七年知青生活。《习近平的七年知青岁月》用真实的历史细节呈现了习近平总书记当年插队时期的艰苦生活和成长历程。这些知青生活经历培植了习近平总书记爱国为民的家国情怀,铸造了他坚忍不拔的刚毅性格,锤炼了他艰苦奋斗的优秀品质。这启示新时代的共产党人,只有经过艰苦环境的历练,才能磨砺意志、激发潜能、打好根基,铸就矢志不渝、艰苦奋斗的政治本色。

为人民谋幸福,为民族谋复兴,是中国共产党的初心和使命,也是广大中华儿女千百年来为之不断奋斗的目标。实现国家富强、民族振兴、人民幸福的伟大复兴中国梦,既是国家的梦、民族的梦,又是每一个中国人的梦。中国特

---

[1] 中央党校采访实录编辑室. 习近平的七年知青岁月[M]. 北京:中共中央党校出版社,2018:7-8.

色社会主义进入新时代，我们比任何时候都更接近这个梦想的实现。但是现阶段我国处于整体转型升级期，市场经济所带来的一系列突出问题和矛盾不断涌现。此外，国际形势错综复杂，局部混乱冲突不断，西方国家经济危机频发，都对中国经济社会发展产生了负面影响。西方敌对势力大力宣扬的各种错误思想和言论，冲击着党员干部和人民群众的理想信念，造成了信仰危机。正如党的十九大报告所指出的那样，我们必须"深刻认识党面临的执政考验、改革开放考验、市场经济考验、外部环境考验的长期性和复杂性，深刻认识到党面临的精神懈怠危险、能力不足危险、脱离群众危险、消极腐败危险的尖锐性和严峻性"。① 我们必须在新的形势下，进行伟大斗争、建设伟大工程、推进伟大事业，最终实现伟大梦想。因而，习近平总书记反复强调"不忘初心，牢记使命"，就是希望我们能用党的光荣历史和革命传统涵养党性、牢记共产主义远大理想、坚定中国特色社会主义共同理想，为实现两个一百年奋斗目标和中华民族伟大复兴的"中国梦"而努力奋斗。

五、结语

今天，我国经济实力、科技实力、国防实力、综合国力已进入世界前列，推动我国国际地位实现前所未有的提升，党的面貌、国家的面貌、人民的面貌、军队的面貌、中华民族的面貌发生了前所未有的变化。近代以来久经磨难的中华民族迎来了从站起来、富起来到强起来的伟大飞跃，迎来了实现中华民族伟大复兴的光明前景。这一光明前景，正如习近平在党的十九大报告中擘画的：到建党一百年时建成经济更加发展、民主更加健全、科教更加进步、文化更加繁荣、社会更加和谐、人民生活更加殷实的小康社会；到2035年基本实现社会主义现代化；到21世纪中叶，把我国建成富强、民主、文明、和谐、美丽的社会主义现代化强国。这最后一步实现的时间，正是毛泽东估计的从中华人民共和国成立算起的"一百年"。

不忘品格，就是不忘中国共产党人的精神风貌。习近平总书记在党的十九大报告中指出："历史车轮滚滚向前，时代潮流浩浩荡荡。历史只会眷顾坚定者、奋进者、搏击者，而不会等待犹豫者、懈怠者、畏难者。"② 回顾近百年的

---

① 习近平．决胜全面建成小康社会　夺取新时代中国特色社会主义伟大胜利——在中国共产党第十九次全国代表大会上的报告［M］．北京：人民出版社，2017：61.
② 习近平．决胜全面建成小康社会　夺取新时代中国特色社会主义伟大胜利——在中国共产党第十九次全国代表大会上的报告［M］．北京：人民出版社，2017：69.

中共党史，无论是身处顺境还是逆境，每一个光辉的时代印记都有中国共产党人的坚定、奋进和搏击的身影。以对社会主义共同理想和共产主义远大理想的坚定信念为指引，始终保持责任、担当、实干的奋进姿态和不畏艰难愈挫愈勇的搏击精神，是中国共产党人开拓历史、创造伟业的精神之魂，也是从"星星之火"到"燎原之势"，从备受欺凌到屹立世界的根本保证。唯有坚定马克思主义信仰，继续保持中国共产党人的坚定、奋进和搏击的精神，一代又一代的共产党人才能继承伟大的事业，续写新时代的华章。

五四运动和中国知识分子的思想抉择

杜希英[*]

1919年爆发的五四运动,使中国更多的知识分子认识到了帝国主义的本质,认识到了工农群众力量的伟大,认识到了只有走俄国十月革命的道路,中国才有出路。正是这些认识让他们的思想发生转变,选择马克思主义作为救国救民的理论武器。

一、俄国十月社会主义革命的启迪

俄国十月革命的胜利,使社会主义由理论变为现实,给中国进步知识分子以极大的启迪,推动他们把目光从西方转向东方,从资产阶级民主主义转向社会主义。第一,俄国国情与中国相似,都是封建压迫严重、经济文化落后的国家,这使得中国的进步知识分子认识到,经济文化落后的国家也可以用社会主义思想指引自己走向解放之路。正如毛泽东所认为的那样,"我看俄国式的革命,是无可如何的山穷水尽诸路皆走不通了的一个变计","只此方法较之别的改造方法所含可能的性质为多"。[①] 第二,十月革命后诞生的社会主义俄国号召反对帝国主义,使一些中国人产生了对于社会主义的向往。如李大钊指出,近百年来饱受帝国主义列强摧凌的中国,"忽然听到十月革命喊出的'颠覆世界的资本主义','颠覆世界的帝国主义'的呼声,这种声音在我们的耳鼓里,格外沉痛,格外严重,格外有意义"。[②] 特别是苏维埃俄国声明放弃沙俄在中国攫取的一切特权,更使得中国进步知识分子去"研究俄国劳农政府的主义",赞同它"所根据的真理",这有力地推动了社会主义思想在中国的传播。这样,在五四运动前后的中国思想界,就产生了一批赞成俄国十月社会主义革命、具有初步

---

[*] 杜希英:曲阜师范大学马克思主义学院教师
[①] 毛泽东书信选集[M].北京:人民出版社,1983:5-6.
[②] 李大钊全集[M].北京:人民出版社,2013:124.

共产主义思想的知识分子。

二、认清帝国主义的真面目

近代以来，在探寻国家出路的过程中，中国知识分子始终将目光放在西方国家身上。五四运动以前，尽管有章太炎、陈天华等人对帝国主义侵略中国野心的揭露，但多数中国知识分子对帝国主义真面目的认识是肤浅的，他们甚至对帝国主义国家抱有幻想，如维新派曾寄希望于帝国主义国家支持中国变法。但在五四运动前后，中国知识分子对帝国主义的认识，发生了根本的转变。

第一次世界大战把资本主义社会固有的不可克服的矛盾，以极端的形式暴露了出来。战后的欧洲，满目疮痍，经济状况与社会秩序都极度混乱，使人看不到资本主义社会的光明前景。中国的一些知识分子因此也对资本主义制度产生了怀疑。毛泽东在1917年8月说过："东方思想固然不切于实际生活，西方思想亦未必尽是，几多之部分，亦应与东方思想同时改造。"① 李大钊在第一次世界大战即将结束时明确表示："此次战争，使欧洲文明之权威大生疑念。"②

如果说第一次世界大战只是使中国知识分子对资本主义制度产生怀疑的话，那么巴黎和会上中国外交的失败，则使中国知识分子彻底认清了帝国主义的真面目。作为战胜国的中国，对安排战后世界秩序的巴黎和会充满期待，特别是美国总统威尔逊抛出的《十四点和平原则》，更使中国人民对争取民族独立和领土完整产生强烈愿望。1919年1月18日，巴黎和会在法国的凡尔赛宫开幕，中国代表团在会上提出了废除势力范围、撤退外国军警、裁撤外国邮局及有线无线电报机关、撤销领事裁判权、归还租界、关税自主权、取消"二十一条"等合理提案，要求废除帝国主义国家在华的主要特权。但巴黎和会实质上是一次帝国主义的分赃会议。中国的合理提案被拒绝讨论，将原德国在山东的各项权利转让给日本，作为战胜国参会的中国却被作为战败国瓜分。消息传来，国人震怒，"公理战胜强权"的幻想彻底破灭。李大钊在《每周评论》上愤而写下《秘密外交与强盗世界》，他说："这回欧战完了，我们可曾做梦，说什么人道、平和得了胜利，以后的世界或者不是强盗世界了，或者有点人的世界的彩色了。谁知这些名词，都只是强盗政府的假招牌。我们且看巴黎会议所议决的事，哪一件有一丝一毫人道、正义、平和、光明的影子！哪一件不是拿着弱小民族的

---

① 中共中央文献研究室，中共湖南省委《毛泽东早期文稿》编辑组. 毛泽东早期文稿[M]. 长沙：湖南出版社，1990：86.
② 李大钊选集[M]. 北京：人民出版社，1959：565.

自由、权利，作几大强盗国家的牺牲！"陈独秀在《每周评论》上也怒道："什么公理，什么永久和平，什么威尔逊总统十四条宣言，都成了一文不值的空话。"这里，李大钊、陈独秀深刻地揭露了帝国主义国家的侵略本质，表明中国进步知识分子彻底认清了帝国主义的真面目。

三、认识到工农群众力量的伟大

十月革命以前的中国知识分子，为了拯救民族危亡进行了英勇的抗争，但由于他们看不到工农群众力量的伟大、孤军奋战而相继失败。十月革命中俄国工农群众的广泛发动并由此赢得胜利的事实，给予中国进步知识分子以新的革命方法的启示。十月革命后，中国知识分子对工农群众产生了新的认识。如李大钊在1919年2月发表的《青年与农村》中提出要"把知识阶级与劳工打成一气"，蔡元培也喊出了"劳工神圣"的口号。在五四运动中，工人阶级首次以独立的政治力量登上历史舞台，扩大了运动的规模，使其成为全国范围的反帝爱国运动，最终迫使北洋政府作出让步。正如上海学联在告全国同胞书中所说："学生罢课半月，政府不惟不理，且对待日益严厉。乃商界罢市不及一日，而北京被捕之学生释，工界罢市不及五日，而曹、章、陆去。"工人阶级在五四运动中显示出的威力，使中国进步知识分子在改造中国所要依靠的社会力量上有了新的觉悟。如吴玉章曾说："以往搞革命的人，眼睛总是看着上层的军官、政客、议员，以为这些人掌握着权力，千方百计地运用这些人来赞助革命。如今在五四群众运动对比下，上层的社会力量显得何等的微不足道，在人民群众中所蕴藏的力量一旦得到解放，那才真正是惊天动地、无坚不摧的。"[①]

因此，五四运动以后，以李大钊为代表的具有初步共产主义思想的知识分子，在广泛学习马克思主义的基础上，到工农群众中进行宣传和组织工作，走上了与工农相结合的道路。如邓中夏、张国焘、罗章龙等带领北平平民教育讲演团到长辛店工人中进行平民教育，建立与工人的直接联系。同时，中国进步知识分子还在工人群众中进行了创建工会的努力，如上海机器工会、京奉铁路制造厂职工同人会、广东土木建筑工会等。由以前漠视工农群众的力量到认识到人民群众力量的伟大，并自觉地走上与工农相结合的道路，这是中国进步知识分子思想上一个巨大的转折点。自此，他们真正成为工人阶级的知识分子，马克思主义也在中国工农大众之间传播开来。

---

① 吴玉章文集：下卷[M]．重庆：重庆出版社，1987：1065．

总之，基于俄国十月社会主义革命的启迪，基于第一次世界大战对帝国主义本质的认清，同时也基于五四运动中对工农力量伟大的体会，中国进步知识分子的思想在五四运动后发生转变，他们选择马克思主义作为救国救民的理论武器，并将马克思主义与工人运动相结合，最终促进了中国共产党的成立。

为什么马克思主义能够和中国实际相结合

杜希英[*]

马克思主义传入中国后,与工人运动相结合,产生了中国共产党。中国共产党将马克思主义的基本原理与中国实际相结合,领导中国人民进行革命、建设和改革,取得了伟大胜利。那么,马克思主义为什么能和中国实际相结合?

一、解决中国实际问题的需要

中国共产党虽自诞生之日起就把马克思主义确定为自己的指导思想,但马克思主义不是教条而是行动的指南,它所提供的只是一般的指导原理。所以,各国无产阶级政党不能照搬照抄这些原理,必须从本国的实际出发加以科学运用。在中国进行革命、建设和改革,必然会遇到许多复杂问题,中国共产党不可能从马克思主义的著作中找到解决中国一系列基本问题的具体答案,也不能简单地套用马克思主义的基本原理和照搬外国经验来解决中国的具体问题,而只能以马克思主义为指导,以中国实际问题为中心,把马克思主义基本原理与中国具体实际结合起来。否则,中国革命、建设和改革是不可能胜利的。

中国最大的实际就是中国的基本国情。1949年之前的中国,最大的国情是中国是一个半殖民地半封建社会。认清这一特殊国情,是解决中国一切革命问题的最基本的依据。从1949年中华人民共和国成立至1956年社会主义改造基本完成,中国最大的国情是中国处在新民主主义社会。认清这一国情,是解决中国从新民主主义社会向社会主义社会过渡问题的最基本的依据。1956年社会主义改造基本完成后,中国成为一个社会主义国家。但由于中国人口多、底子薄、生产力不发达、经济文化落后、科学技术水平低,因此,中国正处于并将长期处于社会主义初级阶段。科学认识和准确把握这一基本国情,是社会主义现代化建设的出发点。当前,中国特色社会主义虽然已进入新时代,但中国仍处于

---

[*] 杜希英:曲阜师范大学马克思主义学院教师

并将长期处于社会主义初级阶段的基本国情没变。中国社会不同发展阶段的基本国情，就是不同阶段中国的最大实际。中国共产党以马克思主义为指导，正是为了运用马克思主义的立场、观点和方法来分析中国实际，解决中国革命、建设和改革中的实际问题。

中国实际还有一个不可忽视的重要内容，那就是中国传统文化。中国是一个拥有悠久历史的文明古国，有着深厚的传统文化积淀。中国传统文化渗透于中国社会的各个层面，深入每个中国人的心中，不理解中国传统文化，就难以全面把握中国实际。正如毛泽东所说："对于中国共产党来说，就是要学会把马克思列宁主义的理论应用于中国的具体的环境。成为伟大中华民族的一部分而和这个民族血肉相连的共产党员，离开中国特点来谈马克思主义，只是抽象的空洞的马克思主义。"① 因此，马克思主义与中国具体实际相结合，还应该包含与中国传统文化相结合。而马克思主义与中国传统文化在"大同理想""民本理念""实践气质"等层面具有深刻的相通性，以此构成二者能够实现结合的内在逻辑理路。马克思主义与中国传统文化相结合的结果，一方面使马克思主义本身植根于中国传统文化的深厚土壤之中，从而具有了"中国特色""中国作风"和"中国气派"；另一方面，也促使中国传统文化实现创造性转化和创新性发展，推进中国传统文化的现代化。

二、马克思主义理论的本质要求

马克思主义是一种实践的理论学说，它从实践中产生，在实践中发展，以改变现实世界的实践为目的，实践性是马克思主义最主要、最根本的特点。马克思主义之深厚的生命力和发展的动力在于社会主义革命和建设的实践，它在不同的时代、不同的国家的实践中必然具有不同的形式。把马克思主义普遍真理同各国的具体实践相结合，这是马克思主义理论的本质要求。

恩格斯曾指出："马克思的整个世界观不是教义，而是方法。它提供的不是现成的教条，而是进一步研究的出发点和供这种研究使用的方法。"② 马克思主义是科学的理论，是放之四海而皆准的普遍真理。但是，马克思主义只有同各国的具体实际相结合，才能发挥其指导作用。正如列宁所说："只有不可救药的书呆子，才会单靠引证马克思关于另一历史时代的某一论述，来解决当前发生

---

① 毛泽东.毛泽东选集：第2卷［M］.2版.北京：人民出版社，1991：534.
② 中共中央马克思恩格斯列宁斯大林著作编译局.马克思恩格斯选集：第4卷［M］.北京：人民出版社，2012：664.

的独特而复杂的问题。"① 邓小平更是一针见血地指出："无论是革命还是建设，都要注意学习和借鉴外国经验，但是，照抄照搬别国经验、别国模式，从来不能得到成功。"② 所以，要坚持科学的马克思主义，就应将其基本原理与中国革命、建设和改革的具体实践相结合。

马克思主义是发展的理论，其发展的深刻内涵，就在于各国共产党人把它的基本原理与时代变化的特征相结合，与处在变化了的时代中的各国具体国情相结合，对时代发展和社会发展的一系列重大问题作出新的回答，得出新的科学的结论，从而不断出现用"新内容、新思维、新语言"写出的马克思主义的"新版本"。马克思主义创立以来的一个半多世纪历史证明，马克思主义是随着时代的发展、实践的深入和科学技术的进步而不断丰富和发展着的科学理论。而马克思主义理论的丰富和发展，离不开中国革命、建设和改革的具体实践。

三、中国共产党科学对待马克思主义的优良传统

中国早期的马克思主义者重视对马克思主义基本原理的学习，对它的各个组成部分及其相互关联有着基本正确的理解。当时存在着马克思主义与社会民主主义、修正主义的严重对立，中国早期的马克思主义者对社会民主主义、修正主义采取了明确的批判态度。如陈独秀说，马克思修正派的学说"是我大不赞成的"，"像这样与虎谋皮为虎所噬还要来替虎噬人的方法，我们应该当作前车之鉴"。③ 毛泽东也说，"社会民主主义，借议会为改造工具，但事实上议会的立法总是保护有产阶级的"。④

正是由于中国早期的马克思主义者一开始就坚持了马克思主义的革命原则和正确方向，所以中国共产党从成立之日起，就注重将马克思主义与中国实际相结合，尽管中间也多次出现机会主义错误，但我们党基本都能坚持这一原则。如张太雷在1921年提出："把国际无产阶级政党的纲领和方法正确地运用于各国具体特点的基础之上。"⑤ 陈独秀在1922年说："我很希望青年诸君能以马克思实际研究的精神研究社会上各种情形，最重要的是现社会的政治及经济状况，

---

① 中共中央马克思恩格斯列宁斯大林著作编译局. 列宁全集：第3卷 [M]. 北京：人民出版社，1984：13.
② 邓小平. 邓小平文选：第3卷 [M]. 北京：人民出版社，1993：2.
③ 陈独秀. 谈政治 [J]. 新青年，1920 (1)：6-14.
④ 中共中央文献研究室. 毛泽东文集：第1卷 [M]. 北京：人民出版社，1993：2.
⑤ 张太雷文集 [M]. 北京：人民出版社，2013：33.

不要单单研究马克思的学理。"① 我们研究马克思的学说，"不能仅仅研究其学说，还须将其学说实际去活动，干社会的革命"。② 恽代英在 1924 年说："解决中国的问题，自然要根据中国的情形，以决定中国的办法。"③ 蔡和森在 1926 年说："马克思主义列宁主义世界各国共产党是一致的。但当应用到各国去，应用到实际上去才行的。要在自己的争斗中把列宁主义形成自己的理论武器，即以马克思主义列宁主义的精神来定出适合客观情形的策略和组织才行。"④

毛泽东是我们党的历史上倡导将马克思主义基本原理与中国实际相结合最杰出的代表。1930 年，毛泽东在《反对本本主义》中，提出了"中国革命斗争的胜利要靠中国同志了解中国情况"⑤ 的重要论断。在 1938 年 10 月召开的中共中央六届六中全会上，毛泽东更是提出了"马克思主义中国化"的概念。他说："没有抽象的马克思主义，只有具体的马克思主义。所谓具体的马克思主义，就是通过民族形式的马克思主义，就是把马克思主义应用到中国具体环境的具体斗争中去，而不是抽象地应用它。……因此，马克思主义的中国化，使之在其每一表现中带着中国的特性，即是说，按照中国的特点去应用它，成为全党亟待了解并亟须解决的问题。"⑥ 后经过延安整风运动，"马克思主义基本原理与中国实际相结合"成为全党同志的共识。正是由于我们党具有科学对待马克思主义的优良传统，马克思主义才能与中国实际相结合。

综上，基于解决中国实际问题的需要和马克思主义自身发展的本质要求，同时也基于中国共产党科学对待马克思主义的优良传统，马克思主义实现了与中国实际的结合，指导中国革命、建设和改革取得了伟大胜利。因此，我们要想实现中华民族伟大复兴的中国梦，必须坚持将马克思主义的基本原理与中国实际相结合，走中国特色的社会主义道路。

---

① 生活·读书·新知三联书店. 陈独秀文章选编：中 [M]. 北京：生活·读书·新知三联书店，1984：178.
② 生活·读书·新知三联书店. 陈独秀文章选编：中 [M]. 北京：生活·读书·新知三联书店，1984：178.
③ 恽代英全集：第 6 卷 [M]. 北京：人民出版社，2014：155.
④ 中央档案馆. 中共党史报告选编 [M]. 北京：中共中央党校出版社，1982：24.
⑤ 毛泽东. 毛泽东选集：第 1 卷 [M]. 北京：人民出版社，1991：115.
⑥ 毛泽东. 毛泽东选集：第 2 卷 [M]. 2 版. 北京：人民出版社，1991：534.

民族资产阶级推行的"第三条道路"为什么在中国行不通

刘辉萍[*]

一、第三条道路的产生及主张

抗战胜利后,"中国应往何处去"成为当时全国人民普遍关注的问题。代表民族资产阶级和上层小资产阶级利益的中间党派和一部分民主人士主张,既不走由国民党一党专政的资本主义道路,又不走以"共产党主张暴力革命的新民主主义道路",试图寻找第三条可能的道路,即所谓的"第三条道路"。他们提出中国应该仿效英美,建立民主政治,但不允许地主官僚资本家操纵;"应当实行改良的资本主义",杜绝官僚买办资本垄断,走和平改良的道路。

自鸦片战争开始,中国人民就一直在为寻求一条救国图存的道路而不断尝试。在内忧外患的冲击和中西文化碰撞的历史条件下,部分先进知识分子开始学习西方的民主政治,变革封建专制制度。从以康有为为代表的维新派主张变法来救亡图存,到以孙中山为代表的革命派主张武装革命拯救民族危亡,都在不断寻求救国救民的新道路,却以失败告终。然而,"第三条道路"的提出和形成也存在着一定缘由。一方面,共产国际内部第三条道路思潮泛滥,对尚未成熟的中国共产党影响较大。世界上两种意识形态的尖锐斗争使得介于两者之间的"第三条道路"的政治主张有了一定的生存空间,并正式登上了历史的舞台。第二国际卡尔·考茨基主张共产国际可以借鉴运用资本主义议会民主的形式,走出一条既不是十月革命模式,又非纯粹的资本主义的发展道路。与此同时,国际内部一些其他修正主义思想家亦纷纷主张在马克思主义的科学社会主义与现实的资本主义之间走一条"中间道路"。他们认为资本主义必然崩溃的理论是站不住脚的,主张阶级合作,否认无产阶级革命和无产阶级专政,宣扬社会改

---

[*] 刘辉萍:曲阜师范大学马克思主义学院教师

良。随着共产国际"第三条道路"的传播和影响，一些中国民族资产阶级右翼打起第三条道路的招牌，鼓吹反对暴力革命和无产阶级专政，以此来对抗无产阶级领导的新民主主义革命。另一方面，以谭平山、邓演达为代表的部分国民党党员组织建立新的革命领导机构即中国革命的第三党，为第三条道路的理论提供了坚实的阶级基础。

大革命失败后，一些国民党党员和从中共游离出来的人士于1927年年底在上海成立"中华革命党"。重新审视了中国现状，既反对国民党实行独裁统治，又不同意中国共产党的新民主主义革命主张，提出要建立一条独立于国共两党之外的中国革命道路，即"第三条道路"。1930年，邓演达将"中华革命党"更名为"中国国民党临时行动委员会"，主张当前中国应建立以"平民"为中心的政权。中国国民党临时行动委员会的正式建立，标志着我国最早的中间党派的成立，也意味着"第三条道路"在中国有了立足之本。

抗战结束后，"第三条道路"一度活跃起来，并逐步形成一条策略、纲领、理论比较完整的政治路线。然而，随着国民党独裁统治的野心不断暴露，中间党派遭受镇压，"第三条道路"的政治主张也因此衰落，并随着解放战争进程的发展而最终破产。

二、第三条道路的政治主张及实质

所谓第三条道路有两层含义，一方面是指它是不同于国共两党的道路，是第三条道路；另一方面是指他们认为第三条道路是最公正的，站在不偏不倚的立场上，用温和的方法使国家走上正轨。第三条道路的实质问题就是建立一个什么样的国家。他们主张把中国建成一个十足地道的理想主义国家，即建立一个资产阶级民主共和国。第三条道路提倡和平改良，反对流血战争。他们只想通过和平的改良方式使资产阶级民主代替资产阶级专政统治。第三条道路热衷于走和平之路，是因为他们不能正确区分革命战争与侵略性的战争，不了解国家和军队的阶级性。另一方面是因为他们对国民党和美帝国主义抱有幻想，他们认为美帝国主义作为一个民主国家会对国民党的专制统治进行干预。

三、第三条道路破产的原因

第三条道路的迅速破产表明：在20世纪40年代，我们国家选择资本主义民主共和国的建国方案是绝对行不通的。康、梁的戊戌维新经历了短暂的兴起就失败了，孙中山组织的辛亥革命也没有逃避掉夭折的命运。不是这些领导人指挥的错误，而是由中国的国情决定其不能成功。一方面，野蛮的殖民统治者不会允许中国建立一个独立民主的资本主义国家，强大的西方国家根本不愿意扶持出一个强大的竞争对手。另一方面，随着五四运动的开始，工人阶级逐渐呈现出强大的势力，俄国十月革命一声炮响为中国送来了马克思列宁主义，中国共产党成立后，同样也不允许中国发展为一个资本主义国家。在帝国主义殖民和人民的革命斗争的双重障碍中，资本主义建国方案的泡沫一次一次破碎。解放战争时期第三条道路的破产，充分证明资本主义的建国方案在我国行不通，外国尝试成功的资产阶级共和国，不适合在中国生长。

第三条道路的失败，证明改良主义在中国行不通。第三条道路的失败，使各民主党派彻底觉醒，失败原因一方面是国民党的威胁压迫，另一方面是共产党的热情帮助。大部分民主人士选择加入了人民革命队伍，证明了改良主义是行不通的。改良主义的原则是在不触动原有统治阶级的根本利益的前提下，甚至还妄想在得到统治者的支持下进行。回顾历史，旧中国也有许多主张改良的运动，例如维新运动，希望皇帝能够自上而下地改革，不经历流血的战争就能满足大多数人的利益，可是，作为已经拥有物质财富的统治阶级怎么会同意减少自己的既得利益呢？蒋介石更是变本加厉，他大大强化了专制统治，生活在这样的时代下，无产阶级革命队伍只能拿起武器，开辟出一条民主自由之路。正是依靠革命的武装斗争，才取得了无产阶级的领导地位，取得了人民当家作主的地位，取得了共产党执政的地位。第三条道路对反动派充满幻想，否定暴力革命，希望走改良道路，经历了迷茫的摸索，事实证明它的失败是必然的，武装革命才是解救人民的正确道路。

第三条道路的失败，暴露了资产阶级的弱点：中国的民族资产阶级既有反帝反封建的积极作用的一面，同时又与帝国主义和封建势力有着千丝万缕的联系。首先，因为我国的民族资产阶级多是开明绅士演化而来的，他们本身就是封建统治阶层的中流砥柱，这就决定了他们本身对封建阶层具有妥协性，因此不可能成为独立的革命力量，更不可能承担反帝反封建的核心任务。其次，我国的资产阶级是在帝国主义入侵中国后才产生的阶级，一些人是通过接受国外的学堂教育或者是亲自去欧美国家了解了国外的生活，他们对比欧美国家的先进性与我国的落后性，看到很多方面不如国外，甚至资产阶级的发展还需要封建统治者的扶持，他们既依靠着统治阶级又想摆脱他们的束缚，在外国人面前感到自卑。因此，资产阶级对帝国主义也有一种先天的软弱性与后天的妥协性。

四、中国"第三条道路"历史演变的现实启示

中国的"第三条道路",实质上是英美式的资本主义道路,是旧民主主义革命纲领在新的历史时期的继续和发展,它已经随着解放战争的胜利而宣告破产。但是,重新剖析中国"第三条道路"的历史演变进程,了解当年不同历史时期的发展状况,对当前中国的发展仍然具有重要作用。

第一,历史抉择:中国特色社会主义道路。解放战争后期,中国"第三条道路"最终破产,历史选择了新民主主义道路,但这并不意味着"第三条道路"的选择是没有意义的。正是由于经历了这条民主主义中间道路的思想实验,中国人民更加深刻地认识到:走资本主义道路在中国行不通,只有社会主义才能救中国。面对纷繁复杂的国际国内局势,我国面临前所未有的发展机遇和挑战,中国共产党坚持从中国实际出发,找到了一条适合中国发展的道路,即中国特色社会主义道路。与"第三条道路"的选择不同的是,中国特色社会主义道路是中国共产党根据中国国情和当前的时代背景,不断进行社会主义建设的实践,是站在最广大人民群众的利益上最终确立的道路。而"第三条道路"则是实力孱弱的中间势力在"两头大,中间小"的政治局面下幻想在国共两党中寻找的一条中间道路,没有广大的群众和阶级基础,错估了当前形势,以至于最终破产。由此,为中国共产党不断完善和发展中国特色社会主义道路提供了一定的经验教训。

第二,重要作用:抑制西方思潮的渗透。当前我国意识形态领域多样性变化对社会主义意识形态的主导性形成了巨大的冲击,各种社会思潮的兴起更是进一步加大了冲击力度。"骑墙是不行的,第三条道路是没有的。"① 代表民族资产阶级和小资产阶级的中间势力希望走不偏不倚的中间道路,但客观事实决定了其政治思潮在现实斗争中只能依附于某一阶级,处于附属地位。

当前,社会资产阶级自由化思潮的实质是将中国引向资本主义道路,同样是没有出路的。它与"第三条道路"在本质上都只是一个无法实现的幻想,是以其本阶级为主体的"独立"的革命思想。因此,进一步增强社会主义意识形态的统领作用,坚定不移地走中国特色社会主义道路才是当前唯一正确的出路。

第三,现实价值:巩固社会主义核心价值观。20世纪90年代中期以来,在西方社会出现了一个重要的政治现象———一种新的"第三条道路"理论悄然兴起。它主张要走一条既不同于以往以国家干预为主要特征的传统民主社会主义

---

① 毛泽东. 毛泽东选集:第4卷[M]. 北京:人民出版社,1991:1473.

或社会民主主义，也不同于撒切尔夫人等奉行的以市场为基础的新自由主义道路。而是结合新自由主义所强调的自由市场经济以及传统国家社会主义所关注的平等所构成的一幅完整的政策框架。

对于中国"第三条道路"的研究，有利于更深刻地了解这条道路的实质，避免走上不符合中国国情的歪路和邪路，始终坚持人民民主专政的中国特色社会主义道路；有利于中国人民站在历史的角度，更加清醒地认识到"第三条道路"在中国是走不通的，为中国共产党对部分误入歧途的党派人士有的放矢地进行批评和教育提供了理论和现实的依据。

中国的"第三条道路"经历了一个由缘起到破产的完整演变进程。中国的道路选择是一个艰辛曲折的探索过程，也凸显了当前中国特色社会主义道路的选择是历史发展的必然结果。坚持中国共产党的领导，坚定走中国特色社会主义道路是历史和人民的选择。

中国共产党为什么能取得新民主主义革命的胜利

王德成[*]

一、中国共产党作为工人阶级的政党，不仅代表着中国工人阶级的利益，而且代表着全民族和全中国人民的利益

马克思主义的科学理论武装了中国共产党，而中国共产党以中国化的马克思主义成果即马列主义之基本原理与中国实际相结合的第一成果——毛泽东思想，作为一切工作的指针。因此，中国共产党才能够制定出适合中国社会实践的、符合中国人民需要的纲领、路线、方针和政策，为中国人民的斗争找出正确的方向。

中国共产党的领导地位和其引领的发展道路是历史和中国人民的选择，不是单凭任何人或集团的愿望或意志就能形成的。在很长一段时期内，中国面临三种可供选择的建国方案：第一种方案先由北洋军阀后由国民党反动统治集团代表，他们主张实行大地主和买办大资产阶级的独裁统治，使中国社会继续走半殖民地半封建的道路；第二种方案由某些中间派或中间人士代表，他们主张建立类似美、法等国的资产阶级共和国，使中国社会走上独立发展的资本主义道路；第三种方案是由中国共产党提出的，首先建立工人阶级领导的以工农联盟为基础的人民共和国，经过新民主主义走向社会主义的道路。中国人民在实践中反复检验这三种方案。五四运动以来的历史显而易见：第一种方案被中国人民抛弃了，大地主大资产阶级的统治也被推翻了；第二种方案没有得到中国人民的赞同，它的代表者的多数后来也承认这个方案在中国无法实现；而第三种方案最终赢得中国最广大的人民群众包括民族资产阶级及其政治代表在内的拥护。因此，中国共产党领导的由新民主主义到社会主义的人民共和国的道路，是中国人民郑重作出的历史性选择，凸显出历史必然性。

---

[*] 王德成：曲阜师范大学马克思主义学院副教授、硕士生导师

二、中国共产党在革命过程中始终英勇地站在斗争的最前线

自 1921 年中国共产党成立到 1949 年中华人民共和国成立的这 28 年间，中国共产党为中国人民的解放事业献出了无数的优秀战士，出现的许多卓越领导人，如李大钊、瞿秋白、蔡和森等，许多杰出的将领，如方志敏、刘志丹、杨靖宇、左权、叶挺等，也都在斗争中英勇地献出了自己的生命。除个人生命的牺牲外，还有许多人是在反对错误路线的斗争中勇敢地坚持与捍卫真理。在这之中，毛泽东居于首要地位。早在国民革命进行之时，毛泽东就明确提出了由无产阶级领导农民斗争的极端重要性。大革命失败后，他把党的工作重点由城市转入农村，提出并实践了农村包围城市、武装夺取政权的革命道路。中国的革命如果没有毛泽东多次力挽狂澜，如果没有以他为首的党中央指明坚定正确的政治方向，把马克思主义与中国革命实践相结合，党和人民的事业可能会遭受更多挫折，或者要在黑暗中摸索更长时间。在长期艰苦的革命斗争中，中国共产党人以行动表明了自己是最有远见、最富有牺牲精神、最坚定的革命者，从而赢得了中国广大人民的衷心拥护。

三、中国共产党提出和领导下的新民主主义的理论、纲领、路线和方针政策，找到了一条适合中国独特国情的革命道路

中国共产党在新民主主义革命阶段的总路线和总政策就是：以无产阶级领导的，人民大众的，反对帝国主义、封建主义和官僚资本主义的革命。

中国共产党之所以能够取得新民主主义革命的胜利，一条根本性的经验就是，必须坚持把马克思列宁主义的基本原理和中国的革命实践结合起来，永不停息地把马克思主义中国化，并把中国革命的经验马克思主义化。正是在马克思主义中国化的首个理论成果——毛泽东思想指引下，中国共产党制定了合乎中国实际的理论、纲领、路线、方针和政策，找到了一条适合中国独特国情的革命道路。

四、中国共产党实践总结的中国革命中战胜敌人的三个法宝

毛泽东指出："统一战线，武装斗争，党的建设，是中国共产党在中国革命中战胜敌人的三个法宝，三个主要的法宝。"[①]

---

① 毛泽东. 毛泽东选集：第 2 卷 [M]. 2 版. 北京：人民出版社，1991：606.

（一）建立广泛的统一战线

帝国主义、封建主义与官僚资本主义联合压迫着中国人民，建立统一战线的群众基础包括了无产阶级、农民和小资产阶级以及被压迫的民族资产阶级。只有建立广泛的统一战线，才能打牢坚持和发展革命的政治基础。

统一战线中存在着两个联盟：一个是工人阶级同农民以及其他劳动人民的联盟，这其中最主要的是工农联盟；一个是工人阶级同民族资产阶级和其他可以合作的非劳动人民的联盟，主要是同民族资产阶级的联盟，有时还包括与一部分大地主大资产阶级的暂时的联盟。前者是基本的、主要的；后者是辅助的，同时又是重要的。第一个联盟必须坚决依靠，这是我党的"基本盘"；第二个联盟需要努力建立和扩大。

坚持工人阶级及其政党领导权，关键在于建立不断巩固和扩大的统一战线。为此，必须率领同盟者向共同的敌人作坚决的斗争并取得胜利；必须对被领导者给以物质福利，至少不损害其利益，同时对被领导者给以政治教育；必须对同工人阶级争夺领导权的资产阶级采取又联合、又斗争的政策。

在伟大的抗日战争中，中国共产党领导的抗日民族统一战线，就通过地主减租减息、农民缴租缴息的方式团结了地主阶级，又通过第二次国共合作的方式团结了英美扶持的官僚资产阶级，使不同的群体能够暂时放下相互之间的敌意，与共同的敌人即日本侵略者战斗。抗日民族统一战线也成为夺取抗战胜利的根本政治保证。解放战争中，党又通过统一战线团结受压迫的民族资产阶级和小资产阶级，推翻了代表大地主大资产阶级的国民政府。统一战线是中国共产党团结人民群众、夺取新民主主义革命胜利的政治基础。

（二）坚持武装斗争

由于中国没有建立资产阶级民主制度，反动统治阶级凭借武装力量对人民实行独裁恐怖统治，中国人民的革命不可能采取和平的政治手段，只能把暴力革命作为主要形式。离开了武装斗争，就不会有共产党的领导地位，革命任务也就无法去完成。

中国的无产阶级革命战争实质上是由工人阶级领导的农民战争。中国共产党只有深入农村，唤醒农民的革命热情，并且武装农民，在敌人力量薄弱的农村建立革命根据地，以农村包围城市，形成星火燎原的势头，才能夺取革命的胜利。

为了坚持和发展中国革命，必须建立一支由中国共产党绝对领导的、具有严格纪律的、同人民群众保持亲密联系的新型人民军队。没有一支人民的军队，便没有人民的一切。这支军队必须实行一系列具有中国特点的人民战争的战略战术。

（三）不断加强党的建设

在工人阶级人数很少而战斗力很强、农民和其他小资产阶级占人口大多数的中国，建设一个工人阶级先锋队的党，是极其艰巨的任务。毛泽东建党学说成功地解决了这个难题。

中国共产党的建设，是紧紧围绕党的政治路线进行的，注重在端正思想路线的基础上，制定和贯彻执行党的正确的政治路线。

中国共产党首先着重于党的思想建设尤其是理论建设，要求党员认真学习和运用马克思主义的立场、观点、方法，解决实践中遇到的问题，努力用工人阶级思想克服资产阶级、小资产阶级思想，解决思想上入党的问题；坚持一切从实际出发、实事求是的思想路线；培育和发扬理论联系实际、密切联系群众、批评和自我批评的作风；在党内斗争中实行"惩前毖后，治病救人"的方针。并创造了整风等新的形式，在全党通过批评与自我批评进行马克思主义思想教育。

同最广大的人民群众取得最密切的联系，这是中国共产党区别于其他任何政党的一个显著的标志。由于坚持全心全意为人民服务的宗旨，一切从人民的利益出发；坚持相信群众、依靠群众的方针；坚持从群众中来、到群众中去的工作路线；这就使得中国共产党能够受到人民的真心拥护和支持，能够使自己不断地从群众中汲取智慧和力量，从而克服前进道路上的各种困难和风险，而赢得胜利。

中国共产党正是遵循毛泽东建党学说，在长期的斗争实践中，把自己锻炼成了一个有纪律的、有马克思列宁主义的理论武装的、采取自我批评方法的、联系人民群众的党，成了掌握统一战线和武装斗争这两个武器以实行对敌冲锋陷阵的英勇战士，成了全国各族人民坚强的领导核心。

革命的根本问题是国家政权问题。毛泽东在回顾中国共产党走过的历史道路时指出：总结我们的经验，集中到一点，就是工人阶级领导的以工农联盟为基础的人民民主专政。这个专政必须和国际革命力量团结一致。

中华人民共和国实行工人阶级领导的、以工农联盟为基础的人民民主专政的国家制度，这就是中华人民共和国的国体；民主集中制的人民代表大会制度，这就是中华人民共和国的政体；统一的多民族国家和在单一制国家中的民族区域自治制度，这就是中华人民共和国的国家结构形式；中国共产党领导的多党合作和政治协商制度，这就是中华人民共和国的政党制度。以上四个方面，构成了中国共产党领导中国人民在新民主主义革命胜利的基础上所建立的或即将建立的中华人民共和国的基本政治制度。而其中的国体，即工人阶级领导的、以工农联盟为基础的人民民主专政的国家制度，具有最根本的意义和决定性的作用。在全国范围内建立起人民民主专政的国家政权，是中国人民革命取得全国胜利的基本标志。几千年来受压迫、受奴役的中国人民从此成了新国家、新社会的主人。

中国为什么要走改革开放之路

朱 斌[*]

首先，改革开放是历史的必然选择。

从理论上来说，社会主义社会是一个不断发展和变化的社会。随着实践的发展，它必然要经历一个从初级到高级、从不发达到发达、从不完善到比较完善的过程。社会主义社会的生产关系与生产力、上层建筑与经济基础在根本上是适应的，但也有不适应的地方。在一定的历史条件下，这种不适应必须通过改革来解决。改革是解决社会主义社会基本矛盾的主要方式，是社会主义自我完善的必由之路。

从实践上来看，社会主义道路使古老的中华民族获得新生。经过中华人民共和国成立以来特别是改革开放以来的不懈努力，我国社会主义建设取得了巨大的成就。但回顾历史可以看出，由于种种复杂的因素，我们曾经在相当程度上照搬了苏联模式，没有完全搞清楚什么是社会主义、怎样建设社会主义。特别是当年"左"的错误逐步发展，直接导致了"文化大革命"。而与此同时，世界经济快速发展、科技进步日新月异，中国与发达国家的差距一度拉大，社会主义面临着严峻的挑战，中国也面临着严峻的挑战。这使我们清楚地发现了体制上的弊端，认识到改革的必要性，认识到不改革就没有出路。正如邓小平同志一针见血指出的："如果现在再不实行改革，我们的现代化事业和社会主义事业就会被葬送。"[①]

在这样的背景下，改革开放不可避免地成为历史的选择、人民的选择、时代的选择。党的十一届三中全会作出了改革开放的历史抉择，实现了伟大的历史转折，从此党和国家满怀信心地重新踏上了社会主义现代化的伟大征程。用历史和世界的眼光来看，四十多年前启动改革开放是决定当代中国命运的关键

---

[*] 朱斌：曲阜师范大学马克思主义学院教师
[①] 邓小平. 邓小平文选：第2卷［M］. 2版. 北京：人民出版社，1994：150.

一招；四十多年后的今天，改革开放仍然是决定未来中国命运的关键一招。改革开放顺应时代潮流、符合党心民心，是四十多年前必然要开启、而今更难以倒退的伟大历史进程。

其次，实践证明改革开放的方向和道路是完全正确的。

邓小平同志说："改革是中国的第二次革命。"[①] 如果从孙中山领导的辛亥革命算起，改革开放则是中国近100年来的第三次革命。这场新的伟大革命，引领中国人民走上了中国特色社会主义的广阔道路，迎来了中华民族伟大复兴的光明前景。经过这场革命的洗礼，中国人民的面貌、社会主义中国的面貌、中国共产党的面貌发生了历史性变化；与此紧密相连，社会主义理论与实践的面貌也发生了深刻变化，整个世界的面貌在相当程度上发生了变化。这样的变化，是每一个中国人都能切身感受到的，也是世界公认的。

四十多年改革开放的全部理论和实践探索，归结起来，就是创造性地探索和回答了什么是马克思主义、怎样对待马克思主义，什么是社会主义、怎样建设社会主义，建设什么样的党、怎样建设党，实现什么样的发展、怎样发展等重大理论和实际问题。四十多年改革开放的历史经验，归结到一点，就是把马克思主义基本原理同中国具体实际相结合，走自己的路，建设中国特色社会主义。四十多年改革开放获得一切成绩和进步的根本原因，归结起来就是：开辟了中国特色社会主义道路，形成了中国特色社会主义理论体系。

实践是检验真理的唯一标准。四十多年的实践充分证明，改革开放的历史抉择是完全正确的。没有改革开放，中国就不可能取得这样巨大的发展和进步，就不可能具有在今日世界上的重要地位，就不可能实现马克思主义中国化的新的历史飞跃。事实雄辩地证明，只有改革开放才能发展中国、发展社会主义、发展马克思主义。面向未来，我们要继续发展中国、发展社会主义、发展马克思主义，就必须继续坚持改革开放，而不能否认改革开放、放弃改革开放。再次，改革开放始终是发展中国特色社会主义、实现中华民族伟大复兴的必由之路。

人类历史的发展在很大程度上是与道路联系在一起的。有道路，才有相互之间的更多交往，才有生产力的迅速发展，才有人类文明的广泛传播。中国的发展、中国共产党的发展，也是与道路联系在一起的。经过长期艰辛的探索，中国共产党终于走出了一条正确的革命道路；又经过长期艰辛的探索，终于走出了一条通过改革开放建设中国特色社会主义的道路。这条来之不易的道路，

---

① 邓小平. 邓小平文选：第3卷[M]. 北京：人民出版社，1993：113.

是发展之路，是进步之路，是希望之路，是中华民族的伟大复兴之路。

千年沧桑，百年岁月，走出一条正确的道路很不容易。四十多年改革开放的成就，使我们由衷地感到喜悦、自豪和光荣；但四十多年乃至更长时间探索的艰辛，也同样使我们刻骨铭心，永远难以忘记。历史不容许我们失去机遇，人民不希望我们再走弯路。因此，珍惜探索的成果，坚持正确的道路，是我们义不容辞的责任，也是事关中国前途命运的选择。

肯定四十多年的成就，并不意味着忽视现实存在的问题。我们当然也清醒地看到，社会生活中还存在着这样那样的问题，人民群众也有诸多不满意的地方。所有这些，都需要认真对待、切实解决，但都不是走回头路的借口。发展中的问题，从根本上说要通过深化改革、科学发展来解决。停顿和倒退绝不是出路，也不可能有任何出路。历史不能倒退，人民也不希望倒退。

因此，坚持改革开放是唯一正确的选择。中国过去四十多年的发展进步靠的是改革开放，中国现在和未来的发展进步仍然要靠改革开放。在新的更加艰巨繁重的任务、新的更加错综复杂的环境面前，我们必须坚定信念：坚决走充满生机活力的新路，绝不走实践证明是封闭僵化的老路，也绝不走那种改旗易帜、放弃共产党领导、放弃社会主义的邪路。惟有坚持改革开放的必由之路，始终做到不动摇、不懈怠、不折腾，我们才能引领中国特色社会主义伟大事业的航船乘风破浪，驶向更加光辉的未来。在这个极为重要的问题上，全党要坚定不移，全国人民也要坚定不移。

如何评价改革开放

朱 斌[*]

改革开放是党在新的历史条件下领导人民进行的新的伟大革命，是决定当代中国命运的关键战略，是坚持和发展中国特色社会主义、实现中华民族伟大复兴的必由之路。新时代进一步推进全面深化改革，最重要的是坚持党的领导，贯彻党的基本路线，不走封闭僵化的老路，不走改旗易帜的邪路，坚定走中国特色的社会主义道路，确保改革始终沿着正确方向不断前进。

一、肯定改革开放的成绩，不走封闭僵化的老路

科学评价改革开放的历史，有效应对否定改革的历史虚无主义思潮，必须旗帜鲜明地肯定改革开放的成绩，充分重视改革开放划时代的伟大意义，为全面深化改革、避免封闭僵化提供理论和现实依据。

改革开放最主要的成果是开创和发展了中国特色社会主义，为社会主义现代化建设提供了强大动力和有力保障，新时代继续推进中国特色社会主义伟大事业必须全面深化改革。改革开放是我们党的历史上一次伟大觉醒，孕育了新时期从理论到实践的伟大创造，它把党和人民从僵化思维的束缚中解放出来，以科学态度对待毛泽东思想，紧紧围绕现代化建设中的实际问题创新和发展马克思主义，在新的历史条件下实现了马克思主义基本原理与中国具体实际相结合的又一次伟大飞跃，开辟了中国特色社会主义道路，形成了中国特色社会主义理论体系，确立了中国特色社会主义制度，发展了中国特色社会主义文化，为当代中国的一切发展进步提供了实现途径、行动指南、制度保障和价值引领。实践证明，改革开放是当代中国发展进步的活力之源，是我们党和人民大踏步赶上时代的重要法宝，是坚持和发展中国特色社会主义的必由之路。中国特色社会主义之所以具有蓬勃生命力，就在于实行了改革开放的社会主义。中国特

---

[*] 朱斌：曲阜师范大学马克思主义学院教师

色社会主义在改革开放中产生，也必将在改革开放中发展壮大。所以我们必须坚定不移坚持党的十一届三中全会以来确定的路线方针政策，坚持不懈地把改革创新精神贯彻到治国理政各个环节，在全面深化改革中将中国特色社会主义事业推向前进。

改革开放过程中既有成绩，也有问题，但改革开放中的矛盾只能通过进一步深化改革得到解决，停顿和倒退没有出路。党领导人民干革命、搞建设、抓改革，从来都是为了解决中国的实际问题。党的十一届三中全会以来，党中央带领全国人民用改革的办法解决了党和国家事业发展中的一系列问题，同时又产生了许多新的矛盾和问题，需要继续通过改革的办法加以解决。可以说，改革是由问题倒逼产生的，又在不断解决问题中得以深化。经过经济社会42年的快速发展，原有社会矛盾得到了很大程度上的解决，但改革开放越往纵深发展，发展中的问题和发展后的问题、一般矛盾和深层矛盾、有待完成的任务和新提出的任务越是交织叠加、越是错综复杂。应当看到，这些矛盾是前进道路上的矛盾，这些问题是发展过程中的问题，既要充分估计全面深化改革所遇到的障碍和阻力，又不能借此否定改革成绩、歪曲改革实质，而要在正确把握问题性质的基础上通过继续深化改革加以解决。

二、明确改革开放的方向，不走改旗易帜的邪路

改革开放是一场深刻革命，是有方向、有立场、有原则的，其实质是社会主义制度的自我完善和发展，而不是对社会主义制度改弦更张。必须坚持正确方向，推动改革沿着中国特色社会主义道路不断前进。我们说中国特色社会主义是社会主义，那就是不论怎么改革、怎么开放，我们都始终要坚持中国特色社会主义道路、中国特色社会主义理论体系、中国特色社会主义制度、中国特色社会主义文化。世界在发展，社会在进步，不实行改革开放死路一条，搞否定社会主义方向的"改革开放"也是死路一条。一些敌对势力和别有用心的人在那里摇旗呐喊、制造舆论、混淆视听，把改革定义为往西方政治制度的方向改，否则就是不改革。对此，我们要洞若观火，保持政治坚定性，明确政治定位，始终坚持将以经济建设为中心同坚持四项基本原则、坚持改革开放这两个基本点统一于中国特色社会主义伟大实践，既以四项基本原则保证改革开放的正确方向，又通过改革开放赋予四项基本原则新的时代内涵，排除各种干扰，坚定不移走中国特色社会主义道路，不断推进我国社会主义制度的自我完善和发展，赋予社会主义新的生机活力。

改革开放是立足中国实际的内生演进，在中国特色社会主义新时代进一步

推进全面深化改革，应当从我国国情出发、从经济社会发展的实际出发，有领导有步骤地推进改革，不求轰动效应，不做表面文章，始终坚持正确的改革方向。百里不同风，千里不同俗。一个国家选择什么样的社会制度和治理模式，是由这个国家的历史传承、文化传统、经济社会发展水平决定的，是由这个国家的人民决定的。中国特色社会主义制度是在我国历史传承、文化传统、经济社会发展的基础上长期发展、渐进改进、内生性演化的结果。全面建成小康社会，进而全面建设社会主义现代化强国需要继续坚持全面深化改革，不断完善和健全中国特色社会主义制度，实现国家治理体系和治理能力现代化，但改什么、怎么改，必须牢牢立足中国实际和发展需要，有些不能改的，再经过多长时间也是不改，不能把西方的理论、观点生搬硬套在自己身上。我们愿意借鉴人类一切文明成果，但不会照抄照搬任何国家的发展模式。"橘生淮南则为橘，生于淮北则为枳，叶徒相似，其实味不同。所以然者何？水土异也。"[①] 如果不顾国情照搬照抄别人的制度模式，就会画虎不成反类犬，不仅不能解决任何实际问题，而且还会因水土不服造成严重后果。

因此，改革开放只有进行时，没有完成时。党的十一届三中全会以来，党以巨大的政治勇气，锐意推进经济体制、政治体制、文化体制、社会体制、生态文明体制和党的建设制度改革，不断扩大开放，成就举世瞩目。实践发展永无止境，解放思想永无止境，改革开放也永无止境。改革取得的实践和理论成果，能够帮助我们更好地面对和解决前进中的问题，但不能成为我们骄傲自满的理由，更不能成为我们继续前进的包袱。改革开放事业越前进，新情况新问题就会越多，面临的风险和挑战就会越多。解决这些发展面临的难题，不深化改革不行，改革方向错了也不行，必须不断增强中国特色社会主义道路自信、理论自信、制度自信、文化自信，以更大勇气和智慧将改革开放推向前进。

---

① 人民日报评论部．习近平用典［M］．北京：人民日报出版社，2015：195.

第三部分 03
"马克思主义基本原理概论" 教学重点难点解析

结合当代世界所面临的课题和青年学生肩负的新时代使命,谈谈马克思主义的当代价值和指导意义

陈文殿[*]

在人类思想史上,就科学性和影响力而言,没有一种思想理论能达到马克思主义的高度,也没有一种学说能像马克思主义那样对世界产生如此广泛而深远的影响。这充分体现了马克思主义的真理威力,表明了马克思主义对人们认识世界、改造世界和创造美好生活具有不可替代的作用。

一、什么是马克思主义

马克思主义是由马克思和恩格斯创立并为后继者所不断发展的科学理论体系,是关于自然、社会和人类思维发展一般规律的学说,是关于社会主义必然代替资本主义、最终实现共产主义的学说,是关于无产阶级解放、全人类解放和每个人自由而全面发展的学说,是指引人民创造美好生活的行动指南。

马克思主义产生于19世纪40年代。面对时代提出的"资本主义向何处去、人类向何处去"的课题,当时占主流地位的资产阶级思想家无能为力。时代课题吸引着马克思和恩格斯,工人运动召唤着马克思和恩格斯。两位胸怀伟大理想的年轻思想家以自觉的历史担当,迎接时代的挑战,成为新理论的创立者。马克思主义具有鲜明的科学性、革命性、实践性、人民性和发展性,这些鲜明特征体现了马克思主义的本质和使命,也展现出马克思主义的理论形象。

二、当前国内外背景及新课题

一方面,中国特色社会主义进入新时代,意味着近代以来久经磨难的中华民族迎来了从站起来、富起来到强起来的伟大飞跃,迎来了实现中华民族伟大

---

[*] 陈文殿:曲阜师范大学马克思主义学院教授、硕士生导师

复兴的光明前景；意味着科学社会主义在21世纪的中国焕发出强大生机活力，在世界上高高举起了中国特色社会主义伟大旗帜；意味着中国特色社会主义道路、理论、制度、文化不断发展，拓展了发展中国家走向现代化的途径，给世界上那些既希望加快发展又希望保持自身独立性的国家和民族提供了全新选择，为解决人类问题贡献了中国智慧和中国方案。另一方面，当前，国内外形势正在发生深刻复杂变化，我们的工作还存在许多不足，也面临不少困难和挑战，意识形态领域斗争依然复杂，国家安全面临新情况。

当今世界和我们所处的新时代，同过去相比发生了深刻的变化。无论从国际还是从国内看，我们都面临着许多新情况新问题，需要从理论和实践上作出回答并加以解决，为此必须坚持与时俱进，继续丰富和发展马克思主义。

三、马克思主义具有重大当代价值

马克思主义自诞生以来，在世界上产生了巨大的影响，改变了世界的尤其是中国的历史进程。时代在变化，社会在发展，马克思主义基本原理依然是科学真理。马克思主义在当今世界不但没有过时，而且日益焕发出旺盛的生命力。

（一）马克思主义是我们观察当代世界变化的工具

一是马克思主义给予我们观察当代世界的宏大视野。马克思主义是科学的世界观和方法论，是无产阶级和全人类解放的科学指南，它能够站在科学和时代的制高点上观察事物和现象，具有极为广大的视野。只有用这样的胸怀、站位和视野来观察当代世界，我们才能超出自身狭隘的眼界，看到世界多种多样的联系，整体把握当今世界上的真实，为自己确立合理的定位。二是马克思主义给予我们透视时代风云的锐利目光。当今世界风云变幻，世界格局正处在加速演变的进程之中，产生了大量深刻复杂的现实问题，提出了大量亟待回答的理论课题。要把握和澄清这些问题，就必须学会运用马克思主义观察和分析问题的方法原则。习近平指出："我们看世界，不能被乱花迷眼，也不能被浮云遮眼，而要端起历史规律的望远镜去细心观望。"[①] 面对复杂多变的世界形势，我们要善于运用矛盾分析的方法，既能看到众多矛盾相互交织的复杂局势，又能从中找出具有决定性作用的主要矛盾，紧紧抓住问题的症结，掌握事物矛盾斗争转化的根本所在。要善于运用利益分析的方法，从国家间纷纭的说辞中看到国家间的利益博弈，在变幻莫测的国际风云中坚持正确的义利原则，坚定维护我国的主权和发展利益。三是马克思主义给予我们展望未来世界的长远眼光和

---

① 习近平. 习近平谈治国理政：第2卷 [M]. 北京：外文出版社，2017：442.

战略定力。观察当今世界局势和社会发展，不仅要看到现状，更要看到未来；不仅要把握变化脉络，更要观察演化趋势。用这样的目光来观察当今世界，就会将世界的变化和发展尽收眼底，从中发现其运行和演化的趋势和方向。同时，面对纷繁复杂的当代世界情势，我们必须冷静观察、保持定力，不为流言所惑、不为现象所迷，始终以处理好中国问题为立足点，坚定走我们自己的道路。

（二）马克思主义是指引当代中国发展的行动指南

一是马克思主义是指引当代中国发展的精神旗帜。近代以来，由于封建统治者的腐败无能和西方列强的欺凌，中华民族陷入灾难深重的境地。无数仁人志士为了挽救民族危亡、实现民族复兴而前仆后继，但都未能改变中国人民的悲惨命运。马克思主义传入中国，使中华民族在精神上从被动转入主动。中国共产党在马克思主义指导下，带领中国人民取得了革命、建设、改革的伟大胜利，我国社会发生了翻天覆地的历史性变化，中国人民实现了从站起来、富起来到强起来的伟大转变，中华民族伟大复兴呈现出光明灿烂的前景。不论前进的道路上遇到怎样的困难和挑战，只要我们高举马克思主义的旗帜，高举中国特色社会主义的旗帜，就不会迷失方向，就不会失去信仰。二是马克思主义是推动当代中国发展的精神动力。人民有信仰，民族就有希望，国家就有力量。对马克思主义的信仰是中国革命、建设、改革的强大精神动力。中国共产党人的初心和使命，就是为中国人民谋幸福，为中华民族谋复兴。这个初心和使命是激励中国共产党人不断前进的根本动力。三是马克思主义是引领当代中国实践的行动指南。马克思主义是我们的"看家本领"，掌握了这一本领，就能够以更宽广的视野、更长远的眼光来思考和把握未来发展面临的一系列重大问题，应对重大挑战，抵御重大风险，克服重大阻力，解决重大矛盾。没有马克思主义的思想武器，就不会有我国改革开放和现代化建设的成功。

（三）马克思主义是引领人类社会进步的科学真理

一是马克思主义仍然是当今时代的真理。人类历史发展到今天，与马克思所处的时代相比已经发生了巨大而深刻的变化，但从人类历史发展的大视野来看，世界仍然处于马克思主义所指明的从资本主义走向社会主义的大时代。联系当代资本主义的变化和社会主义的发展，透过纷繁复杂的社会现象，我们看到：马克思主义所揭示的人类社会发展规律，所揭示的社会主义代替资本主义的历史趋势，依然存在并发生作用。二是人类的未来仍然需要马克思主义的启迪和指引。社会是在矛盾中进步的，每一个时代的社会进步总是伴随着相应的社会问题，而不同时代的人们都面临着人类社会向何处去的困惑。人类社会怎样面对和处理这些问题，怎样才能走向更加美好的明天？回答和解决这样的根本性问题，还是需要到马克思主义中寻找智慧。马克思主义致力探寻人类社会的奥秘，揭示人类历史的规律，指明人类前进的方向，它的基本结论和方法中所蕴含的历史洞见和历史智慧，所展现的真理魅力和真理光芒，对于人类走向未来具有不可缺少的启示和引领价值。

四、青年学生要自觉肩负新时代使命

2019年3月18日，习近平在学校思想政治理论课教师座谈会上的重要讲话，指明了思想政治理论课的方向和着力点。在思想政治课教学中，要坚持意识形态性与立德树人的高度统一，思想政治理论课教师政治要强、自律要严，要全面贯彻落实党的教育方针，坚持马克思主义指导地位，贯彻新时代中国特色社会主义思想，落实立德树人的根本任务。坚持民族性与人民性的高度统一，思想政治理论课教师情怀要深、人格要正，坚持教育为人民服务、为中国共产党治国理政服务，扎根中国大地，用真理的力量感召学生，以深厚的理论功底赢得学生。坚持时代性与丰富性的高度统一，思想政治理论课教师思维要新，在党和人民的伟大实践中关注时代、关注社会；视野要宽，要有知识视野、国际视野、历史视野，学会用辩证唯物主义和历史唯物主义，创新课堂教学，引导学生树立正确的理想信念、学会正确的思维方法。

青年是祖国的未来、事业的希望。青年兴则国家兴，青年强则国家强。青年一代有理想、有本领、有担当，国家就有前途，民族就有希望。中国梦是历史的、现实的，也是未来的；是我们这一代的，更是青年一代的。新时代中国大学生的素质尤其是思想政治素质如何，关系实现全面建成小康社会和社会主义现代化强国的宏伟目标，关系中华民族的伟大复兴和社会主义事业的光明前景。马克思主义对于当代青年的成长成才具有重要的指引和启迪作用，学习马克思主义理论有助于青年们树立科学的世界观、人生观和价值观，提高分析和解决问题的能力。青年学生要自觉将马克思主义内化于心、外化于行。学习马克思主义，不能停留在对知识和方法的掌握上，还要内化为信念、外化为行动。要树立科学的理想信念，自觉以马克思主义作为自己的行动指南。习近平指出要扣好人生的第一粒扣子，就是要求我们解决好理想信念问题。广大青年要牢固树立远大理想和坚定信念，树立科学的世界观、人生观和价值观；要不断增强服务社会的本领，要志存高远、脚踏实地，勇做时代的弄潮儿，自觉为实现中华民族伟大复兴的中国梦奉献青春、智慧和力量，在为人民利益的不懈奋斗中书写人生华章！

依据马克思主义的意识形态原理，论述文化对社会发展的重要作用

陈文殿[*]

一、社会意识的含义及分类

社会意识是社会生活的精神方面，是社会存在的反映。社会意识具有复杂的结构，可以从不同角度对其进行划分。根据不同的主体，社会意识分为个体意识和群体意识。个体意识是个人的生活经历和社会地位等在自己头脑中的反映，是个体社会实践的产物；群体意识是群体成员共同的意识，是群体实践的产物。根据不同的层次，社会意识分为社会心理和社会意识形态。社会心理是低层次的社会意识，是自发的、不系统的、不定型的社会意识，表现为人们的感知、情绪、情感、心态、习俗等，以感性认识为主；社会意识形态是高层次的社会意识，是自觉的、系统的、定型的社会意识，包括政治法律思想、道德、艺术、宗教、哲学、科学等，以理性认识为主。社会意识形态以社会心理为基础，并对社会心理起指导和影响作用。

在社会意识形态中，又存在意识形态和非意识形态之分，其中意识形态是指反映社会的经济关系、阶级关系的社会意识，主要包括政治法律思想、道德、艺术、宗教、哲学等。各种社会意识形态由于反映社会存在的方面不同、方式不同，因而作用也不同。在阶级社会中，占统治地位的思想文化，本质上是经济上占统治地位的阶级的意识形态，因而具有鲜明的阶级属性。在社会主义条件下，特别是改革开放以来，我国社会主义意识形态建设不断加强，但也面临着一些新情况和新问题。适应新形势，我们必须以高度的历史使命感和责任感，重视我国意识形态领域里的新变化，加强社会主义核心价值体系建设，培育和践行社会主义核心价值观，巩固马克思主义在意识形态领域的指导地位。

---

[*] 陈文殿：曲阜师范大学马克思主义学院教授、硕士生导师

二、社会意识形态的功能

社会存在决定社会意识，社会意识以理论、观念、心理等形式反映社会存在。这是社会意识对社会存在的依赖性。但社会意识并非消极被动地受制于社会存在，它既依赖于社会存在，又有其相对独立性。社会意识的相对独立性是指，社会意识在从根本上受到社会存在决定的同时，还具有自己特有的发展形式和规律。主要表现在：第一，社会意识与社会存在发展的不完全同步性和不平衡性。第二，社会意识内部各种形式之间的相互影响及各自具有的历史继承性。第三，社会意识对社会存在能动的反作用。这是社会意识相对独立性的突出表现。任何社会意识都不会凭空出现，只能是适应一定社会物质生活发展的要求而产生的，因而它必然具有满足这些需求的功能和价值，在一定条件下会转化为物质力量并作用于社会存在，影响历史的发展。先进的社会意识反映了社会发展的趋势和要求，对社会发展起着积极的促进作用；落后的社会意识不符合社会发展的趋势和要求，对社会发展起着消极的阻碍作用。

三、社会意识形态理论对当前我国文化建设的重要指导意义

社会存在和社会意识辩证关系的原理对于社会发展包括社会文化建设具有重要指导意义。社会发展理念特别是路线、方针、政策是否正确，取决于它们能否正确反映社会存在。我国社会改革和发展的顶层设计或总体部署，必须从我国现实的社会存在出发，即从我国现实的社会物质生活条件的总和出发，也就是从我国的基本国情和发展要求出发。思想文化的发展既取决于社会存在发展的要求，又对社会存在发展起能动作用。

文化是一个国家、一个民族的灵魂。文化兴则国运兴，文化强则民族强。文化蕴含着人类的智慧、价值追求和审美情趣，文化的核心是价值观。举凡适应先进生产力发展要求、代表人民群众长远利益、顺应人类文明发展趋势的文化，都能起到促进社会进步和发展的作用。在人类历史发展中，先进文化是有效解决人类社会生存和发展中各种矛盾的精神武器。

文化对社会发展的重要作用主要表现在：第一，文化为社会发展提供思想保证。作为一定经济、政治的反映，文化必然发挥维护或批判现实社会的功能，并影响着社会发展的方向。先进文化为社会发展指明变革方向并能够保证社会沿着正确的方向前进。中国特色社会主义文化积淀着中华民族最深层的精神追求，代表着中华民族独特的精神标识，是中国人民胜利前行的强大精神力量。

第二,文化为社会发展提供精神动力。中国特色社会主义文化是凝聚和激励全国各族人民的重要力量。习近平指出:"中华民族从来不是一帆风顺的,遇到了无数艰难困苦,但我们都挺过来、走过来了,其中一个很重要的原因就是世世代代的中华儿女培育和发展了独具特色、博大精深的中华文化,为中华民族克服困难、生生不息提供了强大精神支撑。"① 红船精神、井冈山精神、长征精神、延安精神、大庆精神、焦裕禄精神、"两弹一星"精神、航天精神等,在中国革命、建设、改革过程中都发挥了巨大的精神动力作用。第三,文化为社会发展凝聚了力量。社会力量的凝聚有赖于文化认同,文化通过它在社会中占主导地位的思想道德观念和规范体系,整合和统一其他思想道德观念,教化社会成员,规范人们行为,保持社会认同,凝聚社会共识,促进民族意识和民族精神的形成。习近平指出:"中华文化既坚守本根又不断与时俱进,使中华民族保持了坚定的民族自信和强大的修复能力,培育了共同的情感和价值、共同的理想和精神。"② 它是全体中华儿女共同的精神家园,是中国人民增强国家认同和社会认同的强大力量。第四,文化为社会发展提供智力支持。文化主要是脑力劳动和智力活动的产物,体现着人类认识世界的科学成果,并对人们改造世界的活动具有智力支撑作用。不论是自然科学还是哲学社会科学,都是人类的科学文化成果,都有助于提高劳动者的素质、管理水平和创新能力,从而促进生产力发展和社会全面进步。其中,哲学社会科学是文化的重要组成部分,其发展水平反映了一个民族的思维能力、精神品格、文明素质,体现了一个国家的综合国力和国际竞争力。哲学社会科学的发展水平和繁荣程度,是一个民族综合素质和国家文化软实力的重要体现和突出标志。一个国家的发展水平既取决于自然科学发展水平,也取决于哲学社会科学发展水平。一个没有发达的自然科学的国家不可能走在世界前列,一个没有繁荣的哲学社会科学的国家也不可能走在世界前列。

  文化是社会意识的重要组成部分。意识形态决定文化前进方向和发展道路。马克思主义是我们立党立国的根本指导思想,也是我国大学最鲜亮的底色。思想政治理论课教学必须牢牢掌握住马克思主义在意识形态领域的指导地位,推动新时代中国特色社会主义思想深入人心。思想政治课教学,要坚持意识形态性与立德树人的高度统一,要全面贯彻落实党的教育方针,坚持马克思主义指导地位,贯彻新时代中国特色社会主义思想,落实立德树人的根本任务。要抓

---

① 习近平. 在文艺工作座谈会上的讲话 [N]. 人民日报, 2015-10-15 (2).
② 习近平. 在文艺工作座谈会上的讲话 [N]. 人民日报, 2015-10-15 (2).

好马克思主义理论教育,深化青年学生对马克思主义历史必然性和科学真理性、理论意义和现实意义的认识,教育他们学会运用马克思主义立场、观点、方法观察世界、分析世界,真正搞懂面临的时代课题,深刻把握世界发展走向,认清中国和世界发展大势,让他们深刻感悟马克思主义真理力量,为学生成长成才打下科学思想基础。要坚持不懈培育和弘扬社会主义核心价值观,引导广大师生做社会主义核心价值观的坚定信仰者、积极传播者、模范践行者。大力推进马克思主义中国化、时代化、大众化,建设具有强大凝聚力和引领力的社会主义意识形态,使全体人民在理想信念、价值理念、道德观念上紧紧团结在一起。文化是一个国家、一个民族的灵魂。古往今来,世界各民族都无一例外受到其在各个历史发展阶段上产生的精神文化的深刻影响。习近平指出:"历史和现实都表明,一个抛弃了或者背叛了自己历史文化的民族,不仅不可能发展起来,而且很可能上演一幕幕历史悲剧。"① 今天,我们要进行伟大斗争、建设伟大工程、推进伟大事业、实现伟大梦想,都离不开文化所激发的精神力量。而要继承好、发展好自身文化,首先就要保持对自身文化理想、文化价值的高度信心,保持对自身文化生命力、创造力的高度信心。

---

① 习近平. 在哲学社会科学工作座谈会上的讲话 [N]. 人民日报,2016-05-19.

谈谈在人工智能飞速发展的条件下，如何认识物质与意识的关系

王玉萍[*]

人工智能（Artificial Intelligence），英文缩写为 AI。它是研究、开发用于模拟、延伸和扩展人的智能的理论、方法、技术及应用系统的一门新的技术科学。作为计算机科学的一个分支，人工智能研究的领域包括机器人、语言识别、图像识别、自然语言处理和专家系统等。人工智能从诞生以来，理论和技术日益成熟，应用领域也不断扩大，可以设想，未来人工智能带来的科技产品，将会是人类智慧的"容器"。人工智能可以对人的意识、思维的信息过程进行模拟。

1997 年 5 月 11 日，美国 IBM 公司开发的"深蓝"超级计算机战胜了国际象棋世界冠军卡斯帕罗夫。近 20 年后，2016 年 3 月谷歌公司（Google）研发的阿尔法围棋智能程序（AlphaGo）以 4∶1 的总比分战胜世界围棋冠军、职业九段选手李世石。这些人工智能的突破充分说明了机器具有智能性的可能，而随着深度机器学习技术的发展，真正的智能机器不断完善和发展，将不仅仅是用于各种竞技游戏、语言学习、翻译、数学分析，还可以通过分析数据、经验、信息和感知情况，来学习人类思维模式，改善程序和算法。

人工智能从它诞生之日起就备受社会各界的广泛关注，经过 60 多年的发展，已经成为一门综合性的前沿学科，它的发展加速了科学技术的发展，增强了人类认识和改变世界的能力。从马克思主义哲学观点来看，人工智能的产生是社会发展到一定阶段的产物，是人类智能发展到一定程度的必然产物。人工智能的发展为人类认识世界和改造世界作出了积极的贡献，加速了科学技术的发展，而作为认识主体的人，人工智能也加速促进人类认识世界的能力，为人类认识世界提供了一种新的、有力的科学方法。而在人工智能飞速发展的条件下，正确认识物质和意识的关系显得尤为重要。

---

[*] 王玉萍：威海海洋职业学院思政基础部教师

一、必须认识到物质是第一位的，意识是第二位的，物质决定意识

（一）人工智能的出现进一步说明了意识是人脑的机能和属性

人类意识和思维的产生离不开人的大脑和神经系统，人脑是物质世界中最复杂的物件之一，也是在进化过程中产生出来的最复杂的结构之一。人脑是思维器官，人的思维和意识离不开人的大脑和神经系统。人的思维通过智能机模拟物化，说明了人的意识是可研究可捉摸的东西，人脑因为其复杂的构造与容量产生意识，它属于人脑的机能。

（二）人工智能深化了意识是对客观世界的主观反映

人脑是产生意识的器官，但并不是有了人脑就可以产生意识。人的意识必须处于一定的社会环境中，在社会实践中逐渐产生，否则就只有人脑器官而没有情感和意识。意识的内容具有客观性，意识的反映形式具有主观性，意识是由理性认识和感性认识形式所构成的体系，这两种形式都是属于主观世界的。事物的现象和本质以及人的存在，都是客观存在的。不同的人或不同的认识主体看待相同的客观世界会有不同的反映，这是由人在实践过程中的社会地位和知识水平等方面的不同决定的。意识的内容依赖于人的主体客观对象和客观世界，是不以人的意志为转移的。

人工智能并不是凭空产生的，而是基于对已有的技术水平和软硬件设施的把握而发展出来的。从20世纪八九十年代的个人计算机（PC）时代，到如今的互联网时代，会发现信息的爆炸和信息载体的去中心化。而网络信息获取渠道从PC转移到移动端后，万物互联成为趋势，但技术的限制导致移动互联网难以催生出更多的新应用和商业模式。而如今，人工智能已经成为这个时代最激动人心、最值得期待的技术，将成为未来10年乃至更长时间内互联网技术（IT）产业发展的焦点。而人工智能的概念其实在20世纪80年代就已经炒得火热，但是软硬件两方面的技术局限使其沉寂了很长一段时间。而现在，大规模并行计算、大数据、深度学习算法和人脑芯片这四大催化剂的发展，以及计算成本的降低，使得人工智能技术获得突飞猛进的发展。

二、意识对物质具有能动的反作用

人工智能是人类意识自我认识的产物。电脑的出现意味着人类意识已经发展到把意识活动部分地从人脑这个原来唯一的意识器官中分化出来，物化为机械的物理的运动，延长了意识器官，也可以说是按照某种意识思考人脑并创造

着人脑。可见，它是意识对人脑的一种巨大的反作用。这就从意识与人脑的相互关系的角度进一步深化了意识对物质的反作用原理。

人工智能也可以称为"思维模拟"，是一种用自动机器模拟人脑思维，以人工思维代替人脑的部分思维能力的新技术。人工智能是人类智能的必要补充，它有效地延伸了人脑，放大了人的智力功能，和人脑功能相互联系、相互促进，使人类的认识范围能不断地向微观和宏观两级拓展，使人能通过间接方式达到对事物的更深层次的本质的认识，使意识的内容得到极大的丰富和增长，它已成为人类科学认识和社会实践活动不可缺少的技术"助手"。

人的思维活动是以复杂的社会生活环境和社会经验为基础的，这种基于社会生活和社会经验的理解能力和思维能力，"机器思维"是不具有的，也是不可能的。同时，人的思维是在人类改造客观世界的过程中进行的，因而具有人类所特有的目的性，并实现目的和结果的统一。"机器思维"则不具有这种目的性也不顾及活动的结果是否与目的相符，因为它是完全依赖于指令而运动的。

意识具有能动性和创造性，人工智能则是受人类的支配和操控的一种工具，它没有能动性和创造性。人工智能是人类智力的物化，永远是人类所利用的工具。人是社会的人，他具有社会性，因而人类能创造和预见未来，这是机器所不具有的。

意识和机器思维既是相似的，又是有本质区别的，无论人工智能发展速度多快，都不能将"意识"与"人工智能"混为一谈。

（一）意识和人工智能具有相似性，它们都是物质的反映特性

"人工智能"的理论基础是信息论和控制论。控制论从控制和信息的观点出发，把机器和有机体以至人类联系起来，反映了机器、有机体和人类思维活动的某些共同的特点和规律。例如，电脑和人脑都有自身的内部的通信和自我调节，以抗拒外界的干扰和保持自身的稳定的能力，两者都表现为一个自动控制的过程，而且，两者都表现为一定信息的输入和输出，都是一个接收信息和使用信息的过程，反映了共同的控制规律。

（二）在人工智能和人类意识之间存在着本质区别

第一，人工智能是无意识的、机械的、物理的过程，不具备由世界观、人生观、情感、意志、兴趣、爱好等心理活动所构成的主观世界，而人类意识则是在人脑生理活动基础上产生的心理活动，能使人形成一个主观世界。因此，电脑与人脑虽然在信息的输入和输出的行为和功能上有共同之处，但在这方面两者的差别也是十分明显的。同一件事，对于两台智能机具有相同的信息量，而两个不同的人从中获取的信息量却大不相同。从信息的输出方面来看，两台

机器输出同一信息，其信息量相等。而同一句话，从饱经风霜的老人和天真幼稚的儿童嘴里说出，其含意却大不相同。

第二，人工智能在解决问题时，绝不会意识到这是什么问题，它有什么意义，会带来什么后果，没有自觉性；而人的意识具有目的性、计划性、可控制性，即自觉性。

第三，电脑必须接受人脑的指令，按预定的程序进行工作。它不能输出未经输入的任何东西，所谓结论只不过是输入程序和输入数据的逻辑结果。它不能自主地提出问题，创造性地解决问题。在遇到没有列入程序的"意外"情况时，就束手无策或中断工作，人工智能没有创造性。而人脑功能则能在反映规律的基础上，提出新概念，作出新判断，创造新表象，具有丰富的想象力和创造性。

第四，人工智能是机器进化的结果，没有社会性。人作为社会的存在性，人脑功能是适应着社会生活的需要而产生和发展的。人们的社会需要远远超出了直接生理需要的有限目的，是由社会的物质文明与精神文明的发展程序所决定的。因此，作为人脑功能的思维能力，是通过社会的教育和训练，通过对历史上积累下来的文化的吸收逐渐形成的。人的内心世界之所以丰富多彩，是由于人的社会联系是丰富的和多方面的，人类意识具有社会性。所以，要想把人脑功能完全模拟下来，就需要再现人的思想发展的整个历史逻辑。这是无论多么"聪明"的电脑都做不到的。

总之，在人工智能高速发展的条件下，物质决定意识、意识对物质具有能动的反作用这一基本关系并没有发生变化。人类和人工智能之间，存在着一种制造与被制造、使用与被使用、支配与被支配的关系。2017年12月，人工智能入选"2017年度中国媒体十大流行语"。经过多年的演进，人工智能发展进入了新阶段，我们必须抓住人工智能发展的重大战略机遇，构筑我国人工智能发展的领先优势，加快建设创新型国家和世界科技强国。

运用矛盾的普遍性和特殊性辩证关系原理，分析说明把马克思主义普遍真理与中国具体实际相结合的重要性

李 萍[*]

矛盾普遍性和特殊性的辩证关系原理，是坚持马克思主义普遍真理与具体实践相结合这一原则的哲学基础，对于建设中国特色社会主义有着重要的指导意义，是我国建设中国特色社会主义的哲学根据。矛盾的普遍性是指矛盾存在于一切事物中，存在于一切事物发展过程的始终。矛盾的特殊性是指具体事物的矛盾及每一个矛盾的各个方面都有其特点，这是从横向方面来看的；各个具体事物的矛盾及每一个矛盾的各方面在发展的不同阶段也各有特点，这是从纵向方面来看的。认识矛盾的普遍性和特殊性具有重要意义。首先，矛盾的普遍性范畴表明，矛盾无处不在、无时不有，所以我们要坚持用两点论的方法观察和分析问题；其次，矛盾的特殊性范畴表明，矛盾及其各个方面在不同发展阶段各有特点，所以，我们观察事物就要注意到矛盾的特殊性，坚持具体问题具体分析。正是基于这一观点，中国不能完全照搬马克思主义的普遍真理，也不能离开马克思主义单独发展，所以我们既不能犯本本主义的错误又不能犯经验主义的错误，要根据具体实际将马克思主义普遍真理进行发展和继承，使其适合我国的发展，并为中国特色社会主义发展作出贡献。

唯物辩证法认为，矛盾的普遍性和特殊性是相互联结的，矛盾的普遍性和特殊性不是凝固不变的，在不同场合是可以相互转化的。它要求我们要学会用科学的工作方法，把马克思主义普遍真理同我国的具体实际结合起来，走自己的道路，建设中国特色社会主义。

当我们运用矛盾的普遍性原理深入考察人类社会时，从横向方面发现，同类社会形态有着共同方面的本质；从纵向方面看，不同的社会形态都有着发展的基本趋势和普遍规律。揭示了社会主义产生、发展的客观规律的马克思主义

---

[*] 李萍：寿光现代明德学校教师

对于各个社会主义国家的革命和建设就具有普遍意义。在中国革命和建设的过程中，马克思主义是我们立党立国的根本指导思想，是社会主义意识形态的旗帜和灵魂。这是理性的认识，也是历史的结论。马克思主义之所以在社会主义意识形态领域具有根本指导地位，是因为它既符合客观实际，又代表最广大人民的根本利益，它揭示了物质世界的本质和规律，揭示了人类社会发展的本质和规律，推动着人类社会由低级向高级、由简单到复杂的辩证发展。从发展的基本趋势来看，经历了原始社会、奴隶社会、封建社会、资本主义社会、社会主义社会，将来必然走向共产主义社会。这种人类社会发展趋势普遍适用于一切民族和国家，中国也不例外。中国共产党从诞生之日起，就把马克思主义确立为自己的指导思想，把马克思主义基本原理同中国革命和建设的具体实际结合起来，团结带领人民经过长期奋斗，完成新民主主义革命和社会主义革命，建立起中华人民共和国和社会主义基本制度，进行了社会主义建设的艰辛探索，实现了中华民族从落后挨打到站起来的伟大飞跃。实践证明，要坚持矛盾的普遍性，坚持以马克思主义为指导，走社会主义道路。

当我们运用矛盾的特殊性原理考察社会时，从横向方面发现，不同的国家有着自己特殊的具体发展道路和规律，这就决定了中国的革命和建设必须走有自己特点的道路。社会主义的一般只能在各国特色的个别中存在，我们要建设中国模式，就要立足于中国的国情，从中国的实际出发。其中，在中国的民主革命中，中国当时的社会状态是半殖民地半封建社会，这种特殊的历史实际就决定了中国民主革命夺取政权的道路同俄国十月革命是不同的。俄国十月革命是组织群众在中心城市发动武装起义，夺取全国政权。而中国是以毛泽东为代表的中国共产党人从具体国情出发，以农村包围城市武装夺取政权的特殊道路，从而取得了新民主主义革命的胜利。总之，马克思主义揭示了社会主义产生、发展的客观规律，这对于各个社会主义国家的革命和建设都具有普遍的指导意义，这是矛盾的普遍性。各国的国情、环境、历史条件又不同，具体实践必然又有自己的特点，这是矛盾的特殊性，将二者相结合，才能找到适合自己国情的正确道路，搞好革命和建设。

马克思主义进入中国之后，中国共产党从实际出发，实事求是，认识到我国当前最大的实际——我国正处于社会主义初级阶段，将马克思主义与中国国情相结合，与中国特色社会主义建设结合起来，进一步丰富和发展了马克思主义，在理论上实现了"两次历史性的飞跃"，产生了两大理论成果——毛泽东思想和中国特色社会主义理论体系。

以毛泽东为主要代表的中国共产党人，在同国内外阶级敌人做斗争中，坚持马克思主义基本原理同中国具体实际相结合的原则,根据马克思主义的基本原理,把中国长期革命实践中的一系列的独创性经验作了理论概括,形成了适合中国国情的科学的指导思想,也就是马克思主义基本原理同中国革命具体实践相结合的产物——毛泽东思想。中国共产党人是在一个半殖民地半封建大国进行革命,必然会碰到许多特殊的复杂的问题,但是仅仅依靠背诵马克思主义一般原理和照搬外国经验,都不可能解决复杂问题。只有把马克思主义基本原理同中国具体实际相结合,用马克思列宁主义的立场、观点和方法,从中国实际出发,研究新情况,解决新问题,得出新结论,用独创性的理论和实践丰富和发展马克思主义,才能取得革命和建设的胜利。

中国特色社会主义理论体系是以邓小平同志为主要创立者的中国共产党和中国人民把马克思主义基本原理与我国改革开放和社会主义现代化建设的实际结合起来而形成的当代中国的马克思主义理论,包括邓小平理论、"三个代表"重要思想、科学发展观以及习近平新时代中国特色社会主义思想。其中,邓小平理论把马克思主义基本原理与中国社会主义初级阶段的现实结合起来,比较系统地回答了"什么是社会主义、怎样建设社会主义"的基本的理论问题,深刻地揭示了社会主义的本质,成为我们进行社会主义现代化建设的行动纲领。

坚持马克思主义基本原理与中国具体实际相结合的过程中,继续推进理论创新,产生了"三个代表"重要思想和科学发展观等一系列重大战略思想。"三个代表"重要思想是以江泽民同志为主要创立者的中国共产党在邓小平理论基础上,把马克思主义基本原理与世纪之交我国发展的实际情况相结合而形成的当代中国的马克思主义理论,创造性地回答了"建设什么样的党、怎样建设党"的问题,深化了对中国特色社会主义的认识,成为21世纪加强和改进党的建设、推进中国特色社会主义发展的强大思想武器。科学发展观等重大战略思想,是以胡锦涛同志为总书记的党中央领导中国共产党在邓小平理论和"三个代表"重要思想基础上,把马克思主义基本原理与我国新的发展阶段的新特征相结合而形成的当代中国的马克思主义理论,它创造性地回答了"要不要发展、什么是发展、怎样发展、为谁发展"的问题,是我国经济社会发展的重要指导方针,是发展中国特色社会主义必须坚持和贯彻的重大战略思想。

习近平新时代中国特色社会主义思想,是中国共产党人把马克思主义普遍真理同新时代中国具体实际结合起来,系统回答"新时代坚持和发展什么样的中国特色社会主义、怎样坚持和发展中国特色社会主义"等重大问题,团结带领人民进行伟大斗争、建设伟大工程、推进伟大事业、实现伟大梦想,推动党和国家事业取得全方位、开创性的历史成就,发生深层次、根本性的历史变革,中华民族迎来了从富起来到强起来的伟大飞跃。这是全党全国各族人民为实现中华民族伟大复兴而奋斗的行动指南。根据当今我国发展已经发生历史性巨变的事实,习近平同志适时提出中国特色社会主义进入新时代后,我国社会主要矛盾已经发生转化,"新时代我国社会主要矛盾是人民日益增长的美好生活需要和不平衡不充分的发展之间的矛盾"。通过这一论断可以看到我们的工作重点是解决发展的不平衡不充分问题,这是对我党以往的关于社会主要矛盾的认识的丰富和发展,是马克思主义社会基本矛盾学说运用于当代中国现实的最新成果,必将对解决我国当前发展的不平衡不充分问题产生深刻的影响。这些理论都创造性地体现了马克思主义基本原理与不断发展变化着的中国实际相结合,与时俱进,解决了中国进一步发展的根本性问题,丰富了马克思主义的宝库。

中华人民共和国成立以来特别是改革开放以来,发生了深刻变革,置身这一历史巨变之中的中国人有资格、有能力揭示这其中所蕴含的历史经验和发展规律,为发展马克思主义作出贡献。深入总结中国特色社会主义实践,更好地实现马克思主义普遍真理同当代中国具体实际相结合,同时也要放宽视野,吸收人类文明一切有益成果,不断创新和发展马克思主义;既要坚持社会主义的根本制度和基本原则,又必须注意中国的特点,把社会主义基本原则与中国实际相结合,将马克思主义普遍真理与中国具体实际相结合。走自己的道路,我们才能在中国特色社会主义的道路上不断取得胜利。

结合我国改革开放四十多年的伟大实践，分析说明为什么实践是检验真理的唯一标准

张 英[*]

四十多年前，关于真理标准问题的大讨论，冲破了"两个凡是"的思想束缚，对检验真理标准问题做了哲学上的澄清，推动了马克思主义思想解放运动。这场大讨论，为把党和国家的工作重心转移到经济建设上，实行改革开放提供了思想先导。改革开放四十多年来，中国发生了翻天覆地的变化，经济社会各方面迅猛发展，取得了举世瞩目的伟大成就。改革开放四十多年的伟大成就得益于真理标准问题的大讨论，同时，改革开放四十多年的伟大实践也已经证明实践是检验真理的唯一标准。

一、关于真理标准问题的大讨论

1976年10月，"文化大革命"结束，"四人帮"被粉碎，中国进入了一个拨乱反正的特殊历史时期，但是随后提出的"两个凡是"的方针，致使"文化大革命"局面没有得到根本改变，"'四人帮'及其资产阶级帮派体系已被摧毁，但是，'四人帮'加在人们身上的精神枷锁，还远没有完全粉碎"[①]。为了改变这种状况，推动党中央拨乱反正工作的顺利进行，清除人民群众思想解放的"紧箍咒"、拨乱反正的"拦路虎"，全国开始了一场轰轰烈烈的思想解放运动。1978年5月11日，《光明日报》刊登了特约评论员文章《实践是检验真理的唯一标准》，全篇文章虽然一字未提"两个凡是"，但是它批评的矛头直指"两个凡是"，并从理论上否定了"两个凡是"方针，而且开宗明义地提出了"实践是检验真理的唯一标准"，此篇文章刊登发行之后，经过一些主要媒体的转载，便在社会各界引发了比较强烈的反响，一场席卷全国的关于真理标准问

---

[*] 张英：曲阜师范大学马克思主义学院2018级硕士研究生
[①] 特约评论员. 实践是检验真理的唯一标准 [N]. 光明日报，1978-05-11.

题的大讨论迅速展开。

  关于真理标准问题的大讨论是一场开启思想解放运动的大讨论，这场大讨论冲破了"两个凡是"的思想束缚，广大马克思主义者运用科学、理性的思维，对检验真理的标准作了哲学上的澄清，推动了马克思主义在全国范围内的思想解放运动，为党重新确立马克思主义的思想路线奠定了思想基础，正如邓小平后来评价的，"就全国范围来说，就大的方面来说，通过实践是检验真理唯一标准和'两个凡是'的争论，已经比较明确地解放了我们的思想路线问题，重新恢复和发展了毛泽东同志倡导的实事求是，理论联系实际，一切从实际出发的思想路线"①。没有四十多年前的关于真理标准问题的大讨论，没有当时对党内错误思想观念的澄清与纠正，就难有真正的思想解放。

  关于真理标准问题的大讨论是一场关乎党和国家前途命运的大讨论，这场大讨论是一次彻底的马克思主义的思想解放运动，并在思想解放的基础上，于1978年12月18日召开了党的十一届三中全会，清算了当时党内存在的"左"倾思想，提出停止使用"以阶级斗争为纲"的口号，把党和国家工作重心转移到经济建设上来，作出实行改革开放的伟大决策，并开始逐步探索和开辟中国特色社会主义道路。

  党的十一届三中全会作出的党和国家工作重心的转移，是一次划时代意义的重大历史转折，也是一次关于党和国家前途命运的重要转折。基于此次转折，中国开始了改革开放的伟大尝试，开始了中国特色社会主义道路的伟大探索，通过尝试和探索，中国特色社会主义道路、理论、制度、文化迎来了新的春天，今天中国特色社会主义所进行的一系列伟大建设，都是建立在思想解放的基础之上的，都是建立在改革开放的基础之上的，都得益于关于真理标准问题的大讨论。

二、改革开放的伟大实践已经证明实践是检验真理的唯一标准

  改革开放是当代中国最鲜明的特色，是国家富强、人民富裕的必由之路，是决定当代中国命运的关键抉择，是实现中华民族伟大复兴的关键一招，这是深入总结中华人民共和国成立以来探索社会主义建设道路正反两方面经验教训而得出的正确结论，也是在拨乱反正过程中开辟中国特色社会主义道路所得到的唯一正确途径。马克思主义认为，真理是人们对客观事物的本质及其发展规律的正确认识，而判断人的认识正确与否，是否具备真理性则需要依靠实践来

---

① 邓小平. 邓小平文选：第3卷 [M]. 北京：人民出版社, 1993：190.

进行检验。改革开放四十多年的伟大实践也已经证明了实践是检验真理的唯一标准。

什么是社会主义，怎样建设社会主义，这是改革开放之初，摆在中国共产党面前首先要解决而且必须解决的问题。社会主义从理论到制度实践是一次伟大的飞跃，却也是一次复杂的考验，中国共产党在探索社会主义建设中面临的新情况新问题，是以往从来没有遇到过的，也是在书本和别国经验中都找不到现成答案的，解决问题的唯一办法，只能靠中国共产党自己在实践中探索，正如邓小平在改革开放之初所讲的，"我们现在所干的事业是一项新事业，马克思没有讲过，我们的前人没有做过，其他社会主义国家也没有干过，所以，没有现成的经验可学，我们只能在干中学，在实践中摸索"①。中国特色社会主义是前无古人的开创性事业，既没有现成的经验可以照搬，也没有书本的经验可以照抄，只能在艰辛探索中开拓进取。在改革开放和社会主义现代化建设的全部工作中，提出的每一个理论，正确与否，都只能而且必须依靠实践的不断检验。

依照实践检验标准，中国共产党解决了许多思想上的分歧，达到了思想上行动上的一致。面对改革开放之初对于经济问题的分歧，邓小平指出："这是很自然的，我们这么大一个国家，我们有了这么大一个雄心壮志，究竟怎么搞比较顺，比较能够经得起风险，比较能够克服困难、克服障碍，求得比较快的发展，这个问题只能靠大家的集体智慧来解决，只能说比较好，要说完全正确，我看办不到，万应灵药我们不可能找到，还要看以后的实践，还是实践是检验真理的唯一标准，还要过一两年，修修补补。"② 随着改革开放的深入，中国共产党逐步摆脱了"市场经济是资本主义特有的东西，计划经济才是社会主义的基本特征"这种传统观念。党的十二大提出了计划经济为主市场调节为辅；党的十二届三中全会提出了商品经济是社会经济发展不可逾越的阶段，我国社会主义经济是公有制基础上的有计划的商品经济；党的十三大提出了社会主义有计划商品经济的体制应该是计划和市场内在统一的体制；党的十三届四中全会提出了建立适应有计划商品经济发展的计划经济与市场调节相结合的经济体制和运行机制。所有这些调整都是在实践探索中一步步实现的。1992 年邓小平在南方讲话中指出："计划经济不等于社会主义，资本主义也有计划，市场经济不等于资本主义，社会主义也有市场。计划和市场都是经济手段，计划多一点还

---

① 邓小平. 邓小平文选：第 3 卷 [M]. 北京：人民出版社，1993：258-259.
② 邓小平. 邓小平文选：第 2 卷 [M]. 2 版. 北京：人民出版社，1994：201.

是市场多一点，不是社会主义与资本主义的本质区别。"① 这从根本上破除了把计划经济和市场经济看作属于社会基本制度范畴的思想束缚，使人们对计划与市场关系的问题有了新的正确认识，实现了新的重大突破。这个认识、这个突破，是从实践探索中得出的，都得益于中国改革开放伟大而丰富的实践。

改革开放四十多年来，中国经济社会等各个方面取得迅猛发展，取得了举世瞩目的伟大成就。这四十多年来，关于社会经济发展，关于社会主义建设，关于党的建设，关于中国和世界的关系，每一个问题的展开与推进，都始终贯穿着实践检验真理的原则。在对实践经验的总结和深化中，在将实践成果系统化、理论化的进程中，在实践创新、理论创新和制度创新的齐头并进之中，中国特色社会主义理论、制度、文化、道路不断发展，中国特色社会主义进入了新时代，使近代以来久经磨难的中华民族迎来了从站起来、富起来到强起来的伟大飞跃，迎来了实现中华民族伟大复兴的光明前景。

三、新时代继续坚持实践是检验真理的唯一标准

四十多年前，关于真理标准问题的大讨论，推动了马克思主义思想解放运动，为党重新确立马克思主义的思想路线、政治路线、组织路线奠定了思想基础，为实行改革开放，为开辟中国特色社会主义道路提供了思想先导。

综观改革开放四十多年的伟大实践，艰难困苦，玉汝于成。无论是党和国家工作重心的转移，还是推动实现由农村向城市的全面改革；无论是从开始创办深圳、珠海等经济特区，还是到后来实行全面对外开放；无论是实行公有制为主体、多种所有制经济共同发展和坚持两个"毫不动摇"，还是深化国资国企改革，使市场在资源配置中起决定性作用和更好地发挥政府的作用；无论是发展社会主义市场经济、社会主义民主政治，还是加强社会主义生态文明建设，全面落实"五位一体"总体布局；无论是以经济体制改革为主，还是全面深化经济、政治、文化、社会、生态文明体制改革等，都是在实践检验中一步步走过来的。

改革开放四十多年来的伟大实践，已经证明了实践是检验真理的唯一标准。伟大理论需要伟大实践的成就与检验，伟大实践需要伟大理论的引领与推动。进入新时代，推动新发展，在以习近平同志为核心的党中央领导下，要继续坚持实践是检验真理的唯一标准，开创新时代改革开放的新辉煌。

---

① 邓小平. 邓小平文选：第3卷 [M]. 北京：人民出版社，1993：373.

依据真理的客观性、绝对性和相对性原理，说明把握这一观点对于坚持和发展马克思主义的重要意义

王艳秋[*]

真理是标志主观和客观相符合的哲学范畴，是客观事物及其规律在人的意识中的正确反映。真理是人们对客观事物及其规律的正确反映，属于认识论的范畴，它在形式上是主观的，但它的内容是客观的。真理的客观性体现在：第一，真理是人们关于事物及其规律的正确反映，真理所反映的内容来自客观世界，因而从其内容来讲具有客观性。第二，实践是检验真理正确与否的唯一依据，而实践是客观物质性的活动。第三，真理不会因人而异，在同一时空条件下，对于同一个事物的真理性的认识只有一个，真理不以人的意志为转移，真理面前人人平等，因而，真理的客观性要求我们要坚持和发展真理，严格区分真理和谬误的界限，坚持真理面前人人平等。

真理的绝对性体现在：第一，任何真理都是对客观事物及其规律的正确反映，都包含着不依赖于人类的客观内容，都同谬误有原则的界限。这一点是无条件的、绝对的。在这个意义上，承认了客观真理，也就承认了绝对真理。第二，人类认识按其本性来说，能够正确认识无限发展着的物质世界，认识每前进一步，都是对无限发展着的物质世界的接近，这一点也是绝对的、无条件的。在这个意义上，承认世界的可知性，承认人能够获得关于无限发展着的物质世界的正确认识，也就是承认了绝对真理。

真理的相对性体现在：第一，从广度上看，真理所反映的对象是有条件的、有限的。任何真理由于都会受到人类实践水平、范围以及认识能力的限制，它只能是对无限的物质世界发展的某一阶段、某一方面、某一层次的认识，因而是有限的。这是真理在广度上的有条件性、有限性。第二，从深度上看，真理反映客观对象的正确程度也是有条件的、有限的。任何特定的真理不仅所反映

---

[*] 王艳秋：济宁市经济开发区疃里镇第二中学教师

的对象在范围上是有限的,而且其正确程度也是有限的。由于条件的限制,任何真理对认识对象的反映只能是相对正确的,即在认识的深刻程度上、精确度上都是有限的,或者是近似性的。这是真理在深度上的有条件性、有限性。也就是说,任何真理都只能是主观对客观事物近似正确即相对正确的反映。

绝对真理和相对真理是对立统一的辩证关系。首先,二者是对立的。绝对真理和相对真理是同一个真理的两个不同方面或两种不同属性,它们各自有不同的规定,是有区别的。其次,二者又是统一的。这种统一表现在:其一,绝对真理和相对真理相互联结、相互渗透。相对之中有绝对,绝对之中有相对。其二,相对真理可以向绝对真理转化。真理是由相对走向绝对的永无止境的发展过程,任何真理性的认识都是由相对真理向绝对真理转化过程中的一个环节。真理的绝对性和相对性及其辩证关系要求我们,追求真理是一个过程,我们要在实践活动中认识和发现真理、检验和发展真理。因此,这就要求我们以科学的态度坚持和发展马克思主义。

马克思曾经说过,共产主义必将是一种"世界历史性存在"。这就意味着不能关起门来搞社会主义建设,而应坚持面向世界,积极参与国际分工与合作交流。我国的改革开放,是从经济基础到上层建筑的深层次改革,是从沿海到沿江沿边、从东部到中西部的全方位开放,可以说是对"世界历史性存在"的最好诠释。当前,经济全球化趋势不断发展,各国之间的交流与合作更加紧密。在这种情况下,我们更不能关起门来搞建设,必须进一步树立世界眼光,加强战略思维,学习和借鉴人类的一切优秀文明成果,博采众长,为我所用。

促进人的自由而全面的发展,是马克思主义的一个基本价值取向。党的十六大以来,我们党提出以人为本、全面协调可持续的科学发展观,强调发展为了人民、发展依靠人民、发展成果由人民共享,全面推进社会主义经济建设、政治建设、文化建设、社会建设以及生态文明建设,努力促进人与人、人与社会、人与自然和谐发展。这既坚持了马克思主义的这一基本价值取向,又进一步丰富和发展了马克思主义关于发展的理论。

中国特色社会主义进入新时代,党的建设伟大工程进入新时代,党的建设理论发展也进入新时代。党的十八大以来,习近平总书记提出了新时代推进党的建设的一系列重大论断、重大观点,其中最突出的有如下几点,一是提出中国特色社会主义最本质的特征是中国共产党领导,中国特色社会主义制度的最大优势是中国共产党领导,强调坚持和加强党对一切工作的领导,不断提高党把方向、谋大局、定政策、促改革的能力和定力,不断增强党的政治领导力、思想引领力、群众组织力、社会号召力。二是提出加强党的长期执政能力建设、先进性和纯洁性建设,并把它作为党的建设的主线,着力提高党自我净化、自我完善、自我革新、自我提高能力。三是提出把党的政治建设摆在首位,强调党的政治建设是党的根本性建设。这一思想集中体现了党的十八大以来全面从严治党的历史经验,深刻揭示了政党特别是马克思主义政党的本质属性,是对马克思主义党建学说的重大原创性贡献。四是提出了党的建设的总体布局,即"全面推进党的政治建设、思想建设、组织建设、作风建设、纪律建设,把制度建设贯穿其中,深入推进反腐败斗争"。这是对党的建设总体布局的创新和发展,深化了新时代党的建设规律的认识。五是提出健全党和国家监督体系,加强对权力运行的制约和监督。这既是社会主义国家政治体制的重大创新,也是世界监督史上的伟大创举,是对马克思主义理论的重大原创性贡献。六是提出"以提升组织力为重点,突出政治功能,把企业、农村、机关、学校、科研院所、街道社区、社会组织等基层党组织建设成为宣传党的主张、贯彻党的决定、领导基层治理、团结动员群众、推动改革发展的坚强战斗堡垒"。总之,党的十九大报告关于党建的论述,集中体现了习近平新时代中国特色社会主义党建思想,彻底冲破了西方政党的理论范式,实现了马克思主义党的学说又一次历史性飞跃。

坚持马克思主义在意识形态方面的指导地位,最根本的是坚持马克思主义的世界观和方法论。掌握马克思主义观察问题和分析问题的观点和方法,坚持用马克思主义这一思想武器揭示人类社会发展的客观规律,坚定中国特色社会主义共同理想和共产主义必然实现的信念。马克思主义基本原理任何时候都要坚持,否则,党和国家的事业就会因为没有正确的理论基础和思想灵魂而迷失方向,最终归于失败。与此同时,我们也必须坚持党的思想路线,一切从实际出发,理论联系实际,实事求是,在实践中检验和发展真理。马克思主义是不断发展的,会随着时代的发展不断增添新的内容。我们所说的坚持马克思主义的指导地位不动摇,指的是坚持马克思主义的基本原理、基本方法不动摇,并在实践中检验和发展马克思主义。

坚持马克思主义的指导地位内在地包含着解放思想的要求。马克思主义是不断发展的开放的理论体系,并非静止不变的。坚持马克思主义的指导地位,应坚持把思想认识从那些不合时宜的观念、方法中解放出来,从马克思主义的错误的和教条式的理解中解放出来,从主观主义和形而上学的桎梏中解放出来,根据时代发展的要求不断赋予马克思主义新的内容。同时,解放思想要以坚持马克思主义为根本前提。实事求是是马克思主义的精髓,解放思想不能脱离马克思主义的指导,不能离开实事求是,否则就会偏离正确的方向。

马克思主义是随着实践的发展和时代的变化而不断发展的开放的理论体系。改革开放以来，在建设和发展中国特色社会主义的伟大实践中，在不断应对前进道路上的新情况、新问题的过程中，我们党始终坚持解放思想、实事求是、与时俱进，坚持把马克思主义的基本原理同中国的具体实际结合起来，开辟了中国特色社会主义道路，实现了马克思主义中国化的第二次历史性飞跃，形成了包括邓小平理论、"三个代表"重要思想、科学发展观以及习近平新时代中国特色社会主义思想等重大战略思想在内的中国特色社会主义理论体系。中国特色社会主义理论体系，坚持和发展了马克思主义，赋予马克思主义新的内涵，是马克思主义中国化的最新成果，是当代中国的马克思主义。今天我们讲坚持马克思主义在意识形态方面的指导地位，既包括坚持马克思主义的基本原理，也包括坚持中国特色社会主义理论体系，二者是统一的。

改革开放以来，我国出现了社会意识多样化的新情况。坚持马克思主义在意识形态方面的指导地位，不仅不会阻碍社会思想文化的多样化发展，反而有利于它的繁荣发展。马克思主义能够为社会思想文化的蓬勃发展提供科学的世界观和方法论。马克思主义是关于自然、社会和人类思维一般规律的科学理论，它能为我们认识世界和改造世界提供正确的世界观和方法论，从而减少或避免盲目性。

坚持以马克思主义为指导，有利于多样化的社会思想文化和谐发展。任何一个国家或者民族，无论其思想如何复杂多样，都必然有一种占据主导地位的文化思想体系，否则，就会失去主心骨，失去思想的灵魂。我国意识形态领域的主心骨就是马克思主义。因此，坚持马克思主义的指导地位同社会意识多样化之间是辩证统一的关系。正确的态度应该是：坚持用一元化的指导思想引领多样化的社会思潮，既尊重差异、包容个性，又有力抵制各种错误腐朽思想的影响，巩固和发展积极向上的主流意识形态。

依据马克思主义的生态环境理论论述地理环境的价值和意义

杨世宏[*]

生态建设作为新时期社会主义社会建设系统工程的纽带,关系社会主义各项事业建设的成败。马克思主义生态环境理论对于我们认识地理环境的价值、推进生态文明建设具有重要意义。

一、自然界是"人的无机的身体"

这是马克思主义在人与自然关系上的重要观点。马克思说:"人直接地是自然存在物。"[①] 这就是说,人是自然之子,是大自然造成了人类,而不是相反。"在实践上,人的普遍性正表现为这样的普遍性,它把整个自然界——首先作为人的直接的生活资料,其次作为人的生命活动的对象(材料)和工具——变成人的无机的身体。自然界,就它自身不是人的身体而言,是人的无机的身体。人靠自然界生活。这就是说,自然界是人为了不致死亡而必须与之处于持续不断地交互作用过程的、人的身体。……人是自然界的一部分。"[②] 这是一段非常经典的论述,他阐述了人是自然界的一部分,自然界也是人的一部分,是人的肉身的"无机的身体",这样整个自然界在某种意义上也就被看作"大写的人"。

在地球生态系统中人类处在生态金字塔的顶端。任何生态系统的生物部分都是由生产者植物(包括光合细菌)和不同级别的消费者(营养级)构成,其中低营养级是较高营养级的基础,如植物供养草食动物,草食动物供养肉食动

---

[*] 杨世宏:曲阜师范大学马克思主义学院副教授、硕士生导师
[①] 中共中央马克思恩格斯列宁斯大林著作编译局.马克思恩格斯全集:第42卷[M].北京:人民出版社,1979:67.
[②] 中共中央马克思恩格斯列宁斯大林著作编译局.马克思恩格斯选集:第1卷[M].北京:人民出版社,1995:45.

物等。人类作为地球生态系统的顶级消费者,其生存离不开在人类之下的那些营养级,或者说正是这些营养级供养了人类,所以为了人类的生存与发展,就必须保持这些较低营养级的繁盛,否则生态金字塔就不稳定,人类之下的这些营养级就成为我们"无机的身体"。就像人类养护自己的身体一样,我们也不应当损伤自己"无机的身体",这才是保护生态环境的深层原因。由于人是有思维的,是自然界唯一能自觉认识生态危机的物种,因而在保护自然生态平衡、维护其他物种生存权利方面,人类有不可推卸的道德责任。既然自然是人"无机的身体",那么,人类就应当像保护自己的健康一样,保护自然界无机身体的健康;像预防疾病一样,防止对生态环境的破坏;像治疗自身疾病那样,治理环境污染,恢复生态;像锻炼身体那样,积极地建设自然、美化自然;像增强健康意识一样,树立人类应有的环境意识和生态伦理意识。马克思关于"自然界是人的无机的身体"的思想还意味着把人与自然看作一个充满生机与活力的有机体,这是现代意义上的"天人合一"或者"视天下无一物非我"的境界。所以,破坏自然生态,就是损害人类的肌体。

二、合理调节人与自然的物质变换,实现人与自然的和解

人与自然的"物质变换"(劳动)是人的存在方式。马克思、恩格斯认为人是通过劳动与自然发生联系的。马克思说:"劳动首先是人和自然之间的过程,是人自身的活动来中介、调整和控制人与自然之间的物质变换的过程。"① 恩格斯说:"动物要进行生产,但是它们的生产对周围自然界的作用在自然界面前只等于零,只有人才给自然界打上自己的印记。"② 但恩格斯同时又警告人们,人可以能动地改造环境,并不等于说人可以在自然界为所欲为,人作为自然存在物必须与自然和谐相处,因为人不是在自然之外,而是在自然之内。既然劳动是人与自然之间的物质变换过程,一方面,人通过生产实践获得物质生活资料,在加工过程中会产生废弃物,排放到自然界;在消费掉其使用价值后,人类就把其残骸作为废弃物也排泄到自然界中去。这些工农业生产、生活废弃物大量排放到环境中去,就会造成环境污染,这表明人与自然的物质变换还存在许多不合理之处,违背了自然规律,导致人与自然的关系不和谐。因此,如

---

① 中共中央马克思恩格斯列宁斯大林著作编译局. 马克思恩格斯选集: 第2卷 [M]. 北京: 人民出版社, 1995: 177.
② 中共中央马克思恩格斯列宁斯大林著作编译局. 马克思恩格斯选集: 第3卷 [M]. 北京: 人民出版社, 1995: 457.

何调整、控制"人与自然"之间的物质变换就是一个大问题,这也是关于劳动的生态维度问题。

那么应当怎样调节呢?马克思说:"社会化的人,联合起来的生产者,将合理地调节他们与自然之间的物质变换,把它置于他们的共同控制之下,而不让它作为盲目的力量来统治自己;靠消耗最小的力量,在最无愧于和最适合于他们的人类本性的条件下来进行这种物质变换。"① 这里所说的"社会化的人,联合起来的生产者"是指自由的人,人与人之间不存在人身占有、人身依附关系,人们之间的根本利益是一致的,不存在根本利益对立,才有可能联合起来。

马克思提出了合理调节人与自然关系的两条行为准则:一是最佳效益原则,即人类付出的力量最小、代价最小,但却是最大限度地占有自然界。二是适合人类本性的原则,包括两个方面。一方面是要求这种"物质变换"要在"最无愧于"人类本性的前提下进行。人的实践活动是在一定的社会关系下进行的,在不同的社会关系下人们开发、利用自然资源以及改造自然的态度和方式是有差别的,因而自然界的状态受社会发展程度的影响。人如果任意摧残自然这个"人的无机的身体",就会对人体本身造成损害。人类所面临的自然环境也是全人类的共同财富,但社会制度不同,人们对自然资源的占有、开发利用的方式就不同,对生态环境的破坏程度也是不同的。另一方面人与自然的物质变换要在"最适合于"人类本性的前提下进行。这是要求人们的生产生活都要坚持以人为本,以人的全面发展为价值目标。防止两种异化,一是生活方式异化,如消费异化,即消费不是为了满足自己的正常需要,而是为了满足欲望。二是要避免生产方式异化,如为追求眼前利益,掠夺性地开发自然资源,肆意排放污染物,破坏生态环境。因此要把人与自然的物质变换过程置于"合理调节"和"共同控制"的基础上。解决环境问题,应当从社会问题入手,改造不合理的社会制度,变革生产关系,才可能使自然界真正复活。

在资本主义社会,人与人之间存在剥削和压迫导致了人与自然之间的对立。没有人与人的和解,也就不会有人与自然的和解。为此,马克思、恩格斯提出了"两个和解"的思想:"人类同自然的和解以及人类本身的和解。"② 马克思、恩格斯认为,要真正合理调节人与自然之间的物质变换,只有消灭资本主义制度才能做到。可见马克思主义是把消灭资本主义私有制同解决环境问题联系在

---

① 中共中央马克思恩格斯列宁斯大林著作编译局. 马克思恩格斯全集:第25卷[M]. 北京:人民出版社,1974:926-927.

② 中共中央马克思恩格斯列宁斯大林著作编译局. 马克思恩格斯全集:第1卷[M]. 北京:人民出版社,1956:603.

一起考虑的,认为共产主义条件下,由于消灭了私有制,社会生产将不是为了利润,而是为了人民的实际需要,这样就可以合理地控制和调节人与自然之间的物质变换,减少乃至消除资源的不合理利用和浪费,把废弃物的排放降到最低,从而达到人类社会的可持续发展,实现人与自然的和解以及人与人的和解。

三、"再生产整个自然界",实现人与自然的协同进化

马克思比较了人与动物在生产方面的区别,提出了"人再生产整个自然界"的思想。他指出:"诚然,动物也生产,它为自己营造巢穴或住所,如蜜蜂、海狸、蚂蚁等。但是,动物只生产它自己或它的幼仔所直接需要的东西;动物的生产是片面的,而人的生产是全面的;动物只是在直接的肉体需要的支配下生产,而人甚至不受肉体需要的影响也进行生产,并且只有不受这种需要的影响才进行真正的生产;动物只生产自身,而人再生产整个自然界。"[①] 那么,如何理解马克思所说的"再生产整个自然界"?

(一)"再生产整个自然界"表明人类的生产活动应当体现内在尺度和外在尺度的统一

在马克思看来,人之所以能够再生产整个自然界,是因为人不像动物那样"只是在直接的肉体需要的支配下生产"(片面的生产),人的生产是全面的,"动物只是按照它所属的那个种的尺度和需要来建造,而人懂得按照任何一个种的尺度来进行生产,并且懂得处处把内在的尺度运用于对象"。[②] 这里的"尺度"就是事物的规律、规定性、特性等,动物的尺度就是动物的生存需要。人的生产要遵循两种尺度:一是内在尺度,即人的生产要按照人的需要和目的来进行,要以人为本。二是外在尺度,指人类生产要按照各个物种本身的要求来进行生产,要遵循自然生态规律,维持生态系统的稳定和平衡,这样才有可能再生产出整个自然界,即再生产出人类的生存条件。人类生产活动不能仅仅从人的近期利益出发,而应充分考虑是否会对生态平衡产生不利影响,这是遵循"物的尺度"的要求,也是全面生产的要求。马克思说过,不以伟大的自然规律为依据的人类计划,只能带来灾难。

马克思甚至这样说:"劳动本身,不仅在目前的条件下,而且一般只要它的

[①] 中共中央马克思恩格斯列宁斯大林著作编译局. 马克思恩格斯选集:第 1 卷 [M]. 北京:人民出版社,1995:46.

[②] 中共中央马克思恩格斯列宁斯大林著作编译局. 马克思恩格斯选集:第 1 卷 [M]. 北京:人民出版社,1995:47.

目的仅仅在于增加财富，它就是有害的、造孽的。"① 这话听起来振聋发聩，令人深思。这种仅仅以赚钱为目的的生产是有害的、造孽的，长期下去势必摧毁自然生态系统，到那时不用说赚钱，连生存都成了问题。因此，按照全面生产的要求，人类在生产中应当既注重财富的积累，体现人的尺度，还要尊重自然生态规律，体现自然物种的尺度，这样才能再生产出整个自然界，并把它交给我们的下一代。事实上，环境保护与经济发展不是绝对对立的，两者也有相互促进的一面，很多地方的成功实例就能证明之。经济发展可以为环境保护提供物质基础，而环境保护也可以为经济发展提供生态支持，使经济发展具有持续性，而且环境保护本身也是一个受民众广泛拥护的产业部门。

（二）"再生产整个自然界"也是人按照美的规律来美化自然

马克思在比较了人的生产和动物的生产的区别之后指出："人也按照美的规律来构造。"② 马克思提出了按照美的规律重塑大自然的思想。

人类要恢复、重建生态系统，绝不意味着原始生态系统就尽善尽美，事实上人类不可能，也没有必要将生态系统恢复到与原来的状况绝对相同。其实在原始状态下，它的形态往往不能满足人的需要，对人来说许多自然物并不是完美无缺的，所以人要通过实践活动改造它，使之符合人的需要。马克思说："自然界是个有缺陷的存在物，不仅对我说来而且在我看来是有缺陷的存在物，即就其本身说来是有缺陷的存在物。"③ 自然界的许多事物由于自然或人为因素，总是存在这种或那种缺陷，如生态系统中的植物性生产或动物性生产的效率有偏低的情况，其生产成果无论数量还是质量都未达到最佳状态；物质和能量的循环不够顺畅。面对有缺陷的自然界，人不应像动物那样被动地适应它，而应当发挥能动性，利用技术手段，依据生态规律去弥补或消除这些缺陷，使其达到可能的最佳状态，实现其功能的最优化，这是对大自然的生态建设和生态重塑，是依据生态规律和美的规律再生产整个自然界，也是人的参赞化育、引导和管理自然进化作用的体现。人类的生产要把改造自然、美化自然有机结合起来，才能创造出美的环境、美的产品和美的人，实现人与自然的完美统一。大自然通过人类达到了自我意识，人也应当承担起美化自然的责任。

---

① 中共中央马克思恩格斯列宁斯大林著作编译局. 马克思恩格斯全集：第42卷 [M]. 北京：人民出版社，1979：55.
② 马克思. 1844年经济学哲学手稿 [M]. 中共中央马克思恩格斯列宁斯大林著作编译局，译. 北京：人民出版社，2000：58.
③ 中共中央马克思恩格斯列宁斯大林著作编译局. 马克思恩格斯全集：第42卷 [M]. 北京：人民出版社，1979：180.

四、实现科学发展，走向生态文明是历史发展的必然趋势

（一）人与自然的关系经历一个否定之否定的过程

在农业文明时期，由于生产力落后，人类改造自然的力度很小，自然是人类模仿和学习的榜样，人与自然的关系有些"温情脉脉"，这一点从中国古代诗词中就能看出来，如"稻花香里说丰年，听取蛙声一片""大儿锄豆溪东，中儿正织鸡笼，最喜小儿亡赖，溪头卧剥莲蓬"。在这里人与自然不是对立的，而是融洽的，或者说原始状态的"天人合一"。进入工业文明之后，生产力有了质的飞跃，人的力量第一次战胜了自然的力量，自然在人类面前失去了尊严和神秘，人类成了征服者，自然成了被征服者，人与自然的关系尖锐对立。人类凭借科学技术手段试图主宰自然，无视自然规律，结果导致自然对人的无情报复。"不要过分陶醉于我们对自然界的胜利，对于每一次这样的胜利，自然界都报复了我们。"[1] 人类由于不合理地干预自然，忘记了自己是自然的一部分，造成了环境污染和生态破坏，这反过来又威胁着人类的生存。面对这样的现实，人类又不得不重新提出人是自然的一部分，要善待自然、保护自然，实现人与自然的和谐发展，开启了扬弃工业文明、走向生态文明的新征程，人与自然的关系又在更高的基础上走向"天人合一"，这也是人类解放的基础。

（二）在人与自然协同进化的基础上，通过科学发展，实现文明形态的转换

科学发展观第一要义是发展，核心是以人为本，基本要求是全面协调可持续，根本方法是统筹兼顾。马克思主义生态观的时代指南就是"五位一体"（经济、政治、文化、社会、生态文明）总体布局下的生态文明建设。马克思主义生态观在中国特色社会主义事业的浪潮中不断被践行并日渐本土化。"五位一体"总体布局下的生态文明建设是践行马克思主义生态观立足个体、深入群体、渐入社会的可行模式。

第一，"五位一体"总体布局下的生态文明建设明确提出了全方位的建设机制。经济建设为生态文明建设提供基础保障，生态文明建设也为经济建设提供动力，并指引了方向，确保发展的人本维度。习近平指出："我们追求人与自然的和谐、经济与社会的和谐，通俗地讲就是要'两座山'：既要金山银山，又要

---

[1] 中共中央马克思恩格斯列宁斯大林著作编译局．马克思恩格斯选集：第4卷［M］．北京：人民出版社，1995：383．

绿水青山，宁要绿水青山，不要金山银山，而且绿水青山就是金山银山。"① 在回答学生提问时又说："我们绝不能以牺牲生态环境为代价换取经济的一时发展。"② 此番言论向国际社会宣示了中国坚持走协调可持续发展道路的坚定决心；同时也表明习近平敏锐地把握住了经济发展和生态环境保护的辩证关系，中国未来的发展不仅要看经济速度，还要看经济质量；不仅要看经济效益，更要看生态效益。

第二，"五位一体"总体布局下的生态文明建设体现了发展的"人本"原则。习近平继承了中国传统文化中的"民本"思想，坚持马克思主义"以人为本"的原则，揭示了生态问题与民生问题的直接相关性，指出："良好的生态环境是最公平的公共产品，是最普惠的民生福祉。保护生态环境，关系最广大人民的根本利益，关系中华民族的长远利益，是功在当代、利在千秋的事业，在这个问题上，我们没有别的选择。"③

（三）"五位一体"总体布局下的生态文明建设的实施方略

第一，在思维方式上要树立生态红线论，这是底线思维的要求。习近平指出："要牢固树立生态红线的观念。在生态环境保护问题上，就是要不能越雷池一步，否则就应该受到惩罚。"④ "生态红线"，就是国家生态安全的底线和生命线，"这个红线不能突破，一旦突破必将危及生态安全、人民生产生活和国家可持续发展"⑤。生态红线观念的提出彰显了我国建设生态文明的坚强意志，对于推进国家永续发展具有重要意义。生态红线是生态系统在发展过程中的平衡被打破，导致生态系统衰退甚至崩溃的临界状态。生态红线是保护生态环境的最低标准，任何组织和个人都不能打破这一底线，否则生态状况很难恢复，后果不堪设想。牢固树立生态红线的观念，是对传统生态观的超越。

第二，要有严格的制度和严密的法制。习近平的生态法治观继承和发展了马克思主义生态危机的制度根源思想。马克思揭示了生态危机的制度根源是资本主义私有制，他强烈地批判了资本主义制度对生态环境造成的破坏。资本主

---

① 习近平．之江新语［M］．杭州：浙江人民出版社，2007：186．
② 中共中央宣传部．习近平总书记系列重要讲话读本［M］．北京：学习出版社，2014：120．
③ 中共中央宣传部．习近平总书记系列重要讲话读本［M］．北京：学习出版社，2014：123．
④ 习近平．习近平谈治国理政：第1卷［M］．北京：外文出版社，2014：209．
⑤ 中共中央宣传部．习近平总书记系列重要讲话读本［M］．北京：学习出版社，2014：126．

义在带来巨大生产力的同时，也带来了劳动异化问题。在马克思主义生态危机制度根源论的基础上，习近平提出了生态法治观，丰富和发展了马克思主义的生态思想。法令行则国治，法令弛则国乱。法治，既是治国理政的基本方式，也是推进生态文明建设的重要保障。生态环境问题的产生一定有深层次的体制性、制度性的原因。我国生态环境保护中存在的一些突出问题大都与体制不完善、机制不健全、法治不完备有关。因此，解决生态环境问题就要从人与人关系密不可分的社会制度层面寻找突破口。习近平在中央政治局第六次集体学习时也提出："只有实行最严格的制度、最严密的法治，才能为生态文明建设提供可靠保障。"① 十八届三中全会对环境保护和生态文明建设的法制保障作了具体规定："建设生态文明，必须建立系统完整的生态文明制度体系，实行最严格的源头保护制度、损害赔偿制度、责任追究制度，完善环境治理和生态修复制度，用制度保护生态环境。"②

五、地理环境（主要是生态环境）的价值及其意义

（一）地理环境是人类社会存在和发展的自然基础和前提

地理环境，在某种意义上又称生态环境，就是人类所处的各种自然条件的总和。它由大气圈、水圈、岩石圈构成。人本身是自然界的产物，人依靠自然界生活，没有自然界就谈不上人的生存与发展。所以地理环境是人类社会生存发展的永恒的必要的条件，它为人类社会提供生产资料和生活资料资源。人类的生活资料来源于自然界的动植物资源，人类的生产资料也无不来自大自然，人类通过加工改造这些自然资源材料制造自己所需要的生产资料。

从人与自然的相互作用来看，生态环境再生产有两种，即生态环境的自然再生产与生态环境的社会再生产。前者是指生态环境自发运动的负熵化趋势，表现为自然界发展起来的各种"成就"，即物质形态的积聚、有序化程度的提高、信息量的增加、自净能力的恢复与提高等。原始森林、清洁淡水、清新空气、矿产资源、天然草场以及各种天然生成的动植物等都是生态环境自然再生产的产品。生态环境的社会再生产是指在生态环境自然再生产的基础上，通过人的实践活动自觉地促进生态环境的负熵化趋势，提高生态环境对人类社会的承载能力，它生产的产品与生态环境自然再生产的产品基本相同，如原始森林

---

① 习近平. 习近平谈治国理政：第 1 卷 [M]. 北京：外文出版社，2014：209.
② 习近平. 关于《中共中央关于全面深化改革若干重大问题的决定》的说明 [J]. 求是，2013（22）：19-27.

与人工林，天然清洁水与人工净化生产的清洁水，野生鱼与人工养殖的鱼，等等。当然，有些生态环境自然再生产的产品是不能或不宜通过人工的办法生产的，如石油、天然气、煤炭等矿产资源，这些东西是自然地质演化的产物，是经过亿万年形成的。

（二）生态环境再生产的状况直接影响劳动者的状况

自然资源、环境状况直接影响着劳动者的生存状况，影响着"人本身的自然"。人的生存离不开自然界提供的各种物质资料，而人们从自然界获取的生产资料、生活资料的数量多少、质量高低都是取决于生态环境的状况。生态环境的自然再生产能力越强，它为人类提供的物质资料就越丰富，人本身的能力（体力与脑力）就越发达，人类的社会经济再生产能力也就越强。如果生态环境被污染，那么不仅它的自然再生产能力减弱甚至丧失，而且它为人类提供的物质资料的质量、数量会大大下降，对人本身的生存与发展也是十分不利的。工业社会发生的大量环境污染事件对人的健康的危害是触目惊心的。可见，没有健康的生态环境，也就没有劳动者的健康安全。

（三）生态环境再生产对社会经济再生产的制约作用

生态环境再生产是社会经济再生产的物质前提和持续发展的保障。经济的再生产过程，不管它的特殊的社会性质如何，在农业部门内，总是同一个自然的再生产过程交织在一起，是人与自然的合作过程。农林牧渔业的生产就是被人类驯化了的生态环境的自然再生产过程。

第一，社会经济再生产必须以生态环境再生产为基础。但生态环境的自然再生产能力是有限的，由于人类的过度开采，有些自然资源如森林、野生动物和其他野生植物等可再生资源已经向人类亮起红灯，这就要求人类降低开采力度或者暂停开采，使其休养生息，通过自然再生产而得到补充或再生。如果生态环境的自然再生产能力完全丧失，那就不能为人类提供物质资料，社会经济再生产也就无以为继。正是基于这样的分析，我们才能更加深刻地理解马克思提出的"再生产整个自然界"的意义。

第二，生态环境再生产提供了环境保护的新视角。环境保护可分为消极保护与积极保护两种思路。消极保护的特点是固守现存的环境资源，尽量使之不受损害，实施这样的环境保护可以减缓环境的恶化，但不会使之消除，可以维持生态环境对人类活动的承载力，但不会使之增强；可以维持生态环境的自然简单再生产，但不会使之扩大。积极的保护就是实施生态环境的社会再生产，是立足于生产的保护，如净化被污染的水域，实施生态林工程、生态湿地工程、退耕还林或还草工程、受损生态系统的恢复与重建，等等。目前人们对环境保护的认识大多还局限于消极的保护，这种保护是必要的，但是随着社会经济的发展，仅仅依靠消极保护很难使生态环境的再生产能力与社会经济发展达到平衡，因此解决生态环境问题要从消极保护层面提高到积极保护层面来认识，实施生态环境的社会再生产，扩大生态环境的再生产能力，增强环境的承载力，满足社会发展的需要，这是我们解决环境问题的新思路。

第三，生态环境再生产影响社会经济再生产类型的布局和发展速度。自然资源是生态环境再生产的结果，而自然资源的分布及其变动状况会影响一个地区的产业类型和部门分布。如石油储量丰富的地区以发展石油工业为主，草原面积大的地区适合发展畜牧业，资源型城市（如大庆、抚顺等）的发展更是依赖于本地资源。生态环境所提供的物质资料的数量和质量会影响社会经济再生产的发展速度，如草场的面积大小和牧草的质量对于畜牧业、土地的肥沃程度以及对于农业、石油储量的多寡及其开采难度等，都是非常重要的。如果自然生态环境优越，并且再生产能力很强，就会为经济发展提供量多质优的资源，加速社会经济的发展，反之则不利于社会经济的发展。

（四）社会经济再生产对生态环境再生产的影响

社会经济再生产对生态环境再生产的作用是通过劳动实现的，劳动是人与自然之间的物质变换，这就意味着人要向自然界获取物质资料，消费自然资源，把它变成具有一定使用价值的产品；同时人类又将废弃物排泄到自然环境，包括生产过程中的"取利弃废"和生活消费过程排泄的废弃物。

第一，无论是在生产还是在生活层面上，人与自然的物质变换都会对生态环境造成一定的破坏或污染，人类向生态环境索取资源并排放废弃物达到一定程度，就会造成生态环境的自然再生产能力下降甚至丧失，表现为严重的生态破坏、环境污染，最终危及人类的生存。

第二，在一定条件下，社会经济再生产也能促进生态环境的再生产过程。在市场经济条件下，自然资源的再生产本身就是一种经济行为。如各种养殖业、林业、种植业、废物回收利用等。当人类对自然资源的消费能力在生态环境自然再生产能力以下时，人与自然的关系是和谐的。但是随着生产力的发展，生态环境的自然再生产所提供的自然资源就不能满足社会经济再生产的需要了，这就要实施生态环境的社会再生产，以保持人与自然的平衡以及社会经济的可持续发展。因此，依靠现代工业和科技手段把生态环境的自然再生产和社会再生产统一起来，有计划地进行生态环境再生产，就成为当下解决人与自然矛盾的基本思路。人能积极能动地改造环境，优化生态系统的功能，即增强环境的承载力，所以从长远来看，环境对人类的承载力也不是固定不变的。

依据马克思主义的科学技术理论，说明科学技术在社会发展中的作用

刘宝杰[*]

一、概念语境中的科学技术

科学技术作为复合概念来使用是相对晚近的事情。科学作为反映客观事实和客观规律的知识体系及其相关活动，是主体（科学工作者）在实践基础上对客观世界的认知。广义上的科学既包括自然科学，也包括社会科学和思维科学。所谓技术是指人类在改造自然、进行生产时所采用的实践手段、实践方法和实践知识。技术也有广义和狭义之分，广义技术包括生产技术和非生产技术。狭义技术专指生产技术，即人类改造自然、进行生产的实践方法和实践手段。所谓非生产技术更大意义上指理论知识层面的技术。

二、生产力语境中的科学技术

与技术人类学、技术社会学不同，马克思从经济学入手，从生产力的视角阐释科学技术的重要性，指出"生产力中也包括科学"[①]，提出科学技术是生产力的重要论断。科学技术在生产力体系中与劳动者、劳动资料和劳动对象等实体性要素不同，它是生产力系统中的渗透性要素。当科学还处于知识形态未加入生产过程以前，只能称其为一种精神力量，是一种潜在的生产力。只有当它通过技术应用环节运用到生产过程，渗透到其他要素中，科学技术才能转化为现实的生产力。马克思恰恰看到了这一点，他认为科学技术的运用比科学技术

---

[*] 刘宝杰：曲阜师范大学马克思主义学院副教授、硕士生导师。
[①] 中共中央马克思恩格斯列宁斯大林著作编译局. 马克思恩格斯全集：第46卷（下）[M]. 北京：人民出版社，1980：211.

本身更重要。一方面，正是基于科学技术普遍意义上物化到劳动资料和劳动对象中，人类才真正意义上进入现代社会，进而改变和提高了生产资料的性质和水平；另一方面，劳动者通过系统学习科学技术知识，实现了劳动者智力和生产技能的大幅度提升。另外，我们还要看到，把科学技术转换为生产组织管理手段，这也将极大提高企业管理和生产效率。在当今时代，科学技术发展日新月异，应用于生产过程的周期日趋缩短，对于生产发展的作用越来越大，日益成为生产发展的决定性因素。从这个意义上说，科学技术是先进生产力的集中体现和主要标志，科学技术已经成为"第一生产力"。

科学技术对社会的推动作用集中体现在科技给社会带来的变革上，即科技革命。马克思对科学技术的伟大历史作用作过精辟而形象的概括，认为科学技术是"历史的有力的杠杆"，是"最高意义上的革命力量"。① 纵观三次科技革命，不论是以蒸汽机的发明和使用为标志的工业革命，以电力的发明为标志的电力革命，还是以原子能的利用、电子计算机和空间技术的发展为主要标志的第三次科技革命，都不同程度地引起了生产方式、生活方式和思维方式等方面的深刻变化和巨大进步。

三、伦理语境中的科学技术

本处谈及的"伦理语境"专指人类在使用科学技术意义上谈科学技术。一方面，科学技术的发展标志着人类改造自然能力的增强，意味着人们能够创造出更多的物质财富，对社会发展有巨大的推动作用；另一方面，科学技术的发展也标志着人类改造自身的能力增强，特别是"人机结合"的电子人的出场，重现现代意义上的"人猿揖别"。从马克思主义的科学技术观来看，科学技术的运用带来的社会问题越来越突出。一种情形是，我们对自然规律以及人和自然关系的认识不足，或缺失相应的法律法规导致对科学技术消极后果的强有力的管控。例如，我们熟知的全球性问题：环境污染、生态破坏；高新技术问题：克隆技术、网络信息安全等涉及人自身尊严、健康、遗传、隐私等问题。另一种情形，与社会制度直接相关，马克思认为在资本主义条件下，科学技术常常被资产阶级用作剥削压迫人民的工具，并非都能使人摆脱贫困，促进人的身心健康发展，这与发展科学技术的初衷有很大出入。因而，马克思指出，科学技

---

① 中共中央马克思恩格斯列宁斯大林著作编译局. 马克思恩格斯全集：第 19 卷 [M]. 北京：人民出版社，1963：372.

术有时"表现为异己的、敌对的和统治的权力"①。

四、不对称性语境中的科技双刃剑

首先，从时间上来看科技效应。科学技术在当下的积极效应与滞后的消极后果之间存在时间上的不对称。也就是说科学技术带来的影响的"反作用"与"作用"并非同时发生。一项新的科学技术在全力实现其目标之时，负面影响有待积累和被感知，不可能或至少很难在发展之初，即着手去治理尚未发生以及至少不明显的后果。② 在此意义上，"先发展后治理"，在某种程度上暗合了技术双刃剑在时间上的不对称。

其次，从空间上来看科技效应。科学技术的获利者和负面影响的损害者不是同一个或一群人、一代人。很多时候，有限人群获得科学技术带来的便利，与此同时又以牺牲公众的利益为代价。科学技术带来的效应的空间不对称，存在于国与国之间、阶层与阶层之间。只有通过变革现有不合理的社会制度才能有效改变科学技术带来的空间不对称问题。

五、全球语境中的科学技术

在当今时代，人类的共同利益已经日益提升而超越集团利益甚至国家利益。科学技术的发展进步，要求人类一起经营科技这片"公共草地"，我们要以长远的和全球的视野看待每一项个别的技术。正确认识和运用科学技术，始终坚持使科学技术为人类社会的健康发展服务，"把满足人民对美好生活的向往作为科技创新的落脚点"③，让科技为人类造福。

---

① 中共中央马克思恩格斯列宁斯大林著作编译局.马克思恩格斯文集：第8卷[M].北京：人民出版社，2009：358.
② 吕乃基.科学技术之"双刃剑"辨析[J].哲学研究，2011（7）：103-108.
③ 习近平.在两院院士大会上的讲话[N].新华社，2018-05-28.

依据马克思主义群众史观，说明习近平以人民为中心思想的伟大意义

李 敏[*]

马克思主义群众史观是唯物史观的重要内容，群众史观是马克思和恩格斯在创立唯物史观的过程中形成的，后来经过其他马克思主义经典作家的阐释而发展起来。群众史观作为关于人民群众地位和作用问题的唯一正确和科学的历史观，有着深厚的理论基础和坚实的历史根据。总的说来，马克思主义群众史观是唯物史观关于社会历史观基本问题的原理在人的作用问题上的运用和体现。具体说来有以下三点：第一，人民群众是历史过程的积极主体，一般说对社会发展起着决定作用。马克思曾指出"历史活动是群众的事业，随着历史活动的深入，必将是群众队伍的扩大"。[①] 第二，人民群众是英雄人物的创造者。英雄人物是时代和群众的产物，但不是英雄创造群众，而是群众创造英雄。第三，普通个人对社会发展起着重要作用。普通的个人与英雄是辩证的关系，同时随着社会的进步，普通个人的作用越来越大。

2018 年是习近平总书记提出"精准扶贫"重要理念的第五年，在习近平总书记关于扶贫工作重要论述的指引之下，五年来，我国的脱贫攻坚工作取得了决定性的进展。让贫困人口和贫困地区同全国一道进入全面小康社会，是中国确定的庄严目标。在 2014 年，中央对贫困人口进行全面摸底，建档立卡，找准贫困的根源。在 2015 年，习近平总书记强调，我们要立下愚公移山志，咬定目标、苦干实干，坚决打赢脱贫攻坚战。在 2017 年，党的十九大上更是把脱贫攻坚战作为决胜全面建成小康社会必须打赢的三大攻坚战之一，以深度贫困地区脱贫攻坚为重点，并以此作出全面部署。[②] 老百姓的幸福生活是中国共产党

---

[*] 李敏：曲阜师范大学马克思主义学院 2018 级硕士研究生
[①] 中共中央马克思恩格斯列宁斯大林著作编译局．马克思恩格斯全集：第 1 卷［M］．北京：人民出版社，2009：287．
[②] 习近平．习近平谈治国理政：第 2 卷［M］．北京：外文出版社，2017：83．

"全心全意为人民服务"的宗旨和工作目标，人民群众的安居乐业是国家的根本和政权的基础。

"精准扶贫、精准脱贫"思想是习近平新时代中国特色社会主义思想的重要组成部分，同时也体现出习近平总书记以人民为中心的思想。坚持以人民为中心，是对马克思主义唯物史观的历史传承，是对马克思主义群众史观的创新发展。

深入理解马克思主义群众史观对学习和切实践行习近平以人民为中心思想具有重要的意义，由此可归结为以下几点。

首先，习近平以人民为中心思想赋予"群众史观"以中国特色。习近平总书记在纪念马克思诞辰200周年大会上的讲话中指出"学习马克思，就要学习和实践马克思主义关于坚守人民立场的思想"。党的十九大以来，习近平总书记创新发展了党对于"人民""群众""人民群众"的深刻认知，以及对"以人民为中心"这个概念作出了一系列新的判断，体现了马克思主义中国化最新的理论成果和中国特色社会主义本质的内在规律。习近平以人民为中心的思想在价值取向上创新发展了马克思主义群众史观，把"关注和解放人民群众"作为价值追求，把"服务大多数人"作为价值立场，把"以人为本"作为价值导向。

为实现全面建成小康社会，党中央肩负起"消除贫困、改善民生、逐步实现共同富裕"的重要使命。全面建成小康社会，是我们党对全国人民的庄严承诺。为实现农村贫困人口脱贫、贫困县全部摘帽，党中央秉持"以人为本"的信念，合理确定脱贫目标，增加对贫困农村的支持力度和帮扶力度，集中优势兵力打攻坚战，教育和引导广大群众用自己的辛勤劳动实现脱贫致富。[①]

其次，习近平以人民为中心思想视人民群众为历史的创造者，有助于在发展中保障和改善民生。马克思主义群众史观作为关于人民群众地位和作用问题的历史观，认为人民群众是社会物质财富的创造者，是推动社会历史发展的决定力量；人民群众也是社会精神财富的创造者，是一切精神财富形成和发展的源泉。从历史唯物主义的基本原理出发，习近平总书记提倡从实际出发，着重帮人民群众解决难题、为人民群众增加福祉、让广大人民群众享受公平。解决好人民群众最关心、最直接、最现实的利益问题，就要把"以人民为中心"思想落到实处，切实践行"人民群众是历史的创造者"的群众史观，党和国家要实施积极的就业政策，调动人民群众的积极性、主动性和创造性。

集中力量做好基础性民生建设是我国发展经济的根本目的，毛泽东在1934

[①] 习近平. 习近平谈治国理政：第2卷 [M]. 北京：外文出版社，2017：87.

年曾说过:"一切群众的实际生活问题,都是我们应当注意的问题。假如我们对这些问题注意了,解决了,满足了群众的需要,我们就真正成了群众生活的组织者,群众就会真正围绕在我们的周围,热烈地拥护我们。"① 只有做好民生建设,让改革发展成果惠及更多群众,才能紧紧依靠广大工人、农民、知识分子和各阶层人民实现中华民族伟大复兴中国梦。②

再次,习近平以人民为中心思想遵循人民群众是社会变革的决定力量的原理,有助于推动社会历史的进步和发展。人民群众在任何时期都是社会变革的主要力量,在社会变革时期,人民群众通过其主动性推动社会形态的逐步发展。在阶级社会的历史中,人民群众不仅通过阶级斗争和革命,实现了生产关系的根本转变,而且取代旧的社会制度和新的社会制度,实现了社会变革。发展是人类社会永恒的主题,是人类社会进步的基础,也是中国特色社会主义事业不断前进的根本前提。"四个全面"战略布局,是惠及全体中国人民的国家战略。全面深化改革,离不开全体人民的共同参与。习近平曾多次提到"人民主体"的思想,人民是改革的主体和主力军,全面深化改革必须调动亿万群众的积极性才可以取得成功。改革开放是一项伟大的、艰巨的事业,必须依靠一代又一代的中华儿女接力干下去。③

最后,习近平以人民为中心思想中的群众路线思想是建立在马克思主义群众观基础之上的,有助于密切党同人民群众的联系。历史和现实都告诉我们,与人民群众保持密切的联系,是党的性质和宗旨的体现,是中国共产党与其他政党区别开来的重要标志,也是党发展壮大的重要原因。习近平总书记坚持和发展了党的群众路线和基本工作方法,强调"不论过去、现在和将来,我们都要坚持一切为了群众,一切依靠群众,从群众中来,到群众中去,把党的正确主张变为群众的自觉行动,把群众路线贯彻到治国理政全部活动之中"④。开展党的群众路线教育实践,目的是解决人民群众反映的突出问题。广大干部和党员在推进改革发展方面发挥了开拓性的引导和示范作用,赢得了人民群众的肯定和支持。同时,我们必须意识到,面对世情、国情和党情的深刻变化,"四种危险"和"四风"等问题在全党面前更加突出。因此,我们要准确把握党的群众路线的目标要求,反对形式主义,着重解决工作不实的问题。

近几年,随着互联网的快速发展,网上群众路线成了新的趋势,习近平总

---

① 毛泽东. 毛泽东选集:第 1 卷 [M]. 北京:人民出版社,1991:137.
② 习近平. 习近平谈治国理政:第 2 卷 [M]. 北京:外文出版社,2017:374.
③ 习近平. 习近平谈治国理政:第 1 卷 [M]. 北京:外文出版社,2018:67.
④ 习近平. 习近平谈治国理政:第 1 卷 [M]. 北京:外文出版社,2018:365.

书记指出，要营造良好的网络环境，发挥网络引导舆论、反映民意的作用。各级党政机关和领导干部要学会通过走网上群众路线，通过上网查看舆论热点，了解群众的想法和愿望，收集广大群众良好的想法和建议，积极回应网民关注的问题并解疑释惑。

党的十九大报告指出，要坚持以人民为中心的思想，不断推进人的全面发展和全体人民的共同富裕。充分把握和全面贯彻落实习近平新时代中国特色社会主义思想，不断促进我国经济社会持续健康发展，对于实现"两个一百年"奋斗目标，具有极其重要的意义。

总之，习近平以人民为中心的思想赋予了马克思主义群众史观新的内涵和意义。一方面，习近平以人民为中心的思想从马克思主义唯物史观出发，充分肯定了人民群众的历史地位，深刻体现了党为了人民、依靠人民的理念；另一方面，习近平以人民为中心的思想还坚持与时俱进，注重结合当前中国社会转型期的现实国情，以更精辟的文字重新解释人民的主体地位。目前，我国正处于决胜全面建成小康社会时期，我们应该以马克思主义群众史观为指导，深刻践行马克思主义群众史观，走群众路线，调动人民群众投身建设的积极性。

如何看待资本主义民主

杨世宏[*]

"民主"是与"专制"相对称的一种政治制度。在希腊文中意为"人民的权力"。民主用于国家形式就是国家制度。列宁说:"民主是一种国家形式,一种国家形态。"[①] 民主不仅指政体,首先是指国体,即在国家中哪个阶级掌握政权,管理国家,哪些阶级是被统治阶级。作为一种国家制度,民主总是体现统治阶级的意志,具有鲜明的阶级性,没有抽象的超阶级的民主。资本主义民主作为国家制度,主要包括民主与法制、政权组织形式、选举制度、政党制度等,通常称为"西式民主"。从历史上看,西式民主是资产阶级在反封建斗争中形成的,是资产阶级革命的政治成果,相对于封建专制具有历史进步性。但它毕竟是民主发展史上的一个阶段或一种形式,必然带有历史局限性,第二次世界大战以来,西式民主理论上的缺陷和实践上的困境日益暴露出来。

2016年春西方国家发生了两大政治事件。一是法国的"黑夜站立"社会运动。该运动最初是针对法国政府颁布的《劳动法》改革方案的抗议示威。自3月7日晚在法国巴黎共和国广场开始,持续一个多月。运动的主题后来扩展至社会治理、选举制度、难民问题、恐怖主义、金融资本主义等多个领域。整个运动从巴黎蔓延到了法国的70多座城市。二是美国的"民主之春"抗议示威活动。这次名为"民主之春"的抗议活动直指由利益集团和大金主操弄华盛顿的金钱政治,要求确保选举自由公正,让每个美国人都能平等发声。抗议者队伍4月2日从费城独立钟出发,经过10天步行抵达华盛顿,在国会山前集会示威,抗议金钱操纵美国选举以及政府的不作为,要求改善民主,结束金钱政治,保证公正选举。华盛顿警方逮捕了1420个示威者,抓捕人数之多创华盛顿历史新

---

[*] 杨世宏:曲阜师范大学马克思主义学院副教授、硕士生导师
[①] 中共中央马克思恩格斯列宁斯大林著作编译局. 列宁选集:第3卷[M]. 北京:人民出版社,1972:257.

高，此事如若发生在发展中国家，西方媒体肯定会将其妖魔化。但是面对"民主之春"，美国主流媒体竟然集体失语，凸显了其"新闻自由"的双重标准。"民主之春"抗议活动参加者亚历克斯说，美国主流媒体此次集体"失语"并不令他感到意外，"因为报道反'金钱政治'抗议活动不符合这些主流电视台的利益"，以美国有线电视新闻网（CNN）为例，它的母公司时代华纳公司是民主党总统竞选人希拉里·克林顿的第八大政治献金提供者。几天后这一运动在当局的打压和媒体的漠视中黯然结束。

美法等西方国家的民众上街要求民主，听起来似乎有点荒唐，因为西方民主一直被某些人奉为圭臬，是最优的民主模式，代表着人类政治的发展方向，甚至"历史的终结"。长期以来西方国家一直高举"民主"旗帜，将西方的民主模式当作"普世价值"和市场经济的必要条件，把不同于他们的民主政治制度打入另类，煽动民众搞街头政治。"民主"已成为少数西方国家维护国家利益、实现霸权统治的政治工具。但从现实来看，"民主化"成为祸乱世界、制造社会分裂与国家动荡的根源。经由西方民主化改造的国家往往陷入政治动荡、社会动乱，人民流离失所。"黑夜站立""民主之春"等更加充分地暴露了西方民主政治的危机。

一、金钱是政治的母乳：竞选活动成为有钱人的游戏

当代西方国家普遍采用多党竞争的政党体制，政党通过竞选掌握政权并执政，但在目前的西方民主政治中，任何政党（政治家）要想上台执政，必须有金钱的支撑，参加竞选的政党（政治家）在竞选中需要设立庞大的竞选机构，并利用广播、电视等媒体加以宣传。不仅如此，在媒体日益发达并日渐主导选举的情况下，选举费用也呈现出节节攀升的态势。"1860年，林肯被选为美国第16任总统只用了10万美元，到1960年，10万美元只能让总统候选人在电视镜头上露面30分钟，而2012年，这一数字只够罗姆尼为赢得佛罗里达一个州初选造势时每日广告开销的十分之一。"① 西方资本主义国家的竞选经费的来源主要有以下五个方面：一是公民个人的捐款；二是公司和特殊利益集团的捐款；三是候选人本人及其家族；四是政府补助；五是本党资助。在其中公司和富人的个人捐款（美国政治术语把富有捐款者称为"肥猫"）历来是候选人竞选费用的主要来源。以美国为例，"2008年金融、保险、房地产行业相关的个人和政治行动委员会（political action committee）给政客们的捐款高达4.63亿美元，其

---

① 刁大明. 美国大选中的金钱政治［J］. 红旗文稿，2012（21）：31-35.

51%给了民主党，49%给了共和党。同一年，民主党总统候选人奥巴马从这个渠道获得的资金比任何其他渠道都多——除了诉讼律师这个群体之外。奥巴马从金融行业的捐助者那里获得了3760万美元"①。这些捐款都是要得到回报的，即政府通过税收减免措施、规则和决议来换取选举捐款、竞选帮助、工作以及其他的好处等。"'金钱选举'公开化使富人可通过手中的金钱来控制总统选举从而控制美国。"② 具体表现为大资产者通过向候选人捐款来影响选举结果和政府政策，以谋求私利。据美国财经博客网披露，2007—2012年间，在政治上最活跃的200家企业，付出58亿美元用于竞选捐款，他们从联邦政府的生意和支持中得到的回报却是4.4万亿美元。

特朗普大量接受了富人们的政治献金，他与华尔街的对冲基金势力的关系就十分微妙。表面上看权力的获取仍然要经过公开竞选来进行，但"民主"只是政治运作的表层，背后的权钱交易才是实质内容，这样，形式的民主在实际的政治运作中就堕落为民主的对立面。

对于这种资本财团操纵政治的恶果，美国人心知肚明，并试图通过设定政治捐款上限等措施遏制其发展势头。但2010年美国最高法院认为"政治捐款属言论自由的一种"，政府限制企业、工会等的政治捐款的行为违反宪法；2014年美国最高法院又进一步取消了个人对候选人和政党的捐款上限。这意味着承认富人有操控政治的"自由"。明知贻害无穷，美国为何还会通过这样的法令？归根结底，还是因为民主的资本化，民主仅仅是资本家的民主，这也充分说明，民主资本化所造成的钱权联姻、金权政治是西式民主不可克服的顽症。美国《纽约时报》和全国广播公司联合调查显示，85%的人认为，除非改革或是彻底重建美国的选举制度，否则无法改变"金钱政治"这一现实。美国政治决策机制已经被金钱绑架，在当今的西方社会，政府被资本俘虏，权力与钱力联姻，使所谓的民主政治岌岌可危。

二、国家利益成为"民主"运作的牺牲品

首先是民主被简化为选举。现代资本主义民主大都沉迷于"选举"这一初始环节，"人民主权"被置换成"人民的选举权"，民主被简化为选举，选举又进一步简化为投票，而对于决策是否民主、管理是否民主、监督是否民主等方

---

① 刘易斯. 经济学的真相：凯恩斯错在哪里 [M]. 曹占涛，译. 北京：东方出版社，2010：105.
② 朱继东. "金钱选举"：美国式民主不是世界的标杆 [J]. 党建，2012（11）：56-58.

面却并不感兴趣。亨廷顿认为："全民选举最高决策者是民主的实质。"民主不等于选举，真正的民主体制应该包括民主选举、民主决策、民主管理、民主监督等各个环节，覆盖起点、过程、结果等各个阶段。如果过分强调选举，民主就只能止步、定格于"选举"这一外在的形式。

西方政治因其票决选举模式，从而被选举政治、金钱政治、民粹政治劫持，致使政府制定和执行政策很难顾及客观经济规律、社会现实情况和国家长远利益。在选举的过程中，候选人与选民之间的关系实质上是一种以利益关系为中心的政治交易。在这种交易中，政党（政治家）所追求的目标并不是某种真理或者理想，而是为了赢得选举。同样作为选民来说，他们的目标也是基于自身的利益诉求，希望政党（政治家）当选以后能给自己带来实际利益，属于典型的"福利选民"。既如此，政党候选人为了获得更多的选票，就会极力迎合选民，甚至开出诸多不切实际的承诺。对社会大众来说，其利益诉求表现为要求更加充分的就业和更好的社会福利，而对于富人来说，其利益诉求是希望国家减免税收，由此造成的结果就是在每一次的大选中，候选人不得不在已经很高的社会福利水平基础上，承诺进一步提高社会福利水平和减免税收。如果竞选成功，就会迫于压力采取种种措施兑现自己的承诺（实际是不能完全兑现的，甚至根本兑现不了的），国家的税收不断流失的同时社会福利开支不断提高。长此以往，国家财政收入必然会入不敷出，政府不得不寅吃卯粮，依靠沉重的债务来维系高成本的民主选举。当这种举债发展到一定程度就会导致国家的主权债务危机，而竞选人为了在竞选中获胜而不考虑国家偿还债务的能力，只关注个人当选的成功与否，最终的结果是国家福利水平的盲目提高。在这种情况下，如果"自由经济"可以实现增长，国家福利可以继续维持，资本主义的民主制度还能有效运作，政治主体的各方也易达成妥协和共识。但是，如果"自由经济"运作陷入困难，就会发生社会冲突。如欧债危机发生后，欧洲资本主义国家不得不削减社会福利、增加税收以应对危机，结果导致民众的不满，继而举行了大规模罢工以表达自身的利益诉求。此时的政府进退维谷，如果作出让步，必然进一步加重国家的债务负担；如果不作出让步，必然进一步导致民众对"民主政治"的失望，进而加剧西方"民主政治"的危机，从而使资本主义民主制度的运作面临两难的困境。可见在当代资本主义阶段，民主政治的运作既受资本家的左右，又受社会大众的"绑架"，处于骑虎难下的境地。

其次是西式民主导致社会分裂和族群撕裂。票决选举以党争为基础，而党争又与阶级、族群、教派之争挂钩。票决党争强化了自我群体的认同，激化了种族、教派、阶层冲突。民众本能地从情感、文化等因素界定自己的身份及利益,加上政治人物为赢得选举而进行操纵、煽动,致使以民族、宗教、阶级等为单元的组织、群体之间发生激烈冲突,甚至导致国家解体、社会撕裂。选举能否获胜取决于是否取得多数席位,这就造成少数派的利益长期被忽略和排斥,于是他们转而强化自身的宗教、民族认同,产生离心倾向,甚至选择分离出去另立国家。

选民因政治认同而立场分化,投票政党化、生活政治化,导致社会分裂,这反映了价值观的极化和政治分歧固化。皮尤公司一项最新调查表明,近20年来美国共和、民主两党成员相互间的反感程度激增。两党的支持者不仅更愿意与本党人士交往,而且更愿意住在一起,甚至更愿意他们的孩子通婚。①

三、民主形式在竞选中的异化

首先,民主被简化为选举。选举是西式民主的中心,而赢得选举必然成为政治家们的唯一目标。选举是通过竞选程序进行的,而竞选程序又被简化为政治营销,政治营销又被等同于拼资源、拼公关、拼谋略、拼形象、拼才艺表演。口才好胜于能力好!一句话,选民和政客都在"闹着玩儿"。在这场选举游戏中,选民玩的是刺激,政客玩的是心跳,是政治营销。为了吸引更多人来玩,政治家费尽心机,一味邀宠于选民。

为了吸引选民,政治家们满口激进的声音、批判的声音、猎奇的声音、破坏性的声音,那些互相缠斗、相互揭老底的厮杀尤能吸引选民的眼球,而温和的声音、理性的声音、折中的声音、建设性的声音却显得不过瘾,得不到选民的认可。这样一来,"作秀"和"煽情"成为政治家的首要素质,"奇闻逸事"和"花边新闻"就是克敌制胜的法宝,擅长甜言蜜语的政客往往能够渔翁得利。

为了政治营销的成功,政治家们像娱乐明星一样,大搞形象包装。候选人会根据选民的偏好,从发型选择、衣服搭配、声音语调到演讲发言都请专业人员进行精心设计,以求符合选民期望。竞选人除了形象包装,更重要的是"会说",不仅要口才好,关键是能搏出位、抓眼球、会煽情。演讲辩论原本是候选人向选民阐述施政纲领和政策的重要环节,现在却变成了肤浅的政治脱口秀。政客们为吸引选民,赢得选举,极尽蛊惑煽动之能事,只说选民们想听的,不负责任地开出一张张空头支票,当选后又难以兑现,这就削弱了选举民主的严肃性。还有一些政客为吸引眼球甚至搞插科打诨、攻讦谩骂,进行人身攻击,发布耸人听闻的言论,拉低了政治竞选的品位。不仅候选人本身,许多媒体也

---

① 温宪.政治极化将进一步搅动美国[N].人民日报,2014-06-14(11).

深度参与、助推、包装这种政治秀,刊播各种竞选广告,炒作花边狗血新闻,放大政客奇谈怪论,唯恐天下不乱,唯恐竞选不乐。竞选活动成了全民性的娱乐活动,当然,最终掌权的还是利益集团的代表人物——政客和资本家,直接获利的是媒体,娱乐的是大众,伤害的却是政治公信。

其次,选民正在逃离选举。票决选举的正当性基础就在于有民众的积极参与,理性投票。然而,现在的情况并非如此。美国的投票率近年来已降到很低水平,总统选举投票率仅50%左右,国会议员选举约35%,地方选举约25%。一项针对49个"民主国家"的研究显示,选民数量从1980—1984年至2007—2013年间下降了10个百分点。这表明现在西方出现了普遍的政治冷漠,人们不关心政治、不愿去投票,本就不高的投票率近年来持续下降,使西式选举民主出现严重的代表性危机。对此西式民主辩护称,选民不参与选举只是"投票者冷漠",因为信任本国政治制度以至无须关心具体谁上谁下,或者只是缺乏热情和懒惰。这种说法显然是一厢情愿。现在民众已经认识到"投票只是一种形式而已","投票改变不了任何事情"。有你无你一票无所谓,选民的这种心理反映了他们对西式民主的失望,对金钱政治、选举操弄、舆论控制、抹黑揭丑的无助和愤怒,对自己不过是投票工具的不满和无奈,所以用脚投票,不参与所谓的票决选举把戏了。

其实,民主的形式并非只有一种,"选举"固然是民主,谋求共识的"协商"也是民主;参与式民主要发展,代议制民主也要发展;直接民主的价值不容否定,间接民主的作用同样不可贬低。殊不知,美国的立国原则、《独立宣言》以及《美利坚合众国宪法》都是协商民主的产物。选举是必要的,是民主的重要表现和实现形式,但并非民主的全部和实质。资本主义将"选举"抬升为民主的唯一形式,抬升为衡量其他国家能否通过民主门槛的唯一指标,而一旦"选举"这块西式民主最后的遮羞布被揭开的时候,西式民主真不知还能剩下什么。

四、制度能力退化昭示西式民主的衰败

从历史上看资本主义时代创造过辉煌的成就,这在某种程度上归功于西式民主的制度能力。然而,任何一种制度如果不能与时俱进地改革创新,就会不可避免地走向衰败。综观近几十年来西式民主发展历程,鲜有推陈出新的变革,其固有缺陷越来越明显,难以适应现代社会发展的需要。西式民主制度能力的退化,已是不争的事实,这也昭示着西式民主的衰败。

首先是选贤任能的能力退化。西式民主迷信选票,国家领导人完全通过大众投票方式产生，历史上也确曾选出了一些杰出的领导人，然而如今的西式民主选举已经发生严重异化，影响选举的因素日益多样化，特别是金钱、资源、公关的作用凸显，而候选人最重要的治国理政能力被边缘化了。所谓的"美女政客""娱体明星"摇身一变转而成了政治明星的例子不胜枚举，这完全违背了领导人和政治家的成长规律，而最终为其"买单"的只能是选民，甚至要搭上国家的前途与命运。另外，政党分肥制下，政务官从上到下都要根据选举的结果大换血，在一个政党连任期内，那就意味着其他政党的政治精英将闲置，造成极大的人才浪费。

其次是施政能力退化，否决政治盛行。西式民主囿于当下和眼前的利益，缺乏长远的战略眼光，这是西式民主的又一软肋和硬伤。在西方选票是西式选举民主的指挥棒，各政党和政客们一切以选举获胜本身为最终目的，而忘了胜选的目的是解决国家现实问题、保障人民权益。要竞选成功，一种办法是壮大自身，一种办法是打击搞垮对手。后一种办法在实际政治中被广泛使用，使票决制成为否决制，相互制衡变成彼此掣肘，"谁也别想好"，从而陷入政治恶斗，形成政治僵局。

政党恶斗，只顾眼前利益不顾长远利益，只注重任期目标忽视战略目标，这早已不是什么秘密。美国的"高铁梦"就是政党纷争的牺牲品。西式民主的先贤们为了防止政府和个人滥用权力而设计的三权分立、权力制衡制度如今已经演变成了"否决政体"，执政党与在野党互相诋毁掣肘，政府施政效率低下，议会立法议而不决。三权分立的制衡机制已变成为反对而反对的党争，致使"政治瘫痪"屡屡发生，严重耗费社会成本，降低决策效率。左右政治议程的是利益集团，而利益集团的狭隘性造成了符合国家长远利益和公众利益的决策得不到实施而落空。

各党派在日常政治生活中常常各执一端，相互否决，使政党利益整合功能衰减，很难出台行之有效的公共政策。政客们只顾自身小集团利益，无大局意识，鼠目寸光，他们的出发点不是着眼于解决问题，而是着力于否决掉对方为解决问题所作出的决策，"他们除了相互攻击，什么都不做"。在西式选举民主制下，对手受损才能使己方获利，在野党的重点工作就是和执政党唱反调，让其执不好政、无所作为以至失去选民信任，从而为自己下次竞选获胜争取机会。正如美国《纽约时报》著名专栏作家托马斯·弗里德曼所言，西式民主制度已经"变成一个谁也无法集中足够权力作出重要决定的制度"。① 美国前财长萨默斯也曾抱怨："在美国政界，几乎每个人都感到，有很多事非做不可，但在当前的环境下却又做不成。"② 此外，轮流坐庄制度和极化政治还导致政府的政策难以保持延续性。特朗普宣誓就任美国总统后签署的第一份总统行政令，就是废止前总统奥巴马最重要政绩之一的医改法案，让前任政府的努力完全付之东流。欧洲国家更为明显。多党竞选、轮流执政的制度设计以及只顾当前、急功近利的选票导向，决定了西方难以出台中、长期战略规划。邓小平曾说："美国把它的制度吹得那么好，可是总统竞选时一个说法，刚上任一个说法，中期选举一个说法，临近下一届大选时又是一个说法。美国还说我们的政策不稳定，同美国比起来，我们的政策稳定得多。"③ 中国是一届接着一届干；而西方是一届隔着一届干，一届对着一届干。希腊、意大利等国政府面对债务与社会危机束手无策，冰岛甚至国家破产；英国卡梅伦政府错误地判断形势推动脱欧公投，结果大跌眼镜之后宣布辞职，甩给继任者一个烂摊子。西方国家尚且如此，那些照搬西式民主的发展中国家情况更为糟糕，所谓的民选政府根本无力应对汹涌的社会转型与现代化难题。

虽然西式民主并非一无是处，也承认其是人类历史上迄今为止运行得相对比较成熟而有效的一种民主模式，但其有致命的缺陷，绝不可夸大其所谓的普世价值，更何况如今的西式民主确实生病了、失灵了，而且似乎还没有找到有效的治疗方法。民主是基于文化传统和现实国情的长期实践，采取何种民主形式必须与各个国家的历史文化传统、社会状况、人口结构、宗教信仰、民族构成、经济发展水平、法制意识、国民素质等因素相结合，否则很难有效运转。西式民主由于其自身无法克服的软肋和硬伤，决定了它还只是一种低级的民主，还处在民主发展的低级阶段。未来社会一定会扬弃和超越低级民主，走向高级民主，这是民主发展的一般规律。

---

① 杨卫东. 美国霸权地位的衰落——基于政治领导力的视角 [J]. 国际论坛，2021，23（1）：50-64，157.
② 吴心伯. 美国引以为豪的发展模式面临挑战 [J]. 红旗文稿，2014（12）：30-33.
③ 邓小平. 邓小平文选：第3卷 [M]. 北京：人民出版社，1993：31.

如何看待资本主义意识形态

安宝洋[*]

资产阶级意识形态是在资本主义国家中占统治地位的，反映作为统治阶级的资产阶级的利益和要求的各种思想理论和观念的总和。在资本主义国家中占统治地位的政治、经济、法律、哲学、伦理、历史、文学、宗教等大多数人文社会科学的理论、学说或意识形态都属于资本主义意识形态的范畴。

一、资本主义意识形态的主要内容

（一）利己主义是资本主义意识形态的核心

利己主义是生产资料私有制的必然产物，是一切以私有制为基础的剥削阶级所共有的观念，"人不为己，天诛地灭"，是私有者的至理信条。资本主义经济制度是生产资料私有制的最高和最后形态，因而利己主义也发展到了顶峰，成为资本主义意识形态的核心。马克思在揭示资产阶级利己主义的根源时曾指出："你们的观念本身是资产阶级的生产关系和所有制关系的产物……你们的利己观念使你们把自己的生产关系和所有制关系从历史的、在生产过程中是暂时的关系变成永恒的自然规律和理性规律，这种利己观念是你们和一切灭亡了的统治阶级所共有的。"[①]

在资本主义社会中，金钱成为财富和权力的象征，成为主宰资产阶级的灵魂，拜金主义成为至高无上的准则，形成了"我赚我的钱，其他一切都与我无关"的心理和习惯。马克思在揭示资本主义的金钱至上的利己主义时指出，资产阶级"使人和人之间除了赤裸裸的利害关系，除了冷酷无情的现金交易，就再也没有任何别的联系了。它把宗教虔诚、骑士热忱、小市民伤感这些情感的

---

[*] 安宝洋：曲阜师范大学马克思主义学院教师、硕士生导师
[①] 中共中央马克思恩格斯列宁斯大林著作编译局．马克思恩格斯选集：第1卷［M］．北京：人民出版社，2012：417．

神圣发作,淹没在利己主义打算的冰水之中"。① 所以,资本主义利己主义的主要特征就是为一己私利而获取金钱。这种以获取金钱为特征的利己主义,成为资产阶级一切思想和行动的出发点和最终归宿。

(二) 资产阶级的人生观、价值观和道德观

资产阶级利己主义作为资本主义意识形态的核心,体现在资产阶级的人生观、价值观、道德观以及思维方式和社会生活的各个方面。

1. 资产阶级的人生观

人生观是人们对于人生目的和意义的根本看法和态度,它是在一定历史条件下的社会关系的产物。在阶级社会里,人生观具有阶级性,各个阶级都有其自身的人生观。资产阶级作为资本主义私有制的代表者,其人生观必然是从维护其一己私利出发,主张个人至上。他们以个人利益作为人们行动的唯一推动力,宣扬"人人为自己,上帝为大家"的原则,奉行利己主义,追求个人享乐的人生哲学。

资产阶级主张利己主义的人生观,其论据是人的"自然本性"就是从感性出发而趋乐避苦,总是从生理本能的需要出发而追求于己有利的事物,从而得出人的本性是极端利己的结论。实际上,人固然有其自然属性,但更重要的在于人之所以区别于一般动物,是因为人具有社会属性。在阶级社会中,这种社会属性表现为人的阶级性。自私自利的利己主义,并不是人的本性,更多表现为私有制社会中剥削阶级的本性。

资产阶级的利己主义人生观,宣扬人生的目的就是谋求个人利益,追求个人的幸福和享乐。为此就要采取各种手段获取实现其个人利益和享乐的金钱,因而赚钱成为实现其人生利益的最好手段。正如恩格斯指出:"在资产阶级看来,世界上没有一样东西不是为了金钱而存在的,连他们本身也不例外,因为他们活着就是为了赚钱,除了快快发财,他们不知道还有别的幸福,除了金钱的损失,也不知道还有别的痛苦。"② "活着就是为了赚钱",这是对资产阶级人生观的深刻写照。

2. 资产阶级的价值观

价值观是指对于人及其实践活动的价值(意义、作用)进行评价的根本观

---

① 中共中央马克思恩格斯列宁斯大林著作编译局. 马克思恩格斯选集:第 1 卷 [M]. 北京:人民出版社,2012:403.

② 中共中央马克思恩格斯列宁斯大林著作编译局. 马克思恩格斯文集:第 1 卷 [M]. 北京:人民出版社,2009:476.

点。价值观受人生观所影响和制约,在阶级社会中,价值观同样具有鲜明的阶级性。

资产阶级抹杀价值观的阶级性,宣扬价值观的主观性,认为价值观应从个人的主观意志和心理感受出发来加以判断,是由人的兴趣、爱好、欲望、目的等主观因素所决定的。这是以一种超阶级的价值观来掩盖价值观的阶级性。实际上,资产阶级的阶级本性决定他们是从维护资产阶级的阶级地位和利益出发,以极端利己的观点来判断人及其实践活动的价值。他们表面上强调要维护人的价值、人的尊严、人的权利,实际上是要求尊重资产者的价值和尊严,实现和保障他们在政治和经济上的权利。在资产阶级心目中,广大劳动者被视为卑微的下等人,他们除了具有资产阶级赚钱的工具的价值外,在政治、经济、社会等各方面没有其他平等权利可言。总之,资产阶级的价值观是立足于利己主义之上,是以自私自利的个人主义为原则的价值观。

资产阶级价值观的重要特征是以金钱作为判断价值的标准,以获取金钱作为人及其实践活动的价值的体现,把是否能获取金钱和获取金钱的多少看作有无价值和价值大小的真实尺度。恩格斯曾深刻指出,在资本主义社会中,"金钱确定人的价值……谁有钱,谁就'值得尊敬',就属于'上等人',就'有势力',而且在他那个圈子里在各方面都是领头的"。[①] "金钱确定人的价值",这就是资产阶级价值观的核心。

3. 资产阶级的道德观

道德观是指有关人们共同生活及其行为准则的观念体系。在阶级社会里,道德也是有阶级性的。资产阶级的道德观是为维护和巩固资产阶级的统治地位和经济利益服务的。它以尊重和增进个人利益作为人们行为的准则和规范,利己主义成为资本主义社会道德的基本原则。

当代资本主义社会中,伦理道德观念出现十分混乱的现象,享乐主义、颓废主义、孤立主义、消费主义等形形色色的腐朽道德观泛滥,社会上各种荒诞怪异的寻欢作乐、情欲发泄成为资产阶级生活的重要内容,而各种犯罪事件更是层出不穷。这反映出垄断资本主义时期各种社会矛盾日益加剧,导致社会道德观念走向腐朽和堕落。

应当明确,在资本主义社会中,占统治地位的道德观是资产阶级道德观。但是,由于道德观本身还受道德传统、文化素养、民族习俗等多种因素的影响,

---

[①] 中共中央马克思恩格斯列宁斯大林著作编译局. 马克思恩格斯文集:第1卷 [M]. 北京:人民出版社,2009:477.

特别是广大劳动人民在历史发展和长期社会生活中所形成的健康和优秀的道德观念与行为准则，仍被传承发扬，而且无产阶级的集体主义道德观念的影响日益增大，因而在资本主义社会生活中也保留和存在着一些好的社会风尚，如文明礼貌、遵守社会公共秩序、勤劳奋进、互助友好等。这些优秀的社会风尚，是人类精神文明的共同财富，不能与资产阶级道德观混为一谈。

二、资本主义意识形态的本质

资本主义意识形态是资本主义社会条件下的观念上层建筑，是为资本主义社会形态的经济基础服务的。列宁说，"所有一切压迫阶级，为了维持自己的统治，都需要两种社会职能：一种是刽子手的职能，另一种是牧师的职能"，"牧师的使命是安慰被压迫者，给他们描绘一幅在保存阶级统治的条件下减少痛苦和牺牲的前景"，"从而使他们顺从这种统治"。① 资本主义意识形态正是通过论证资本主义社会制度的合理性、资本主义民主的普遍性等观点来实现其"牧师职能"的。

资本主义意识形态本质上是资产阶级阶级意识的集中体现。在资本主义条件下，资产阶级在进行阶级统治的实践中逐步形成了自己作为社会统治阶级的阶级意识。资本主义意识形态则是这种阶级意识的集中体现。一方面是由于意识形态来自统治阶级的实践，与这种阶级的历史命运紧密相连，并已经内化为阶级成员的基本信念；另一方面则是因为意识形态可以成为统治阶级进一步实践的指导思想，成为这个社会制度的理论辩护者。

资本主义意识形态也是人类文化发展的特定形式和环节之一。事实上迄今为止的文明社会的主要文化成果，大都是从属于一定的意识形态的。所以，意识形态是阶级社会条件下文化发展的重要载体。从另一个方面来看，意识形态也是通过一定的文化形式来表现的。资本主义社会在创造出大量的物质财富的同时，也创造出了丰富的精神成果。在资本主义条件下，这些思想文化有相当一部分是以意识形态的形式或包含在意识形态中被保存下来的。这些思想文化成果同样是人类文明进步的成就和体现。对于资本主义的意识形态，应该用辩证的观点来分析。

---

① 中共中央马克思恩格斯列宁斯大林著作编译局. 列宁选集：第1卷 [M]. 北京：人民出版社，1995：453.

三、科学对待资本主义意识形态

资本主义意识形态是在资产阶级反对封建主义的斗争中逐步萌芽和产生,并随着资本主义生产方式的建立而逐步发展形成的。资本主义意识形态在反对封建专制的斗争中,以及在资本主义生产方式产生与发展的上升时期,反映了社会进步的要求。早期的资产阶级启蒙学者和思想家,在政治、哲学、法律、经济、文化、艺术、教育、道德等方面,提出了许多富于进取精神的先进理论和观念,继承和发扬了人类优秀的思想文化成果,是人类思想的一次大解放,具有历史进步意义。马克思主义历来充分肯定资产阶级思想家的历史贡献,并对资产阶级学说中有科学价值的理论成果和思想观点加以继承和借鉴。

资本主义意识形态毕竟是建立在资本主义经济基础之上,是为资本主义私有制和雇佣劳动制度服务的,因而资本主义意识形态本质上是维护资本主义剥削制度的思想体系。即使在资本主义上升时期,资本主义意识形态的基本功能也是为资产阶级服务的。而当资产阶级掌握了政权,资本主义制度确立以后,特别是无产阶级作为独立的政治力量登上历史舞台以后,随着无产阶级同资产阶级之间斗争的展开,资本主义意识形态在整体上逐渐丧失其历史进步性,日益演变成公开为资本主义剥削制度辩护,竭力反对马克思主义,反对社会主义的思想理论体系,从而充分暴露出资本主义意识形态的阶级本质和阶级局限性。

如何看待当代资本主义的新变化

安宝洋[*]

世界在不断更新，资本主义也在发展和变化。特别是第二次世界大战后，发达资本主义国家度过了大动乱的时代，进入了相对稳定和逐步发展的新时期。发达资本主义国家在经济发展、经济政策、经济结构、经济关系以及社会生活等各方面都出现了不少新现象、新特点和新问题。

一、新的变化　事出有因

资本主义发生了新变化，主要原因就在于它采取了一些自我调节的手段。具体地讲，主要有三个方面：

一是进行了社会改良。为了缓解资本主义社会固有的内在矛盾，西方资本主义国家在其根本制度所许可的限度内，对生产关系的某些方面作了一些较大幅度的调节、改良，包括学习社会主义国家的一些做法，推行了许多在客观上有利于提高工人生活水平的改革，实行劳动法、最低工资法、公共福利、公共卫生体制、遗产税和累进所得税等措施，逐步建立了一套比较完善、成熟的新体制。同时，资本家在劳动的管理上也由过去把工人看作"会说话的机器"，逐步转变为把他们看作"经济人""社会人"；由单纯依靠强制力、规章制度和纪律条文进行管理，逐步转变为强调激励手段，在管理中渗透情感和精神等因素，从而在一定程度上改善了劳动人民的生存环境。

二是对经济实行政府干预和宏观调控。资本主义国家在总结以往经验的基础上，开始重视经济计划的作用，加强国家干预，加大宏观调控力度，在一定程度上减缓了市场经济的波动性、盲目性和破坏性，在很大程度上促进了经济发展。最典型的是，20世纪40年代以复兴经济为目的的复兴计划，50年代从宏观上调节有效需求的短期计划，60年代综合性的长期发展计划，70年代针对

---

[*] 安宝洋：曲阜师范大学马克思主义学院教师、硕士生导师

"滞胀"制订的稳定计划,都对战后资本主义经济的稳定发展起了重要作用。国家对经济的干预和调控,也使资本主义变得不是完全"无计划""无政府"。

三是加强了对科技创新和新兴产业的扶持。从20世纪初开始,资本主义国家越来越重视科技,并不断克服科技进步的体制性障碍。西方国家对科技开发投入不断增加,促进了新技术、新材料的发明和应用,从而几倍、几十倍甚至几百倍地提高了劳动生产率。以美国为例,用于科技研究和开发的支出在国民生产总值中所占比重,1920年为0.2%,1940年为0.6%,1975年为1.5%,1990年上升到2.7%。西方主要发达国家比较充分地利用新科技革命的机遇,使科技革命的成果直接作用于资本主义财富创造。这样,在不改变财富分配比例甚至提高资本家所占比例的前提下,可以增加劳动者收入的绝对量。

二、千变万化　不离其宗

当代资本主义所进行的调节和改良,从根本上讲,都没有触动资本主义私人占有和生产日益社会化之间的固有矛盾。

第一,资本主义私有制没有根本改变。有人说,随着股份制的发展,拥有股票的人越来越多,总有一天西方发达国家会发展成为"人人都是资本家"的社会。其实,在资本主义社会里,绝大多数股票还是掌握在少数资本家或资本财团手中,大多数股民只是持有很少股票的小股东。以美国为例,10%的富裕家庭拥有全部股票的89.3%、债券的90.3%,而参与"员工持股计划"的职工拥有的股票仅占1‰。在股份制的实际运行中,只有大股东才真正具有参与企业管理和重大决策的权力。正如美国著名经济学家萨缪尔森所说:"工人们持有几张股票所带来的变化,对于他们自己生活的影响是微不足道的。"① 所以,实行股份制的结果仍然是使财富越来越集中在少数人手中。

第二,资本主义国家贫富两极分化继续存在和扩大。在1979年,美国最富的20%的人的收入,比最穷的20%的人高出3.5倍;到20世纪90年代末,这个差距已经扩大到9倍。在英国,最富的20%的人所占有的财富,是最穷的20%的人的10倍。

第三,资本主义政治制度的基本特征没有变。以美国为例,二战以后历届总统、副总统及其政府、国会重要成员的背后无不存在垄断财团的支持,而且有些人本身就是巨富家族的成员。穷人想当上总统,比骆驼穿过针眼还难。美国学者伦德伯格在《富豪和超级富豪》一书中说:"美国实际上只有一个单独的

---

① 萨缪尔森.经济学[M].纽约:麦格劳-希尔公司,1980:66.

政党,即财主党。""不论何时,也不论就哪一党来说,在幕后操纵的总是大财主,他们为了自己的优厚利益,布置景物,安排场面,导演出了一幕幕千奇百怪的戏剧。"

第四,资产阶级文化占据主导地位。尽管现今资本主义国家的文化呈现多元状态,但资产阶级的思想、价值观和政治信条,是资本主义社会的主流。资本主义国家还严重存在道德沦丧、精神颓废、拜金主义盛行、享乐主义泛滥、暴力色情文化滋长等腐朽没落的文化现象。

第五,西方发达国家利用科技、军事和资金、技术等方面的优势,操纵有关经济组织,抢占市场,转嫁危机,掠夺和廉价地利用发展中国家的资源。西方国家以低价进口发展中国家的原材料和初级产品,以高价向发展中国家出口工业制成品。这一低一高,决定了利润的流向。广大发展中国家在享受资金、技术等有限利益的同时,成为它们的廉价资源供应地、获取高额利润的投资对象和推销剩余产品的市场。

三、历史规律　不可改变

从上面的分析我们看到,资本主义的本质特征并没有变。它们对生产力与生产关系之间不平衡和不适应的自我调节,只能在其根本制度容许的范围内来进行,这就决定了资本主义私有制与社会化大生产之间的矛盾无法克服。

当今世界190多个国家中,绝大多数国家都在搞资本主义或宣称在搞资本主义。在所有的资本主义国家中,真正称得上是发达国家的只有二三十个,而被联合国列为最不发达的49个国家基本上都实行资本主义制度。对于这些穷国、弱国来说,资本主义连表面和暂时的繁荣都没有带给它们。相反,随着经济全球化的深入,由发达资本主义国家所主导的不平等的国际经济秩序,使资本主义发达国家与穷国、弱国之间呈现出越来越大的贫富差距。江泽民同志在联合国千年首脑会议上指出:"许多发展中国家的发展至今仍举步维艰,南北发展差距和贫富悬殊愈来愈大。一边是北方发达国家财富的不断积累,一边是南方发展中国家贫困的不断加剧。富者愈富,贫者愈贫。现代科学技术和经济全球化的发展,并没有使世界各国都普遍受益,世界发展中的不平衡更趋严重。"[1] 所以,在某种意义上讲,现在少数资本主义发达国家的发达,恰恰是建立在多数资本主义国家不发达的基础之上的。

马克思主义经典作家科学地揭示了资本主义产生、发展和必然灭亡的规律,

---

[1]　江泽民.在联合国千年首脑会议上的讲话[N].人民日报,2000-09-07.

以及社会主义、共产主义必然胜利的人类历史发展的大趋势。同时，马克思也明确指出："无论哪一个社会形态，在它所能容纳的全部生产力发挥出来以前，是绝不会灭亡的；而新的更高的生产关系，在它的物质存在条件在旧社会的胎胞里成熟以前，是决不会出现的。"① 从发展趋势看，资本主义无疑将作出进一步的调节和干预来缓解矛盾和危机。但只要这种调节和干预还是在私有制的框架内进行，那么，它的作用就必定是有限的。在另一方面，只要资本主义制度还没有发挥完它所能容纳的全部生产力，社会主义就还得和资本主义在同一个地球上并存下去。

---

① 中共中央马克思恩格斯列宁斯大林著作编译局. 马克思恩格斯选集：第2卷［M］. 北京：人民出版社，2012：03.

如何理解马克思的"两个必然""两个决不会"重要论述

刘宝杰[*]

1848年,马克思和恩格斯在他们合写的《共产党宣言》中提出"资产阶级的灭亡和无产阶级的胜利是同样不可避免的"[①],"资本主义必然灭亡、社会主义必然胜利"的论断,即"两个必然"。然而"两个必然"的最终实现,需要具备相应的社会历史条件。因此,随后马克思在1859年发表的《〈政治经济学批判〉序言》中提出:"无论哪一个社会形态,在它所能容纳的全部生产力发挥出来以前,是决不会灭亡的;而新的更高的生产关系,在它的物质存在条件在旧社会的胎胞里成熟以前,是决不会出现的。"[②] 这就是人们通常所说的"两个决不会"。如何把握"两个必然"和"两个决不会"的关系,对于坚定马克思主义理想信念的理论基础,具有重要意义。

一、多维视角下的"两个必然"

19世纪中叶,随着资本主义生产的快速发展,资本主义基本矛盾日趋尖锐化,周期性经济危机也频频爆发。资本主义基本矛盾的固有性、不可克服性、不可抗拒性,决定了资本主义制度必然要被比它更加先进的社会制度所代替。正是基于这样一个特定历史背景,马克思和恩格斯才提出了"两个必然"的思想,该思想是贯穿马克思主义始终的。马克思、恩格斯提出"两个必然"也有其历史必然性和逻辑必然性。

---

[*] 刘宝杰:曲阜师范大学马克思主义学院副教授、硕士生导师。
[①] 中共中央马克思恩格斯列宁斯大林著作编译局. 马克思恩格斯文集:第2卷[M]. 北京:人民出版社,2009:43.
[②] 中共中央马克思恩格斯列宁斯大林著作编译局. 马克思恩格斯文集:第2卷[M]. 北京:人民出版社,2009:592.

（一）"社会形态更替"和"资本主义基本矛盾"视角

马克思、恩格斯语境中的共产主义社会（未来社会）是基于历史唯物主义，对资本主义生产方式进行深刻剖析后所设定的社会形态。马克思、恩格斯从社会生活的各种领域中划分出经济领域，从一切社会关系中划分出生产关系，并把它当作决定其余一切关系的最基本的关系，进而将一切社会关系归结于生产关系，将生产关系归结于生产力发展的高度，从而将社会形态的发展看作自然历史过程，破天荒地破解了"历史之谜"，揭示了人类社会发展的规律。

单就资本主义生产方式而言，生产的社会化和生产资料的资本主义私人占有之间的矛盾，是社会基本矛盾在资本主义社会中的具体体现。一方面，生产社会化表现在劳动者共同使用生产资料、生产过程实行分工协作。另一方面，在资本家私人占有生产资料和剥削雇佣劳动者的生产关系中，社会化的生产力却变成资本的生产力，本应由劳动者共同占有，用于满足社会需要，却被少数资本家私人占有、私人支配，成为他们的私有财产。这就形成了资本主义所特有的生产社会化和生产资料资本主义私人占有之间的矛盾。资本主义越发展，科学技术以至社会生产力越发展，生产社会化的程度越高，不断发展的社会生产力就越成为资本的生产力，资本主义基本矛盾的尖锐化就越是不可避免。因此，资本主义社会制度的灭亡有其历史必然性。

（二）异化劳动与剩余价值的视角

在《1844年经济学哲学手稿》中，马克思从异化劳动这个"当前的经济事实"出发，阐述了工人与劳动产品、工人与生产劳动、工人与人的类本质、人与人关系四重异化理论。在《资本论》中，马克思运用唯物史观分析资本主义社会，创立了剩余价值学说，此后就基本不再使用异化劳动分析了。为了实现剩余价值的资本化，资本家总是不断进行资本积累，随着生产规模的扩大和资本有机构成的提高，整个社会出现两极分化，一极是财富的积累，另一极则是贫困的积累，这就必然造成劳资之间的对立和斗争。当这种情形发展到一定程度的时候，就会爆发无产阶级革命，"资本主义私有制的丧钟就要响了。剥夺者就要被剥夺了"[①]。

二、"两个决不会"的历史性出场

1848年革命失败后，马克思在反思革命失败原因的同时，致力于政治经济

[①] 中共中央马克思恩格斯列宁斯大林著作编译局.马克思恩格斯文集：第5卷［M］.北京：人民出版社，2009：874.

学的研究，并把工人运动失败的原因融入政治经济学的逻辑体系中。马克思于1857—1858年写成了《政治经济学批判》，随后在1859年为这部著作所写的序言中，系统地阐述了唯物史观的基本原理和"两个决不会"的思想。

在《〈政治经济学批判〉序言》中，马克思明确指出："人们在自己生活的社会生产中发生一定的、必然的、不以他们的意志为转移的关系，即同他们的物质生产力的一定发展阶段相适合的生产关系。这些生产关系的总和构成社会的经济结构，既有法律的和政治的上层建筑竖立其上并有一定的社会意识形态与之相适应的现实基础。物质生活的生产方式制约着整个社会生活、政治生活和精神生活的过程。不是人们的意识决定人们的存在，相反，是人们的社会存在决定人们的意识。社会的物质生产力发展到一定阶段，便同它们一直在其中运动的现存生产关系或财产关系（这只是生产关系的法律用语）发生矛盾。于是这些关系便由生产力的发展形式变成生产力的桎梏。那时社会革命的时代就到来了。随着经济基础的变更，全部庞大的上层建筑也或慢或快地发生变革。"① 马克思在论证旧的社会形态为新的更高的社会形态所取代的历史必然性的同时，作出了"两个决不会"的论断。事实上，马克思主义经典作家在"两个决不会"之后，接着又讲道，"所以人类始终只提出自己能够解决的任务，因为只要仔细考察就可以发现，任务本身，只有在解决它的物质条件已经存在或者至少是在生成过程中的时候，才会产生"②。从中可以看出，到19世纪50年代末，马克思、恩格斯对革命事态和资本主义发展的认识与把握，比青年时代更加理性和务实。

三、"两个必然"和"两个决不会"的统一

"两个必然"与"两个决不会"是对资本主义灭亡和社会主义、共产主义胜利的必然性以及这种必然性实现的时间和条件的全面论述。一方面，"两个必然"讲的是资本主义灭亡和社会主义、共产主义胜利的客观必然性，是根本的方面。马克思、恩格斯以科学的世界观和方法论，考察人类社会发展一般规律和资本主义社会发展特殊规律，揭示"两个必然"，使社会主义摆脱了幻想家的

---

① 中共中央马克思恩格斯列宁斯大林著作编译局．马克思恩格斯文集：第2卷［M］．北京：人民出版社，2009：591-592.
② 中共中央马克思恩格斯列宁斯大林著作编译局．马克思恩格斯文集：第2卷［M］．北京：人民出版社，2009：592.

主观臆造，被置于现实的基础之上，从空想走向科学。① 因此，"两个必然"是科学社会主义理论的基石，并由此划清了其同空想社会主义的界限。另一方面，"两个决不会"是对"两个必然"的深化和发展。一是它指出了实现"两个必然"的客观条件；二是它指出了实现"两个必然"的长期性。

四、实现共产主义是必然性和长期性的统一

马克思主义关于资本主义发展趋势的两个最重要的研究结论是"两个必然"和"两个决不会"，两者之间是一个严密的逻辑整体。我们要全面理解和准确把握社会主义代替资本主义的问题，在面对"两个决不会"时，绝不能忘记"两个必然"，否则会动摇社会主义必胜的信念，从而丧失根本、迷失方向；在坚信"两个必然"时，也不能忽略"两个决不会"，否则就可能脱离实际，犯急躁冒进的错误。我们既要坚定对社会主义和共产主义的理想信念，又要充分认识社会主义代替资本主义的长期性。

---

① 林怀艺. 析"两个必然""两个决不会"与"不忘初心"[J]. 学习论坛, 2016, 32 (11): 5-10.

为什么说社会主义代替资本主义是一个长期的历史过程

程 刚[*]

当今时代,社会主义与资本主义"两制"长期共存是一个不争的事实。如何科学认知社会主义的历史前途,如何看待当代资本主义的时代命运,不仅是一个重要的理论问题,更是一个具有重要的现实意义的问题。习近平总书记指出:"资本主义最终消亡、社会主义最终胜利,必然是一个很长的历史过程。我们要深刻认识资本主义社会的自我调节能力,充分估计到西方发达国家在经济科技军事方面长期占据优势的客观现实,认真做好两种社会制度长期合作和斗争的各方面准备。"[①]

社会主义代替资本主义是不可逆转的历史趋势并不意味着这种代替很快就会实现。相反,从社会主义产生与发展的历史可以看出,这一进程是充满曲折和迂回的,不仅不会一蹴而就,还会出现暂时的复辟和倒退。只有充分认识社会主义代替资本主义的长期性、复杂性和曲折性,才能在正确认识和处理"两制关系"的过程中更加坚定社会主义取代资本主义的信心,坚定中国特色社会主义"四个自信",更好地发展当代中国马克思主义,助力民族伟大复兴。

一、任何社会制度的更替都是一个曲折而漫长的过程,某种暂时的复辟也是难以完全避免的规律性现象

世界上任何事物的发展从来就不是直线式前进的,而是一个充满曲折的前进过程。新的社会制度虽然从历史发展的总趋势上来看代表着未来和新的方向,但在开始的时候力量都比较弱小,有一个由小变大、由弱变强的过程,最后取

---

[*] 程刚:曲阜师范大学马克思主义学院 2018 级博士研究生
[①] 中共中央文献研究室. 十八大以来重要文献选编(上)[M]. 北京:中央文献出版社,2014:117.

得支配地位。而旧的社会制度则有一个由大变小、由强变弱的过程，最后逐渐归于灭亡。当新的社会制度在与旧的社会制度在斗争和比较中获得支配地位的时候，旧的社会制度就会被新的社会制度所取代。历代以来的王朝兴衰、时代更替无不如此。新的社会制度之所以比旧制度具有优势，不仅在于其能够更好地解放和发展生产力，更好地满足广大人民群众的利益诉求，更在于其代表着先进生产力和先进文化的发展方向。这是宇宙间推陈出新、除旧布新、新陈代谢的不可抗拒的规律。但是，新的社会制度取代旧的社会制度的过程却是艰难曲折的。由于旧的社会制度总是凭借其固有的传统势力对新的社会制度进行顽强的抵抗，即使在新力量取得胜利的初期阶段，旧的势力也会趁机进行反扑，乃至暂时又夺回失去的阵地。正是经过这样反反复复、曲曲折折和此消彼长的斗争和较量，新事物、新制度才能站稳脚跟并成长起来，旧事物、旧制度才会节节失利并最终退出历史的舞台。

在人类历史上，每一次社会制度的更替和变迁，都经历了长期复杂和曲折反复的斗争过程，都包含着巨大的牺牲和代价。不论是封建制度取代奴隶制度，还是资本主义制度取代封建制度，都充满了血泪和斗争，封建制度的确立在日本经历了大约二百年的时间，在中国和印度经历了六七百年的时间，在古埃及则用了上千年的时间。从1640年英国资产阶级革命到1871年德国资产阶级革命，资本主义制度经历了二百年才在欧洲主要国家站稳脚跟。英国在这期间就经历了近三十年复辟与反复辟的斗争。在法国，1789年资产阶级革命爆发后，先后经历了四次资产阶级革命，两次波旁王朝的复辟，直到1875年第三共和国成立，资产阶级的统治地位才在经历了八十六年的斗争之后稳定下来。

马克思主义创始人对社会主义取代资本主义的长期性、复杂性和曲折性是有所预见的。马克思就曾告诫说："工人阶级知道……以自由的联合的劳动条件去代替劳动受奴役的经济条件，只能随着时间的推进而逐步完成……他们知道，这一革新的事业将不断地受到各种既得利益和阶级自私心理的抗拒，因而被延缓、被阻挠。"[①]恩格斯则把自然界和人类社会中的"辩证的发展"，定义为"经过一切迂回曲折和暂时退步而由低级到高级的前进运动的因果联系"[②]。列宁不仅强调历史发展的曲折性，而且认为曲折就是新旧事物在斗争过程中所出现的暂时妥协。他指出："任何曲折的历史转变就是妥协，是已经没有足够的力量完

---

① 中共中央马克思恩格斯列宁斯大林著作编译局. 马克思恩格斯选集：第3卷 [M]. 北京：人民出版社，1995：744.
② 中共中央马克思恩格斯列宁斯大林著作编译局. 马克思恩格斯选集：第3卷 [M]. 北京：人民出版社，1995：751.

全否定新事物的旧事物同还没有足够的力量完全推翻旧事物的新事物之间的妥协。"① 所以，把世界历史设想成一帆风顺地向前发展是不辩证的，也是不科学的，在理论上是不正确的，在实践上也是有害的。

二、资本主义在其所能容纳的生产力全部发挥出来之前是不会灭亡的

马克思在揭示资本主义必然灭亡、社会主义必然胜利这一历史发展总趋势的同时，也提出了"两个决不会"的科学论断，明确地告诫人们："无论哪一个社会形态，在它所能容纳的全部生产力发挥出来以前，是决不会灭亡的；而新的更高的生产关系，在它的物质存在条件在旧社会的胎胞里成熟以前，是决不会出现的。"②

虽然马克思在《共产党宣言》中已经预言了资本主义必然灭亡的命运，但当代资本主义的发展表现出强大的自我调节能力，它们通过一系列的改革举措，特别是新科技革命的推动，有效容纳生产力的发展。在经济、政治、文化、社会等领域的一系列改革举措不仅促进了生产力的发展，也在一定程度上缓和了阶级矛盾，增进了社会福利，推进了民主进程。所有这些情况都在表明，资本主义通过自我调适，仍然具有容纳和推动生产力向前发展的空间。这种内在张力决定了它向社会主义的过渡将是一个非常漫长的过程。

"眼下资本主义基本矛盾发展的实际情形恰恰是，生产关系既没有完全适应也没有完全不适应社会生产力的发展，而是处于相互对抗但尚未崩溃的地步。相互对抗的一面，表现为新变化外表下隐藏着的深刻危机；尚未崩溃的一面，表现为通过自我调节尚能表现出一些繁荣景象。这就是说，资本主义私人占有这件早年裁就的衣衫虽已相当破旧、紧绷，但是经过修补——例如放一放边缝，接一接边幅——还可以容纳生产力的肌体生长一段时间。然而，社会生产力的肌体还在生长，修补总要难以为继，更换新衣是迟早都要发生的事。"③ 这就告诉我们，必须把"两个决不会"与"两个必然"联系起来进行思考，在面对"两个决不会"时，不要忘记了"两个必然"；在面对"两个必然"时，不要忽略了"两个决不会"。如果在面对"两个决不会"时动摇了"两个必然"，就会

---

① 中共中央马克思恩格斯列宁斯大林著作编译局. 马克思恩格斯选集：第3卷[M]. 北京：人民出版社，1995：744.
② 中共中央马克思恩格斯列宁斯大林著作编译局. 马克思恩格斯选集：第3卷[M]. 北京：人民出版社，1995：831.
③ 中共中央马克思恩格斯列宁斯大林著作编译局. 马克思恩格斯选集：第3卷[M]. 北京：人民出版社，1995：751.

迷失方向、走向歧途；如果在强调"两个必然"时忽略了"两个决不会"，就会脱离实际、走向空想。

三、优越性的全面发挥需要一个很长的历史过程

榜样的力量是无穷的。一种社会制度的优越与否，要靠其现实表现力来证明，要在发展中体现其比较优势。社会主义能不能代替资本主义以及何时取代资本主义，关键是靠社会主义的优越性能不能发挥以及发挥的程度来决定的。但是，社会主义制度优越性的发挥不可能是短期的，这就决定了社会主义取代资本主义的长期性。

首先，社会主义优越性的发挥需要一个很长的过程，这是由经济文化落后国家的具体国情和社会主义所处的发展阶段决定的。按照科学社会主义创始人的观点，社会主义应建立在高度发展的资本主义生产力和文明程度基础之上，但至今所有的社会主义国家都是在经济文化比较落后的基础上产生和发展的。就中国而言，进入社会主义之初，在经济、政治、文化、社会等层面，与发达国家生产力状况还有不小差距，尤其是商品经济很不发达，民主法治还不健全，教育科学技术非常落后。这种国情决定了我们所进入的社会主义只能是初级阶段的社会主义，是低水平、不发达的社会主义。我们必须用一个相当长的历史阶段去完成工业化、商品化、社会化和现代化的任务，去建立和发展社会主义应有的高度发达的物质基础。正如邓小平所说："落后国家建设社会主义，在开始的一段很长时间内生产力水平不如发达的资本主义国家，不可能完全消灭贫穷。"[①]"社会主义的中国在经济、技术、文化等方面现在还不如发达的资本主义国家，这是事实。习近平总书记也强调："社会主义初级阶段是当代中国的最大国情、最大实际。""在相当长时期内……还必须认真学习和借鉴资本主义创造的有益文明成果，甚至必须面对被人们用西方发达国家的长处来比较我国社会主义发展中的不足并加以指责的现实。"[②]

其次，社会主义优越性的发挥需要一个很长的过程，这是由社会生产力发展需要长期的累积过程决定的。马克思主义要实现的社会主义与共产主义社会是一个物质生产力充分发展的社会，这一过程是不可能一蹴而就的。当前仍处于社会主义初级阶段的中国要实现全方位的转变，没有充分的时间是不可能做

---

① 党史上的今天（9月18日）[EB/OL]．中华人民共和国中央人民政府，2007-09-06．
② 习近平．关于坚持和发展中国特色社会主义的几个问题[J]．思想政治工作研究，2019（5）：15-19．

到的。为此,邓小平指出:"我们现在真正要做的就是通过改革加快发展生产力,坚持社会主义道路,用我们的实践来证明社会主义的优越性。要用两代人、三代人,甚至四代人来实现这个目标。"①"社会主义国家要把生产力搞上去,证明社会主义制度优于资本主义制度。……我们中国要用本世纪末期的二十年,再加上下个世纪前五十年,共七十年的时间,努力向世界证明社会主义优于资本主义。"②至于"巩固和发展社会主义制度,还需要一个很长的历史阶段,需要我们几代人、十几代人,甚至几十代人坚持不懈地努力奋斗,绝不能掉以轻心"③。对此,习近平说:"几十代人,那是多么长啊!从孔老夫子到现在也不过七十几代人。这样看问题,充分说明了我们中国共产党人政治上的清醒。"④

社会主义优越性的发挥需要一个很长的过程,这是由对社会主义建设规律认识的艰巨性和长期性决定的。在经济文化落后的基础上建设社会主义是一项前无古人的事业,对建设社会主义客观规律的认识,只能从广大人民群众的创造性实践中逐渐来获得,要在探索中对社会主义建设的客观规律获得科学的认识并进行娴熟的把握,不经过曲折反复的长期探索是不可能的。"我们现在所干的事业是一项新事业,马克思没有讲过,我们的前人没有做过,其他社会主义国家也没有干过,所以,没有既成的经验可学。我们只能在干中学,在实践中摸索"⑤,同时,"我们必须有很强大的战略定力,坚决抵制抛弃社会主义的各种错误主张,自觉纠正超越阶段的错误观念。最重要的,还是要集中精力办好自己的事情,不断壮大我们的综合国力,不断改善我们人民的生活,不断建设对资本主义具有优越性的社会主义,不断为我们赢得主动、赢得优势、赢得未来打下更加坚实的基础"⑥。当前,中国特色社会主义进入了新时代,这种实践探索开启了新的历史篇章,必将迎来新的发展前景。我们要始终沿着这条中国特色社会主义道路前进,不断为实现更高的发展阶段而不懈努力。

---

① 胡鞍钢:"中国之路"与"邓小平预言"[EB/OL].中国共产党新闻网,2014-12-08.
② 人民要论:为人类对更好社会制度的探索提供中国方案[N].人民日报,2017-05-10(07).
③ 巩固和发展社会主义制度,还需要一个很长的历史阶段[EB/OL].邓小平纪念网,2017-01-10.
④ 习近平.在新进中央委员会的委员、候补委员学习贯彻党的十八大精神研讨班上的讲话[N].人民日报,2013-01-06.
⑤ 习近平.在新进中央委员会的委员、候补委员学习贯彻党的十八大精神研讨班上的讲话[N].人民日报,2013-01-06.
⑥ 习近平:关于坚持和发展中国特色社会主义的几个问题[EB/OL].人民网,2019-04-01(01).

如何理解社会主义五百年的历史进程

王梅琳[*]

1516年英国人托马斯·莫尔发表的《乌托邦》一书，标志着社会主义的正式产生。在此后五百年的历史演进中，社会主义思想主要经历了六个时间段的发展。一是空想社会主义的产生和发展时期，二是马克思、恩格斯创立科学社会主义理论体系的发展时期，三是列宁领导十月革命胜利并实践社会主义的发展时期，四是苏联模式逐步形成的发展时期，五是中华人民共和国成立后我们党对社会主义的探索和实践的发展时期，六是我们党作出进行改革开放的历史性决策、开创和发展中国特色社会主义的发展时期。[①] 可以说，作为社会思潮、社会运动、社会制度和社会形态统一体的社会主义，从源头到现在经历了从空想到科学的发展、从理论到实践的转变、从一国到多国的演进、从地区到全球的拓展几次历史性变革，呈现出风云激荡、波浪起伏、新潮迭涌、日益壮大的发展态势。站在今天新时代的高度，考察社会主义五百年的历史进程，厘清社会主义历史发展轨迹，总结社会主义发展的当代启示，有助于充分认识中国特色社会主义思想的来龙去脉，认清其形成的合理性、发展的规律性和胜利的必然性。

一、社会主义五百年发展的历史轨迹

（一）1516—1848年：社会主义思想从空想到科学的发展

从1516年《乌托邦》到1848年《共产党宣言》的发表，社会主义经历了第一个发展长波。对应于资本主义简单协作、手工工场、机器生产三个时期，作为资本主义继承物和对立物的社会主义，也伴随资本主义发展程度和水平，经过了空想社会主义三个时期的发展：16—17世纪以文学描绘形式为主的空想

---

[*] 王梅琳：曲阜师范大学马克思主义学院教师
[①] 习近平总书记系列重要讲话读本［M］．北京：人民出版社，2016：19-24.

社会主义，18世纪末以法律规定形式为主的空想社会主义，以及18世纪末至19世纪中叶以理论论证形式为主的空想社会主义。

经过上述三个时期的发展，空想社会主义日益成熟。它对资本主义的揭露和批判，它对未来社会的设想，包含着许多合理因素，从而成为科学社会主义的思想来源。不过，空想社会主义坚持唯心史观，无法找到变革社会的依靠力量和实践道路。马克思、恩格斯在继承空想社会主义合理因素的同时，批判其空想的根本错误。他们创立唯物史观和剩余价值理论，并以此为基石，阐述了科学社会主义的基本原则和一般原理，完成了社会主义从空想到科学的发展。

（二）1847—1917年：社会主义运动从理论到实践的转变

社会主义从空想发展为科学以后，下一步就是实现科学社会主义从理论到实践的转变。而这主要是通过社会主义运动实现的——其时间节点自1847年共产主义者同盟建立开始，到1917年世界上第一个社会主义国家建立，历经70年反复斗争。

1847年6月，世界上第一个无产阶级政党——共产主义者同盟在马克思、恩格斯领导下创建。1864年9月，在欧洲工人运动重新振兴的背景下，国际工人协会成立（史称第一国际）。1871年3月18日，巴黎工人起义胜利并建立了第一个工人阶级政权——巴黎公社，但其很快就被资产阶级反动派镇压下去。此后，欧美各国工人运动转而寻求建立民族国家性的社会主义政党来领导本国的革命运动。20世纪初，资本主义进入帝国主义阶段。此时的沙俄，同时存在沙皇专制政府与人民大众的矛盾、地主阶级与农民阶级的矛盾以及大俄罗斯主义与各被压迫民族的矛盾，成为世界多种矛盾的集中点和世界革命的中心。在经历了一波三折的斗争（1905年革命、1917年二月革命、1917年十月革命）后，苏俄最终建立起世界上第一个社会主义国家苏俄（1922年改名为苏联），社会主义从理论转变为实践。

（三）1917—1991年：社会主义制度从一国到多国的演进

社会主义运动在苏俄取得胜利后，面临的首要任务就是建设社会主义制度。在此过程中，社会主义虽遭遇多重挫折，但最终实现了从一国到多国的演进。这一过程自1917年苏俄建国开始，到1991年苏联解体结束。

社会主义制度化，首先是在第一个社会主义国家苏俄实现的。十月革命胜利后，苏俄历经战时共产主义政策、新经济政策以及斯大林领导苏联社会主义建设的探索，最终在1936年宣布基本上建成了社会主义制度和社会主义社会。二战后，社会主义越出苏联一国范围，扩展遍及东欧和东亚国家，出现了中国、南斯拉夫、波兰等12个人民民主国家。尤其值得一提的是社会主义在中国的发展。十月革命一声炮响,给中国送来了马克思列宁主义。以毛泽东为代表的中国共产党人把马克思主义基本原理同中国革命和建设的具体实际结合起来,团结带领人民经过长期奋斗,完成新民主主义革命和社会主义革命,建立起中华人民共和国和社会主义基本制度,开始了社会主义建设的艰辛探索。

社会主义实现了从一国到多国的扩展,形成了与资本主义分庭抗礼的社会主义阵营。然而,在共产党领导的社会主义国家,社会主义制度的建设异常艰辛。受苏联模式影响,很多社会主义国家陷入经济社会发展困境。虽然历经几度调整、兴起几番改革浪潮,但由于上述调整和改革偏离了社会主义方向,在外部因素和内部因素、历史原因和现实原因等交互作用下,20世纪80年代末和90年代初发生了东欧剧变,世界社会主义遭遇重大挫折。

(四) 1978年至今:社会主义革新从区域到全球的拓展

伴随社会主义建设在诸多社会主义国家的展开,苏联社会主义模式的弊端逐渐凸显,社会主义改革日益提上日程,社会主义革新经历了从区域到全球的拓展。

在区域性改革中,成就最为突出的非中国莫属。1978年进入改革开放新时期后,中国共产党在吸收改革开放前社会主义建设宝贵经验、理论准备和物质基础上,继续独立探索适合中国国情的社会主义建设道路。党在坚持马克思主义基本原理前提下,把科学社会主义同当代中国实际和时代特征相结合,开创和发展了中国特色社会主义,开辟了中国特色社会主义道路、理论、制度和文化体系的新境界。

中国的改革也从区域拓展到全球,社会主义流派纷纷进行改革,革新成为社会主义的主流。从整个世界的发展来看,以信息化为先导的新科技革命给整个世界带来史无前例的巨大变化。作为社会主义对立物的资本主义在生产方式、剥削方式、上层建筑、社会阶级结构和国际关系等方面均发生了重大变化。这就意味着在今天这个时代,社会主义要完成世界革命的任务,只能诉诸和平改良、不断改良与世界改良实现,而不能奢望通过暴力革命、不断革命和世界革命一次性地完成。所以说,诉诸改良的方式是社会主义未来发展的一个必然方向。当今社会主义的发展态势,整体呈现出多极化、多元化、多党化、多派化、多样化的新趋势。尽管不同的社会主义流派力量有所不同,但面对推进世界社会主义、反对世界资本主义的共同任务,各派社会主义者理应求同存异,加强联合,共同奋斗。所以说,合作也是社会主义未来的发展方向。

二、社会主义五百多年发展的当代启示

（一）社会主义经历一个长过程发展后必然代替资本主义

社会主义500多年的思潮、运动和制度发展的历史逻辑表明：社会主义代替资本主义是人类社会历史发展的必然趋势。从社会发展规律来看，资本主义生产社会化和生产资料资本主义私人占有之间的矛盾无法自我根除，以社会化劳动为基础、由劳动人民掌权的社会主义取代以私人资本为基础、由资本家阶级统治的资本主义是一种必然结果。从社会历史发展来看，社会主义从极少数先哲对社会不公正的微弱呐喊，逐渐演变成一种思潮，再变成运动，随后衍生出制度；从欧洲一隅的点点星火燎原到全球范围，不断向世界各个角落以及人类社会各个领域渗透，呈现出一个不断扩张的发展轨迹。虽然在前进中社会主义由于外力的镇压和内部的失误而屡遭挫折，但是社会主义事业总是后继有人，不断壮大。所以，在正确把握人类社会发展大趋势基础上，我们要始终坚定共产主义理想和社会主义信念。

同时，我们必须清醒地认识到社会主义取代资本主义是一个长期的、复杂的过程。第一，当今世界资本主义还有强大的自我调节生命力，资本主义在广大发展中国家还有相当广阔的扩展力，发达资本主义国家在经济、科技、军事上还将长期占据优势。第二，社会主义国家严峻的外部环境、艰巨的革命和建设任务、自身的低起点以及没有任何可供借鉴的现成经验等，决定了社会主义道路必然布满荆棘。所以，对当代中国而言，我们仍然要牢牢把握社会主义初级阶段这个最大国情，坚持和加强党的全面领导，自觉按照社会基本矛盾运动的规律行事，着力提高社会生产力，不断改善人民的生活，不断巩固和完善社会主义各项制度。

（二）社会主义从来都是在开拓中前进的

作为一项前无古人的伟大事业，社会主义的建设没有现成的经验可以借鉴，只能随着时代、实践和科学的发展，在不断开拓中逐步前进，在实践探索中不断发展。回溯社会主义建设的历史，列宁针对俄国经济文化相对落后的实际，开拓创新，及时调整战时共产主义政策，提出新经济政策，实现了苏俄社会主义建设史上一次具有战略意义的伟大转折。同样，社会主义的中国，在认识到苏联模式逐渐显露的弊端后，致力于探索适合中国国情的社会主义建设道路，最终在改革开放和现代化建设的实践中成功地走出了中国特色社会主义道路，为21世纪世界社会主义的发展注入了新的活力和动力，在世界社会主义发展图

谱上形成了一道亮丽的风景线。

社会主义在开拓中继续前进，这是社会主义实践不断丰富、发展、完善的结果，也是社会主义理论与时俱进的结果。实践永无止境，创新也永无止境。今天的我们必须立足当代中国实际，不断推进马克思主义中国化、时代化、大众化，开辟马克思主义发展的新境界；不断有所发现、有所创造、有所前进，推进中国特色社会主义理论创新、实践创新和制度创新。

（三）坚定中国特色社会主义的"四个自信"

社会主义的发展历史告诉我们，在经济文化比较落后的国家，探索社会主义革命、建设和改革的道路是极为艰巨复杂的。中国社会主义的建设道路——中国特色社会主义的开创，同样经历了一个曲折探索的过程。它是中国共产党紧紧依靠人民，把马克思主义基本原理同中国实际和时代特征结合起来，独立自主走自己的路，历经千辛万苦，付出各种代价，开创和发展而来的结果。它包含了科学社会主义理论逻辑和中国社会发展历史逻辑的辩证统一，是党和人民 90 多年奋斗、创造、积累的根本成就，是改革开放 40 多年实践的根本总结，凝聚着中华民族伟大复兴的梦想，体现着近代以来人类对社会主义的美好憧憬和不懈探索。

中国特色社会主义作为中国社会主义建设道路探索的结果，不仅改变了中国落后挨打的命运，实现了中国从站起来—富起来—强起来的伟大飞跃；而且奏响了科学社会主义在曲折中奋起的壮丽凯歌，开辟了科学社会主义发展新境界，大大增强了社会主义的影响力、感召力，为世界社会主义注入了新的活力。由此可见，只有社会主义才能救中国，只有中国特色社会主义才能发展中国，我们应当坚定中国特色社会主义的道路自信、理论自信、制度自信和文化自信，在社会主义道路上一脉相承又与时俱进，继续坚持和发展中国特色社会主义。

中国特色社会主义
在何种程度上丰富和发展了科学社会主义

郝淑芹*

一、科学社会主义与中国特色社会主义之间是源与流的关系，也是一般与具体、普遍与特殊的关系

从世界社会主义发展来看，世界社会主义500余年，科学社会主义170余年，中国特色社会主义40余年，三个时间尺度体现了中国特色社会主义与科学社会主义一脉相承，中国特色社会主义是对科学社会主义的新发展。

科学社会主义是中国特色社会主义的思想源头和理论基础，没有科学社会主义就没中国特色社会主义。1848年发表的《共产党宣言》，第一次全面系统地阐述了科学社会主义原理，明确了科学社会主义内容。科学社会主义理论科学地回答了什么是社会主义、怎样实现社会主义这样一个历史性课题。与资本主义相比较，它是更高级的社会形态，以解放和发展生产力为前提，坚持生产资料社会占有和人民当家作主的基本原则，使劳动者在经济上和政治上获得彻底解放，最终实现人的自由全面发展。

中国特色社会主义是历史的选择。科学社会主义在中国的新发展，这主要是指社会主义在中国实现了从革命到建设、从苏联模式到中国特色的发展，中国特色社会主义填补了科学社会主义的理论空白。[1] 中国共产党第十八次全国代表大会作出新的表述："中国特色社会主义理论体系，就是包括邓小平理论、'三个代表'重要思想以及科学发展观在内的科学理论体系，是对马克思列宁主义、毛泽东思想的坚持和发展。"[2] 习近平新时代中国特色社会主义思想是中国

---

* 郝淑芹：曲阜师范大学马克思主义学院教师
① 史冬柏. 中国特色社会主义和科学社会主义是一回事吗 [N]. 辽宁日报，2017-12-05 (007).
② 胡锦涛. 坚定不移沿着中国特色社会主义道路前进 为全面建成小康社会而奋斗——在中国共产党第十八次全国代表大会上的报告 [R]. 北京：人民出版社，2012.

特色社会主义理论体系的重要组成部分。① 这些科学理论既一脉相承，又紧密联系、相互融合，共同构成中国特色社会主义理论体系，共同指导我们走中国特色社会主义道路。

二、中国特色社会主义理论体系对科学社会主义的丰富和发展

（一）开创了中国特色社会主义道路

中国特色社会主义之独特，首先在于它是一条通向社会主义的独特道路，是史无前例的。什么是社会主义，怎样建设社会主义，马克思只有一个设想，如生产资料社会所有制，按劳分配，消灭商品货币，实行计划经济，是发达资本主义国家走向社会主义的理论模式。邓小平理论初步回答了"什么是社会主义、怎样建设社会主义"的问题。这条道路成功地解决了在中国这样经济文化落后的国家，如何解放和发展生产力，促进社会全面发展，加快实现现代化的问题。

（二）确定了社会主义初级阶段理论

社会主义初级阶段理论是科学社会主义发展史上的首创，也是中国特色社会主义理论体系的基石，需要坚持社会发展的阶段性和奋斗目标相统一的原则。既要明确社会主义初级阶段的主要矛盾、发展战略、过程特点和基本路线等具体内容，又要明确社会发展的奋斗目标。具体而言，社会主义初级阶段理论的创新主要是指：

第一，初级阶段明确了中国特色社会主义在漫长发展过程中的历史方位。按照马克思、恩格斯的划分，社会主义是共产主义的第一阶段，而我们则处于社会主义的初级阶段，即不发达的社会主义阶段。有了这一准确判断之后，就能确定党在社会主义初级阶段的基本路线和基本纲领。

第二，初级阶段奠定了中国特色社会主义理论体系的国情基础。它指明了在中国这样一个比较落后的国家搞社会主义建设，最大的现实就是我国将长期处于社会主义初级阶段，其面临的基本问题也就是"什么是初级阶段的社会主义、在初级阶段怎样建设社会主义"。我们党在经历了半个多世纪的实践中创立的社会主义初级阶段理论，是科学社会主义发展史上的首创。

第三，初级阶段明确了社会发展的阶段性目标。在社会发展阶段性理论的基础上，中国共产党人依据社会主义初级阶段这个基本国情，进一步明确了社

---

① 党的十九大报告［N］. 人民日报，2017-10-26.

会发展的阶段性目标，这就是全面建设小康社会，实现社会主义现代化。坚持社会发展的阶段性和奋斗目标的明确性。社会主义的发展是一个长期的过程，这个过程本身必然包含着发展的阶段性和奋斗目标的现实性。共产党人的最终目标是实现共产主义，但在社会发展过程中，必须把远大目标紧紧同现阶段的任务结合起来。在中国特色社会主义发展过程中，全面建设小康社会的目标，是与加快推进现代化相统一的目标，也是与实现中华民族伟大复兴相统一的目标。这个目标更贴近人民群众的愿望，更能直接惠及广大人民群众的利益，有利于调动一切积极因素推进中国特色社会主义事业。

（三）把握社会主义本质，坚持科学社会主义方向

我们党坚持科学社会主义的基本原则，拓展了中国特色社会主义的基本原理，揭示了社会主义的本质，即"解放生产力、发展生产力、消灭剥削、消除两极分化、最终达到共同富裕"。其中，解放生产力、发展生产力属于社会主义本质的生产力构成；消灭剥削、消除两极分化属于社会主义本质的生产关系构成；共同富裕是社会主义的最终目标，也是社会主义与资本主义的本质区别。对社会主义本质的概括，在实践中为我们在社会主义初级阶段怎样建设中国特色社会主义指明了前进的方向，同时也表明了对社会主义的认识达到了历史的新高度。

（四）以经济建设为中心，推动社会全面进步

坚持以经济建设为中心，集中力量发展生产力，这既符合科学社会主义的基本原理，也是经济文化落后的国家建设社会主义的必然选择。对于生产力不发达、经济文化落后国家来说，更要把发展生产力作为根本任务，坚持以经济建设为中心。具体而言，中国发展曾面临资本主义和社会主义、市场经济和计划经济关系的争论，邓小平坚定地指出，社会主义也可以搞市场经济。社会主义市场经济理论为马克思主义经济理论宝库增添了崭新的内容，促进了生产力发展。社会主义市场经济理论解决了社会主义公有制与市场经济可以结合和怎样结合这一世纪性难题。社会主义市场经济理论，给中国特色社会主义奠定了政治经济学基础，是邓小平理论体系中极具创新意义的组成部分，是对马克思主义经济理论的重大发展。依据这一理论，党确定了建立社会主义市场经济体制的改革目标。总之，生产力发展是社会主义发展的根本问题，它能为社会的全面发展和进步奠定基础。中国特色社会主义发展的大思路是：以经济建设为中心，以满足人的物质文化需要和美好生活需要、促进人的全面发展为目的，坚定不移地实行改革开放，努力实现社会的协调发展和全面进步。

（五）"三个代表"重要思想丰富科学社会主义的政党建设理论

我们党在执政党建设问题上，经历了曲折的认识和有益的探索之后，对党在执政条件下的功能、目标任务、活动方式、党与国家权利的关系等方面有了清醒的、科学的判断和定位，创造性地回答了建设什么样的党和怎样建设党的问题，形成了系统的执政党建设理论。

首先，搞清了革命党建设与执政党建设的根本区别，提出了必须解决好"不断提高党的领导水平和执政水平，提高拒腐防变和抵御风险的能力"两大历史性课题。

其次，根据党所面对的客观现实与环境，提出了要坚持党的领导就必须改革和完善党的领导方式和执政方式。

再次，在对执政党建设的任务、内涵有了深刻的理解和认识的基础上，确立了以执政能力建设为重点，全面加强党的建设的伟大工程。

最后，从总结历史经验入手，在对当今国际局势作出准确判断之后，提出了深化对共产党执政规律的认识。

（六）全面发展理论丰富了科学社会主义的建设理论

胡锦涛提出的科学发展观，是"坚持以人为本，树立全面、协调、可持续的发展观，促进经济社会和人的全面发展"。它是中国特色社会主义理论体系的重要组成部分。

社会主义和谐社会建设是科学发展观理论的实践，表明了中国特色社会主义事业的总体布局，更加明确地由社会主义经济建设、政治建设、文化建设三位一体发展为包括社会建设的四位一体，这是对全面建设和发展社会主义的新认识、新实践，它不仅符合马克思主义的基本原理，也是对马克思主义关于科学社会主义的继承和创新。

习近平进一步强调，统筹推进经济建设、政治建设、文化建设、社会建设、生态建设"五位一体"总体布局，协调推进"四个全面"战略布局，奋力开创新时代中国特色社会主义事业新局面。社会主义事业的巩固、发展和建设，必须同国家现代化建设、强国富民的目标紧密联系在一起。只有把实现现代化、实现民族的复兴作为建设社会主义的明确目标，同时也从巩固和发展社会主义事业的大局来思考现代化建设和民族复兴问题，才能使社会主义立于不败之地。社会主义的发展使中国人民走向了富裕，国家日益繁荣富强，中国人的强国富民的梦想和追求正在逐步实现，这就是中国特色社会主义优越性的体现。

（七）独特的社会主义制度

所有制结构方面，我国十一届三中全会后，逐渐形成了公有制为主体、多种所有制经济共同发展的所有制结构。

分配制度方面，我国实行的是以按劳分配为主体、多种分配形式同时并存的分配制度。

（八）中国特色社会主义是开放的体系

马克思在《德意志意识形态》中对"世界历史"的概念作了明确界定："各民族的原始封闭状态由于日益完善的生产方式、交往以及因交往而自然形成的不同民族之间的分工消灭得越是彻底，历史也就越是成为世界历史。"① 《共产党宣言》的发表是世界历史思想形成的标志。马克思世界历史理论认为，世界历史的物质基础是生产方式的变革，它以生产力的普遍发展和世界交往的普遍形成为前提，这是人类社会发展的规律和必然趋势。列宁也提出社会主义要在与世界联系中生存和发展。社会主义只有面向世界，加强与世界的联系，积极参与经济全球化，才能走在时代的前列，有更好更大的发展前途。一体化的世界就在那儿，谁拒绝这个世界，这个世界也会拒绝他。② 中国改革开放四十多年的发展实践证明，实行对外开放是成功的。只有把本国的发展与世界的发展联系在一起，与人类文明的进步联系在一起，与其他社会制度和发展模式求同存异，在借鉴中发展，在比较中实现创新性发展和创造性转化的统一结合，才能展现中国特色社会主义的优势，是中国特色社会主义实践为发展中的其他社会主义国家提供的一条重要经验。

总之，科学社会主义不是一成不变的教条。只有把科学社会主义基本原则同本国具体实际、历史文化传统、时代要求紧密结合起来，在实践中不断探索总结，才能把蓝图变为美好现实。③ 中国特色社会主义实现了科学社会主义在中国的新发展，主要就在于实现了社会主义本质的新认识，开拓了中国特色社会主义新道路，形成了中国特色社会主义理论体系，在理论和实践上确证、阐释和发展了科学社会主义，为世界上其他社会主义国家提供了经验借鉴。

---

① 中共中央马克思恩格斯列宁斯大林著作编译局. 马克思恩格斯全集：第3卷［M］. 北京：人民出版社，1960：51.
② 习近平. 在纪念马克思诞辰200周年大会上的讲话［N］. 人民日报，2018-05-05.
③ 习近平. 在纪念马克思诞辰200周年大会上的讲话［N］. 人民日报，2018-05-05.

如何理解共产主义远大理想与中国特色社会主义共同理想的关系

郝淑芹*

坚持中国特色社会主义共同理想与共产主义远大理想的辩证统一。习近平总书记在纪念马克思诞辰 200 周年大会上的重要讲话中指出，要深刻认识实现共产主义是由一个一个阶段性目标逐步达成的历史过程，把共产主义远大理想同中国特色社会主义共同理想统一起来、同我们正在做的事情统一起来。这一论断不仅准确把握了马克思、恩格斯揭示人类社会最终走向共产主义的必然趋势，还清楚地指出要把远大理想和共同理想辩证统一起来。

共产主义理想是建立在科学基础上的社会理想，在坚持和发展中国特色社会主义的实践中，我们不但要坚定中国特色社会主义共同理想，而且要进一步树立共产主义远大理想。党的十五大报告明确指出，培育有理想、有道德、有文化、有纪律的公民，是中国特色社会主义文化的目标。在"四有"中，邓小平最强调的是有理想。我们党和全国各族人民在现阶段的共同理想是中国特色社会主义，到 21 世纪中叶基本实现社会主义现代化。而实现共产主义是我们的最高理想。在现阶段为实现这个共同理想而奋斗，也就是为实现党的最高理想而奋斗。无论中国特色社会主义共同理想还是共产主义远大理想都是服务于中国特色社会主义文化建设，就其主要内容来说，同社会主义精神文明是一致的，它是社会主义现代化建设的一个重要方面。习近平指出："实现共产主义是我们共产党人的最高理想，而这个最高理想是需要一代又一代人接力奋斗的。"[1]

---

* 郝淑芹：曲阜师范大学马克思主义学院教师
[1] 习近平．习近平谈治国理政：第 2 卷 [M]．北京：外文出版社，2017：142-143．

一、中国特色社会主义共同理想的实现是迈向共产主义最高理想的基础和条件

建设中国特色社会主义,是现阶段全国各族人民的共同理想,也是迈向共产主义最高理想的一个必经阶段。

(一)中国特色社会主义共同理想的实现过程就是中国特色社会主义道路的探索过程

在中国共产党领导下,立足基本国情,以经济建设为中心,坚持四项基本原则,坚持改革开放,解放和发展社会生产力,建设社会主义市场经济、社会主义民主政治、社会主义先进文化、社会主义和谐社会、社会主义生态文明,促进人的全面发展,逐步实现全体人民共同富裕,建设富强、民主、文明、和谐、美丽的社会主义现代化强国,实现中华民族伟大复兴。1986年9月党的十二届六中全会通过的《中共中央关于社会主义精神文明建设指导方针的决议》,进一步说明了共同理想与远大理想的关系。决议指出:"我们党的最高理想是建立各尽所能、按需分配的共产主义社会。无论过去、现在和将来,这个最高理想都是我们共产党人和先进分子的力量源泉和精神支柱。而建设有中国特色的社会主义,则是实现最高理想的必经阶段。对于我们共产党人来说,为建设有中国特色的社会主义而奋斗,也就是为党的理想奋斗。"中国特色社会主义共同理想是共产主义远大理想在我国社会主义初级阶段的现实体现,是实现共产主义远大理想的必经阶段。引导人们树立中国特色社会主义的共同理想和正确的世界观、人生观、价值观,就是要在爱国主义、集体主义、社会主义教育中,加强社会公德、职业道德、家庭美德过程中进行的,这也是我国思想道德建设的主要任务。

(二)共产主义理想从理论变为现实的途径是以民为本

马克思、恩格斯设想,在未来社会中,"生产将以所有的人富裕为目的","所有人共同享受大家创造出来的福利"。[1] 恩格斯结合马克思在《共产党宣言》《哥达纲领批判》《资本论》等著作中提出的一系列主张,阐明在社会主义条件下,社会应该"给所有的人提供健康而有益的工作,给所有的人提供充裕的物

---

[1] 中共中央马克思恩格斯列宁斯大林著作编译局. 马克思恩格斯全集:第31卷[M]. 北京:人民出版社,1980:104.

质生活和闲暇时间，给所有的人提供真正的充分的自由"。① 人民对美好生活的向往就是我们的奋斗目标。我们要坚持以人民为中心的发展思想，抓住人民最关心最直接最现实的利益问题，不断保障和改善民生，促进社会公平正义，在更高水平上实现幼有所育、学有所教、劳有所得、病有所医、老有所养、住有所居、弱有所扶，让发展成果更多更公平惠及全体人民，不断促进人的全面发展，朝着实现全体人民共同富裕不断迈进。② 要用共同的理想和坚定的信念把人民团结起来。过去的革命建设经验证明，只有为人民自己的利益而奋斗并且用坚定的信念把人民团结起来，才会取得革命和建设的胜利。

总之，中国特色社会主义道路也是中华民族最终走向共产主义的必由之路。只有沿着这条道路前进，中国的社会主义建设才能取得成功，才能在社会主义制度优越性充分发挥的基础上逐步迈向共产主义社会。"我们现在坚持和发展中国特色社会主义，就是向着最高理想所进行的实实在在努力。"③

二、正确认识和把握共产主义远大理想与中国特色社会主义共同理想的关系

（一）从时间上看，远大理想与共同理想的关系是最终理想与阶段性理想的关系

共产主义远大理想也就是我们的最终理想，它是全人类崇高的伟大事业，它的实现需要几代、十几代，甚至几十代人的持续奋斗，在这个持续奋斗的过程中，会有一些阶段性的理想。如果说最终理想只有一个，那么阶段性理想则可以有许多个，不同时期有不同的阶段性理想。

共产主义最高理想为中国特色社会主义理想指明前进方向。实现共产主义社会主义制度，是共产党的最高理想；中国特色社会主义事业，需要共产主义理想指明前进方向。全面掌握辩证唯物主义和历史唯物主义的世界观和方法论，才能准确地把握共产主义理想作为人类前进的方向，把远大理想转化为个人理想、国家理想、社会理想，使共产主义最高理想在分层次、分阶段中逐步实现。

2009年1月，由中共中央宣传部编写的《社会主义核心价值体系学习读本》出版发行，其中强调了社会主义共同理想与共产主义远大理想的关系，并明确指出："中国共产党的最高理想和最终目标是实现共产主义。我们现在的努

---

① 中共中央马克思恩格斯列宁斯大林著作编译局. 马克思恩格斯全集：第21卷［M］. 北京：人民出版社，1965：570.
② 习近平. 在纪念马克思诞辰200周年大会上的讲话［N］. 人民日报，2018-05-05.
③ 习近平. 习近平谈治国理政：第2卷［M］. 北京：外文出版社，2017：143.

力以及将来多少代的持续努力，都是朝着实现共产主义这个最终目标前进的。中国特色社会主义共同理想是共产主义最高理想在我国社会主义初级阶段的现实体现，是实现共产主义最高理想的必经阶段。没有最高理想的指引，就不会有共同理想的确立和坚持。没有共同理想的实现，最高理想就没有现实的基础和条件。任何时候都不能把最高理想和共同理想割裂开来，对立起来。在实现中华民族伟大复兴的征程中，必须始终坚持远大理想与现实奋斗相统一，既要树立共产主义远大理想，坚定信念，以高尚的思想道德要求鞭策自己，更要从社会主义初级阶段的实际出发，脚踏实地地为实现党在现阶段的基本纲领不懈努力。"① 这本著作的突出贡献，就是提出了"必须始终坚持远大理想与现实奋斗相统一"的原则，体现了科学把握远大理想与共同理想的辩证关系。

2016年12月召开的全国高校思想政治工作会议上，习近平总书记结合办好社会主义性质的大学、为社会主义事业培养好接班人的问题，再次突出强调了社会主义和共产主义理想信念的重要性。他指出："要教育引导学生正确认识世界和中国发展大势，从我们党探索中国特色社会主义历史发展和伟大实践中，认识和把握人类社会发展的历史必然性，认识和把握中国特色社会主义的历史必然性，不断树立为共产主义远大理想和中国特色社会主义共同理想而奋斗的信念和信心。"② 习近平总书记强调的中心问题十分明显：树立社会主义和共产主义的理想信念，必须建立在科学世界观的基础之上，必须建立在对社会发展规律的认识之上，这样才能"自觉把个人的理想追求融入国家和民族的事业"，在当前为共同理想奋斗的过程中实现自己的人生价值。在这里，他强调的还是社会主义和共产主义理想的指引力量。习近平总书记在讲理想信念的时候，总是把社会主义和共产主义连在一起讲，这是有深刻的意蕴的。

（二）从层次上看，远大理想与共同理想的关系是最高纲领与最低纲领的关系

我们党的最高理想和最终目标是实现共产主义，这也是我们党的最高行动纲领。但追求党的理想和实行党的纲领，必须从中国当下的实际出发，从实现最近的目标开始。我们党早在新民主主义革命时期，就区分了最高纲领与最低纲领，并阐发了二者的关系。尽管随着中华人民共和国的创立和发展，特别是随着改革开放以来中国特色社会主义的伟大成就，我们当下虽然站在新的历史

---

① 中共中央宣传部. 社会主义核心价值体系学习读本［M］. 北京：学习出版社，2009：31.
② 习近平在全国高校思想政治工作会议上强调：把思想政治工作贯穿教育教学全过程 开创我国高等教育事业发展新局面［N］. 人民日报，2016-12-09.

起点上，但是最高纲领和最低纲领的区分仍然是正确的。坚定中国特色社会主义共同理想，进一步推进中国特色社会主义事业，就是我们党的最低纲领的要求。习近平明确指出："中国特色社会主义是党的最高纲领和基本纲领的统一。中国特色社会主义的基本纲领……是从我国正处于并将长期处于社会主义初级阶段的基本国情出发的，也没有脱离党的最高理想。我们既要坚定走中国特色社会主义道路的信念，也要胸怀共产主义的崇高理想。"[①] 历史证明，共产主义理想信念成为无数仁人志士改变旧世界、建设新世界的精神支柱和强大动力。最低纲领和最高纲领的结合是远大理想和共同理想逐步实现的重要方面。

（三）从范围来看，远大理想与共同理想的关系也是全人类理想与全体中国人民理想的关系

共产主义远大理想体现的是全人类解放的共性，是面向全人类的。这个远大理想不仅属于中国人民，还属于全人类。从这个意义上讲，共产主义理想也是"共同理想"，而且是面向全人类的更大的共同理想。而中国特色社会主义共同理想，是全体中华儿女和中国人民的"共同理想"。与全人类相比，又体现了"中国特色"，体现了中国人民在社会主义和共产主义理想方面的个性特色。当我们说要坚定中国特色社会主义共同理想的时候，不仅是指中国人民对社会主义理想的向往和追求，也包含着对"中国道路"的认同，即我们是通过中国自己的道路来追求社会主义理想和共产主义远大理想，二者是相同的、统一的。必须坚持和发展中国特色社会主义，坚定道路自信、理论自信、制度自信、文化自信，全面贯彻党的基本理论、基本路线、基本方略，才能为实现人类共同的远大理想贡献中国力量、提供中国方案。

总之，必须以辩证思维和历史思维把握和处理远大理想和共同理想的关系。坚定理想信念，既要树立共产主义远大理想，又要坚持中国特色社会主义共同理想，必须把践行共同理想和坚定远大理想统一起来，任何时候都不能把它们割裂开来、对立起来。没有远大理想，就会迷失前进方向；离开现实工作，再远大的理想也是空想。这是我们党在长期实践中得出的基本结论。

---

① 中共中央文献研究室. 十八大以来重要文献选编（上）[M]. 北京：中央文献出版社，2014：116.

第四部分 04
"毛泽东思想和中国特色社会主义理论体系概论"
教学重点难点解析

毛泽东思想的时代价值

何玉霞[*]

毛泽东思想作为中国革命和建设的正确的理论原则与经验总结，是经过实践检验的科学真理，具有极其丰富的时代价值，集中体现在它为中国特色社会主义道路、理论体系和制度的开辟与形成提供了思想准备。深化对毛泽东思想时代价值的认识，对于进一步掌握中国化马克思主义的基本立场、观点和方法，特别是掌握马克思主义与中国实际相结合的本领和与时俱进、开拓创新的科学精神，提高运用科学理论分析、解决中国特色社会主义现实问题的能力，具有重要的现实意义。

一、毛泽东思想的时代价值源于其丰富的时代内涵

从马克思主义中国化的实际过程来看，毛泽东思想的产生是近代中国社会矛盾发展和人民革命斗争深入的结果。它是20世纪人类先进文化的成果，其理论来源、理论基础是马克思列宁主义。

作为无产阶级革命的科学理论，马克思主义产生于19世纪40年代的西欧，并逐步传播到世界各地。20世纪初列宁指导十月革命取得了历史性胜利，产生了列宁主义。十月革命后，世界革命的中心和马克思主义的重心又进一步东移到中国等东方殖民地半殖民地国家。随着马克思主义传播到中国并与中国的革命实际相结合，催生了中国工人阶级的先进政党——中国共产党。此后，中国共产党承担起领导中国革命、实现国家独立和民族解放的历史使命，在这个过程中产生、形成了毛泽东思想，指导中国革命取得了最后胜利。刘少奇在中共七大上作《关于修改党章的报告》时说："毛泽东思想，就是马克思列宁主义的理论与中国革命的实践之统一的思想，就是中国的共产主义，中国的马克思主义。""毛泽东思想，从他的宇宙观以至他的工作作风，乃是发展着与完善着的

---

[*] 何玉霞：曲阜师范大学马克思主义学院教师

中国化的马克思主义，乃是中国人民完整的革命建国理论。"① 这一阐述深刻揭示了毛泽东思想的本质特征和时代内涵。

毛泽东思想是在不断同教条主义的斗争中逐步形成和发展起来的。大革命失败后，党面临的主要任务是尽快找出一条适合中国情况的革命道路，制定出土地革命、武装斗争等正确方针和策略。但是，由于共产国际的错误指导，党内把马克思主义教条化、把共产国际决议和苏联经验神圣化的做法十分盛行，导致中共中央接连出现"左"的错误，特别是王明"左"倾教条主义的错误指导，给党造成惨重损失，几乎使中国革命陷于绝境。在这种情况下，以毛泽东为主要代表的中国共产党人，在同各种教条主义的斗争中把马克思主义同中国革命的实际相结合，成功解决了中国革命的一系列重要问题，提出了许多重要思想，特别是农村包围城市革命道路理论的提出，成为毛泽东思想形成的重要标志。抗战爆发后，以毛泽东为主要代表的中国共产党人，又在深刻总结历史经验及吸取抗日战争的新经验的基础上，明确提出了新民主主义理论，成为毛泽东思想成熟的主要标志。这一时期，毛泽东在哲学、军事、统战、党建等方面也都逐渐形成思想体系。这些创造和发展既是时代的要求和需要，又是中国革命实践的呼唤。正如1962年1月30日毛泽东在扩大的中央工作会议上所说："在民主革命时期，经过胜利、失败，再胜利、再失败，两次比较，我们才认识了中国这个客观世界。在抗日战争前夜和抗日战争时期，我写了一些论文，例如《中国革命战争的战略问题》《论持久战》《新民主主义论》《〈共产党人〉发刊词》，替中央起草过一些关于政策、策略的文件，都是革命经验的总结。那些论文和文件，只有在那个时候才能产生，在以前不可能，因为没有经过大风大浪，没有两次胜利和两次失败的比较，还没有充分的经验，还不能充分认识中国革命的规律。"②

总之，以毛泽东为代表的中国共产党人对马克思主义进行了创造性运用和发展，成功地解决了如何在经济文化落后的东方大国进行新民主主义革命以及如何向社会主义过渡的问题，并对在这样一个落后的国家如何进行社会主义建设进行了艰辛探索，提出了许多有价值的思想。因此，毛泽东思想不是在个别方面，而是在许多领域，以独创性的理论丰富和发展了马克思主义，在马克思主义发展史上具有重要的历史地位。毛泽东不仅提出了"马克思主义中国化"的科学命题，推动了马克思主义中国化的进程，实现了西方文化

---

① 中共中央文献编辑委员会. 刘少奇选集 [M]. 北京：人民出版社, 1981：335.
② 毛泽东. 在扩大的中央工作会议上的讲话 [N]. 人民日报, 1962-01-30.

向中国文化的转变；而且提出了"批判继承""古为今用"的口号，实现了传统文化向现代文化的转变。可以说，毛泽东思想已浸透到中国社会生活和精神生活的各个方面，深刻地影响着中国社会思想文化的发展和人们的价值取向。

二、毛泽东思想的时代价值源于其科学的世界观和方法论

毛泽东思想的活的灵魂在当今时代仍然具有不可忽视的现实指导意义。历史已经证明，毛泽东思想的活的灵魂，即实事求是、群众路线、独立自主，任何时候都要坚持，其中最重要、最根本的是实事求是的原则和方法，这是毛泽东思想的精髓。遵义会议前，中国共产党内的教条主义十分严重，他们遵行"国际指示"，搞"两个凡是"，即凡是共产国际的指示，必须坚决执行；凡是苏联的经验和做法，必须坚决照搬。毛泽东深刻地批判了教条主义，把马克思主义与中国的实际结合起来，大胆进行理论创新，从而领导全党实现了认识上的第一次飞跃，形成了毛泽东思想的科学体系。

毛泽东思想活的灵魂的三个方面相互联系、有机统一。其中，"实事求是"集中体现了马克思主义的认识论和唯物辩证法，是中国共产党人认识世界和改造世界的思想路线；"群众路线"是实事求是思想路线在党的工作中的运用，是马克思主义关于人民群众创造历史的原理在党的领导工作中的运用，是这两者的有机结合；"独立自主"是实事求是思想路线在党的建设、社会主义建设以及党际、国际关系中的正确运用。可以说，群众路线和独立自主是实事求是思想路线的展开，因此也必须体现实事求是的思想路线。过去搞革命要坚持这三条，今天搞中国特色社会主义建设、搞改革开放，仍然要坚持这三者的有机结合。正因为我们党在领导改革开放、开辟中国特色社会主义道路的过程中，始终牢牢把握毛泽东思想的活的灵魂，实现了党的指导思想的又一次历史性飞跃，形成了中国特色社会主义理论体系。

三、毛泽东思想的时代价值源于其独特的历史地位

当今时代，毛泽东思想不仅对党和国家的工作，而且对个人人生道路的选择，都具有长远指导作用，我们应着力挖掘毛泽东思想的时代价值。今天的学习不是过去学习的简单重复，而是要以新的视角、新的眼光来重温毛泽东思想，进一步挖掘这一精神财富的时代价值，真正做到"常学常新"。

首先，毛泽东思想作为中国共产党人的宝贵精神财富，是党的指导思想

的重要组成部分。毛泽东思想同马列主义、中国特色社会主义理论体系是一脉相承的科学体系，并在这个体系中起着不可替代的、承上启下的独特作用。不了解毛泽东思想，就不能科学、完整地把握中国共产党的指导思想发展史和一脉相承的历史关系。马列主义、毛泽东思想、中国特色社会主义理论体系是一个一脉相承的科学体系，表现在：第一，毛泽东思想中关于中国革命和建设的成功经验和正确总结，为中国特色社会主义理论体系的形成奠定了基础。第二，毛泽东思想对中国社会主义建设道路的探索，为中国特色社会主义理论体系的形成和中国特色社会主义道路的开辟提供了宝贵经验和借鉴。第三，毛泽东思想和中国特色社会主义理论体系都是马克思主义同中国实际与时代特征相结合的产物。毛泽东思想在马列主义与中国特色社会主义理论体系之间，起了承上启下的历史作用。它上承马列主义，下启中国特色社会主义理论体系。毛泽东思想和中国特色社会主义理论体系有着统一的世界观、方法论，只是因为时代不同、具体历史条件不同和所要解决的问题不同，而呈现相继发展的过程。任何把它们割裂开来或者对立起来的想法和做法都是完全错误的。

其次，毛泽东思想是实现中华民族伟大复兴"中国梦"的强大精神支柱。对于中华民族在21世纪的振兴和长远发展，毛泽东思想仍然具有重要的时代价值和指导作用。从历史的视角看，毛泽东思想对中国社会乃至国际社会发生的影响，已经远远超越一个政党的指导思想的功能，而成了20世纪人类社会的文化现象。进入21世纪后，毛泽东思想仍然是我们必须高举的伟大旗帜，毛泽东和毛泽东思想作为人们常常谈论的话题或学者研究的课题，会贯穿这个世纪甚至更为久远。由于我们现在所处的时代和毛泽东所处的时代已经有了很大的不同，因此，在学习、研究毛泽东思想时，应该力求完整、准确地理解毛泽东思想，掌握毛泽东思想的科学体系，深刻领会它的精神实质，着重学习其中的立场、观点和方法，并运用这些立场、观点和方法研究实践中出现的新情况，解决新问题。

最后，毛泽东思想是加强执政党建设的重要指南。大革命失败后，由于党处在农村，不能不吸收大批农民入党，使农民出身的党员成为党的主要成分。在这种情况下，党还能不能保持无产阶级先锋队的性质，成为一个突出的问题。毛泽东始终把思想建设放在党的建设的首位，要求党员入党以后还要继续进行思想教育，使他们逐步成为真正的共产主义战士。由于党始终重视思想建设，终于把一个以农民为主体的党，建设成为一个真正的无产阶级政党，培育出了三大优良作风和清正廉明的作风，并获得广大人民群众的衷心拥护。现在，我们要搞好执政党建设，保持和发展党的先进性、纯洁性的问题。要解决好这些问题，就要像毛泽东当年建设一个革命党那样，一切从实际出发，与时俱进。在这方面，可以从毛泽东建党思想中得到很多启发。

综上所述，毛泽东思想是一个丰富的思想宝库，学习毛泽东思想，可以学到科学实用的世界观和方法论，掌握马克思主义的群众观，站稳共产党人的根本立场，从中得到丰富的历史智慧。

如何理解习近平新时代中国特色社会主义思想与毛泽东思想以及中国特色社会主义理论体系的关系

陶正付*

毛泽东思想是中国化马克思主义带有奠基性的第一大理论成果，中国特色社会主义理论体系是中国化马克思主义持续发展的第二大理论成果。两者共同构建了中国共产党指导思想发展史上前后接续、继承发展、与时俱进、高度统一的恢宏理论大厦，开创了马克思主义事业在中国的新篇章。

毛泽东思想是中国特色社会主义理论体系的理论渊源。中国特色社会主义理论体系，源于毛泽东思想，坚持毛泽东思想，又根据时代特征、人民实践和全党集体智慧创造性地发展毛泽东思想。中国特色社会主义理论体系充分吸收了毛泽东思想的宝贵理论财富（包括活的灵魂和各个组成部分等），同时又根据新的时代特点和人民实践不断丰富、发展、完善，实现了指导思想上的一次又一次与时俱进。在中国特色社会主义理论体系中，将从毛泽东思想中吸取的宝贵财富与从改革开放伟大实践中总结提炼的新鲜内容有机地融为一体，将坚持与继承、创新与发展有机地融为一体，集中体现了毛泽东思想的当代价值和指导作用，集中体现了毛泽东思想在当代中国的运用和发展。

"习近平新时代中国特色社会主义思想是对马克思列宁主义、毛泽东思想、邓小平理论、'三个代表'重要思想、科学发展观的继承和发展，是马克思主义中国化最新成果，是党和人民实践经验和集体智慧的结晶，是中国特色社会主义理论体系的重要组成部分，是全党全国人民为实现中华民族伟大复兴而奋斗的行动指南，必须长期坚持并不断发展。"[1] 这一重要论断明确了习近平新时代中国特色社会主义思想的理论源流和实践来源，明确了习近平新时代中国特色社会主义思想的历史地位和现实基础，明确了新时代党和国家各项事业的指导

---

* 陶正付：曲阜师范大学马克思主义学院副教授、硕士生导师
[1] 中国共产党章程［N］．人民日报，2017-10-29．

思想和根本遵循。

习近平新时代中国特色社会主义思想，以马克思列宁主义、毛泽东思想、中国特色社会主义理论体系为理论渊源，它把中国特色社会主义作为根本主题，是在对中国特色社会主义理论体系三大理论成果进行系统整合的基础上逐步形成发展起来的，是对马克思列宁主义、毛泽东思想的坚持与发展、继承与创新。它与中国特色社会主义理论体系在理论渊源、理论主题、理论品质、理论基点、理论目标上一脉相承。它沿袭了马克思主义的根本立场、理论传统、价值导向、中国特色社会主义理论体系的学理脉络，谱写出了中国特色社会主义理论体系的"新篇章"。大大丰富和发展了中国特色社会主义理论体系，在理论上实现了马克思主义中国化的新飞跃。

理论是行动的指南。正是在马克思主义中国化几大理论成果的指导下，经过历届中央领导集体与时俱进的接力推进，不断开拓马克思主义的新境界，开创了中国特色社会主义的新征程。

中华人民共和国成立后，以毛泽东同志为核心的党的第一代中央领导集体领导人民建立和巩固人民民主专政的国家政权，创造性地实现从新民主主义到社会主义的转变，全面确立社会主义基本制度，成功实现了中国历史上最深刻最伟大的社会变革。党不失时机地提出过渡时期总路线，经过社会主义改造，建立起社会主义基本经济制度。党还领导人民建立起人民代表大会制度、中国共产党领导的多党合作和政治协商制度、民族区域自治制度，确立了马克思主义在意识形态领域的指导地位。社会主义制度的确立，符合中国国情和人民根本利益，为当代中国一切发展进步奠定了根本制度基础和理论基础。

十一届三中全会以后，以邓小平同志为核心的第二代领导集体向全党发出响亮的号召："把马克思主义的普遍真理同我国的具体实际结合起来，走自己的道路，建设有中国特色的社会主义。"[①] 这既标志着我们党在新时期的一个伟大觉醒，也是开创中国特色社会主义道路的伟大起点。经过实践探索，我们党形成了社会主义初级阶段理论，确立了党在社会主义初级阶段"一个中心、两个基本点"的基本路线。随后，在1992年视察南方重要谈话中，邓小平同志又对社会主义下了重要定义："社会主义的本质，是解放生产力，发展生产力，消灭剥削，消除两极分化，最终达到共同富裕。"[②] 同时，他还提

---

① 邓小平. 邓小平文选：第3卷 [M]. 北京：人民出版社，1993：3.
② 邓小平. 邓小平文选：第3卷 [M]. 北京：人民出版社，1993：373.

出了:"计划多一点还是市场多一点,不是社会主义与资本主义的本质区别。计划经济不等于社会主义,资本主义也有计划;市场经济不等于资本主义,社会主义也有市场。计划和市场都是经济手段。"① 党在社会主义初级阶段的基本路线和社会主义初级阶段论、社会主义本质论、社会主义市场经济论的相继提出,为中国特色社会主义道路的开辟,指明了正确方向、奠定了理论基础。

十三届四中全会以来,以江泽民同志为主要代表的中国共产党人,在苏联解体、苏共垮台、东欧剧变,世界社会主义出现严重曲折的历史关头,既不走改旗易帜的邪路,也不走封闭僵化的老路,而是坚决按照邓小平同志提出的"不坚持社会主义,不改革开放,不发展经济,不改善人民生活,只能是死路一条"的重要思想,坚持十一届三中全会以来开拓的新路不动摇,勇敢捍卫了中国特色社会主义;并依据新的实践确立了党的基本纲领、基本经验,确立了社会主义市场经济的改革目标和基本框架,确立了社会主义初级阶段基本经济制度和分配制度,推进党的建设新的伟大工程,形成了"三个代表"重要思想,成功地把中国特色社会主义推向21世纪。

党的十六大以来,以胡锦涛同志为主要代表的中国共产党人,强调坚持以人为本、全面协调可持续发展,提出构建社会主义和谐社会,加快生态文明建设,统筹推进"五位一体"总体布局,着力保障和改善民生,促进社会公平正义,推动建设和谐世界,推进党的执政能力建设和先进性建设,形成了科学发展观,成功地在新的历史起点上坚持和发展了中国特色社会主义。党的十七大还首次对中国特色社会主义道路的科学内涵作出明确界定;并且强调,在前进道路上高举中国特色社会主义伟大旗帜,最根本的就是要坚持中国特色社会主义道路和中国特色社会主义理论体系。

2012年,由习近平同志主持起草的党的十八大报告强调:"在改革开放三十多年一以贯之的接力探索中,我们坚定不移高举中国特色社会主义伟大旗帜,既不走封闭僵化的老路,也不走改旗易帜的邪路。中国特色社会主义道路,中国特色社会主义理论体系,中国特色社会主义制度,是党和人民90多年奋斗、创造、积累的根本成就,必须倍加珍惜、始终坚持、不断发展。"党的十八大以来,以习近平同志为核心的党中央不忘初心、牢记使命、接续奋斗,统筹推进"五位一体"总体布局,协调推进"四个全面"战略布局,坚定不移贯彻新的发展理念,推动党和国家事业发生历史性变革,中国特色社会主义进入新时代,

---

① 邓小平.邓小平文选:第3卷[M].北京:人民出版社,1993:373.

科学社会主义在21世纪焕发出强大生机活力，中国特色社会主义伟大旗帜在世界上高高举起，续写了坚定不移走中国特色社会主义道路、与时俱进拓展这条道路、推动中国特色社会主义道路越走越宽广的崭新篇章，成功地把中国特色社会主义推进到新的时代。

如何理解习近平总书记的"两个不能否定"

陶正付[*]

"两个不能否定"是 2013 年 1 月 5 日,习近平同志在新进中央委员会的委员、候补委员学习贯彻党的十八大精神研讨班上发表重要讲话时提出的。在论述改革开放前后两个历史时期的关系时,明确提出:不能用改革开放后的历史时期否定改革开放前的历史时期,也不能用改革开放前的历史时期否定改革开放后的历史时期。习近平同志的重要讲话,在全面回顾世界和中国社会主义发展的曲折历史中,明确指出改革开放前的社会主义实践探索为改革开放后的社会主义实践探索积累了条件,改革开放后的社会主义实践探索是对前一个时期的坚持、改革、发展,鲜明地提出防止割裂二者关系的"两个否定"倾向,确定了"两个不能否定"重要原则。"两个不能否定"这一命题直接涉及中国特色社会主义的坚持和发展、党执政根基的巩固、全党全国人民思想的凝聚统一等一系列事关党和国家命运的问题,必须从政治高度深入认识其重大意义。

改革开放前的历史时期,就是通常所说的社会主义革命和建设时期,起于 1949 年中华人民共和国成立,止于 1978 年党的十一届三中全会。党的十八大报告充分论述和高度评价了这一历史时期发生的对当代中国及中国特色社会主义创立具有奠基意义的两件大事:一是完成了新民主主义革命,进行了社会主义改造,确立了社会主义基本制度,为当代中国一切发展进步奠定了根本政治前提和制度基础。二是在探索中国自己建设社会主义道路过程中,虽然经历了严重曲折,但党在社会主义建设中取得的独创性理论成果和巨大成就,为新的历史时期开创中国特色社会主义提供了宝贵经验、理论准备、物质基础。这充分说明,中国特色社会主义虽然是在改革开放历史新时期开创的,但其基础和源头是改革开放之前的历史时期。

用改革开放后的历史时期否定改革开放前的历史时期的倾向和观点,不仅

---

[*] 陶正付:曲阜师范大学马克思主义学院副教授、硕士生导师

抽掉了中国特色社会主义探索的基础,也必然导致对中国特色社会主义的否定。作为中国特色社会主义根本保证的社会主义制度,主要是在这一时期建立的,是这一时期党领导人民取得的根本成果。否定了这一时期,必然导致对社会主义制度的否定,就会得出我们压根不应该搞社会主义,甚至不应该搞革命的结论,那就谈不上还有中国特色社会主义的开创和发展。邓小平早在改革开放之初就指出:"我们实行改革开放,这是怎样搞社会主义的问题。作为制度来说,没有社会主义这个前提,改革开放就会走向资本主义。"①

当然,社会是发展的,历史是进步的。是改革开放开辟了中国特色社会主义道路,使我国成功实现了从高度集中的计划经济体制到充满活力的社会主义市场经济体制的伟大历史转折,成功实现了从封闭半封闭到全方位开放的伟大历史转折,使经济建设、政治建设、文化建设、社会建设以及外交国防等都取得了重大成就。在改革开放的进程中,我们也出现了一些矛盾和问题。但我们也不能用改革开放前那种僵化的观点看待这些矛盾和问题。要切实看到,在改革和发展进程中,什么时候问题都不会少是正常的,从一定意义上说,这些矛盾和问题的出现是我国发展阶段的重要组成部分。我国用几十年时间走完西方国家二三百年走过的发展历程,特别是工业化、现代化的规模是任何西方发达国家都无法比拟的。所以,绝不能以出现矛盾和问题为由否定改革开放,不能像鲁迅笔下的九斤老太一样,看这也不顺眼、看那也不顺眼,甚至否定改革开放的社会主义方向。

坚持"两个不能否定"要正确认识党在改革开放前历史时期出现的失误和错误。对于"文化大革命"前的错误,党的十一届六中全会通过《关于建国以来党的若干历史问题的决议》(以下简称"历史决议")已经作出科学分析和客观评价;对于"文化大革命","历史决议"更是从根本上作出彻底否定的明确结论,指出"'文化大革命'不是也不可能是任何意义上的革命或社会进步"。这些,都是我们必须继续坚持的。但应该看到党在这一时期出现的失误、错误,是历史长河中的片段和支流,不能把这些错误与整个时期等同起来。即使在"大跃进"时期及"文化大革命"时期,我们也还做了许多其他事情,取得了巨大成就。其中最重要的成就是在"一穷二白"基础上建立了独立的比较完整的工业体系和国民经济体系,使古老的中国以崭新的姿态巍然屹立于世界东方。经济发展速度尽管有起伏,但总体上看还是比较快的。1952年至1978

---

① 中共中央文献研究室. 邓小平年谱(1975—1997):下卷 [M]. 北京:中央文献出版社,2004:1317.

年，工农业总产值年均增长8.2%，其中工业年均增长11.4%。我国经济实力、科技实力、国防实力显著增强。国内生产总值从1952年的679亿元增加到1978年的3645亿元。这个数字虽然不是很高，但在原有基础上的增长还是比较明显的。以"两弹一星"为代表的尖端科学技术取得重大突破。邓小平同志后来评价说："如果六十年代以来中国没有原子弹、氢弹，没有发射卫星，中国就不能叫有重要影响的大国，就没有现在这样的国际地位。这些东西反映一个民族的能力，也是一个民族、一个国家兴旺发达的标志。"①

坚持"两个不能否定"要正确认识改革开放进程中出现的矛盾和问题。改革开放进程中出现的矛盾和问题，是敌对势力和错误思潮借以攻击党的重要方向。党历来不回避这些矛盾和问题，实际上，在改革和发展进程中，什么时候问题都不会少。老的问题解决了，新的问题又会出现；"发展起来以后的问题不比不发展时少。"② 许多问题的出现，原因是多方面的，但与我国工业化、现代化所处的发展阶段有着直接联系。从一定意义上说，这些矛盾和问题的出现是我国发展阶段的重要组成部分。我国用几十年时间走完西方国家二三百年走过的发展历程，西方国家在二三百年发展中渐次出现的矛盾和问题，在我国几十年的时间里可能集中出现。同时，我国作为14亿多人口的大国，工业化、现代化的规模是任何西方发达国家无法比拟的，这也是矛盾和问题可能较多的重要原因。但在党的正确领导下，我们并没有出现西方国家工业化时期的矛盾，在解决处理问题方面也优于新兴的工业化国家。这些都说明，我们党作为社会最先进的力量，是能够领导并不断推进中国工业化、现代化发展的；我国的制度体制从总体上是与我国的工业化、现代化的发展水平相适应的。绝不能以出现矛盾和问题为由否定改革开放、回到封闭僵化的老路上去，甚至否定改革开放的社会主义方向。

总之，对改革开放前历史时期的评价、对改革开放历史时期的评价，不仅是党的历史的焦点，也是现实政治的风向标。对其中任何一项的动摇和忽视，都势必给党的执政和国家的发展造成不良影响。灭人之国，必先去其史。绝不能让某些敌对势力在党和国家的根基上构筑"蚁穴"、打开缺口。

"两个不能否定"直接关系在中国要不要坚持社会主义、要不要搞改革开放的问题，这是坚持和发展中国特色社会主义的根本问题。否定了改革开放前后

---

① 邓小平. 邓小平文选：第3卷［M］. 北京：人民出版社，1993：279.
② 中共中央文献研究室. 邓小平年谱（1975—1997）：下卷［M］. 北京：中央文献出版社，2004：1364.

两个历史时期中的任何一个时期，就否定了中国特色社会主义，也就否定了实现中华民族伟大复兴的梦想。所以，我们一定要从政治高度深入认识其重大意义，把全党全国人民进一步团结凝聚在中国特色社会主义伟大旗帜之下，为实现中华民族的伟大复兴，万众一心，众志成城，阔步前进。

科学发展观与五大发展理念的关系

辛宝海*

理念是行动的先导和引领，从根本上决定发展的成败和成效。发展是一个不断变化的过程，发展的环境和条件不会一成不变，发展的目标和任务也不会一成不变，这在客观上需要引领发展的理念因应而变、与时俱进。科学发展观和五大发展理念都是我们党在不同时期深刻总结国内外发展经验的基础上对我国发展规律新认识的理论化、制度化，正确认识二者的关系有利于全党、全国人民更加主动地以新的发展理念引领新的发展，不断开创我国经济社会发展新局面。

一、科学发展观和五大发展理念的内涵

党的十六大以来，以胡锦涛同志为核心的党中央高举中国特色社会主义伟大旗帜，以邓小平理论和"三个代表"重要思想为指导，立足社会主义初级阶段基本国情，总结中国发展实践，借鉴国外发展经验，适应中国发展要求，提出了科学发展观这一重大战略思想。

在党的十七大上，胡锦涛在《高举中国特色社会主义伟大旗帜为夺取全面建设小康社会新胜利而奋斗》的报告中提出，科学发展观第一要义是发展，核心是以人为本，基本要求是全面协调可持续，根本方法是统筹兼顾，指明了我们进一步推动中国经济改革与发展的思路和战略，明确了科学发展观是指导经济社会发展的根本指导思想，标志着中国共产党对于社会主义建设规律、社会发展规律、共产党执政规律的认识达到了新的高度，标志着马克思主义的中国化，标志着马克思主义和新的中国国情相结合达到了新的高度和阶段。

在党的十八届五中全会上，习近平同志系统论述了创新、协调、绿色、开放、共享"五大发展理念"，强调实现创新发展、协调发展、绿色发展、开放发

---

* 辛宝海：曲阜师范大学马克思主义学院副院长、硕士生导师

展、共享发展。牢固树立并切实贯彻这"五大发展理念",是关系我国发展全局的一场深刻变革,攸关"十三五"乃至更长时期我国发展思路、发展方式和发展着力点,是我们党认识把握发展规律的再深化和新飞跃,丰富发展了中国特色社会主义理论宝库,成为全面建成小康社会的行动指南、实现"两个一百年"奋斗目标的思想指引。

二、科学发展观和五大发展理念的关系

五大发展理念与科学发展观之间既一脉相承又与时俱进,具体存有传承、完善、创新三重关系。

(一)科学发展观是五大发展理念最直接的思想来源和理论基础

1. 五大发展理念吸纳了科学发展观的核心观点

五大发展理念除了创新发展理念之外,其他发展理念都直接源于科学发展观,吸纳了科学发展观的思想。协调发展理念吸纳了科学发展观的全面协调发展观,绿色发展理念吸纳了科学发展观的可持续发展观,开放发展理念吸纳了科学发展观的统筹兼顾观,共享发展理念吸纳了科学发展观的以人为本观。

2. 五大发展理念秉承了科学发展观的基本立场

五大发展理念直接继承了科学发展观"发展为第一要义"的哲学立场和"以人为本的价值立场"。

3. 五大发展理念体现了科学发展观的方法论要求

五大发展理念的提出归功于对科学发展观"统筹兼顾"方法论的深刻领会和把握,正是因为具有统筹兼顾的方法论自觉,才形成了内涵丰富、具有科学指导价值的五大发展理念。

(二)五大发展理念对作为发展观念体系的科学发展观的深化

1. 五大发展理念的根本立场、价值取向与科学发展观一脉相承

科学发展观以"以人为本"为核心,五大发展理念以共享发展作为出发点和落脚点,其根本立场、核心价值与科学发展观一脉相承。

2. 五大发展理念的思想渊源、理论品格与科学发展观一脉相承

从思想渊源看,五大发展理念与科学发展观都是马克思主义关于发展的世界观和方法论的集中体现,都是对中国化马克思主义经典作家关于发展的重要思想的坚持和传承,都是对改革开放以来我国发展实践经验的总结和提升,都是对人类社会关于发展的文明成果的吸收和借鉴。从理论品格看,五大发展理念与科学发展观一样,都是马克思主义同当代中国具体实际和时代特征相结合

的产物，都坚持了一切从实际出发、理论联系实际、求真务实、与时俱进的马克思主义理论品格。

3. 五大发展理念的基本观点、基本方法与科学发展观一脉相承

作为发展的观念体系，五大发展理念与科学发展观都是为了解决和回答"实现什么样的发展、怎样发展"的问题，都是改革开放以来我国发展经验的集中体现，都反映了我们党关于发展的重要思想和根本观点。

（三）五大发展理念对作为发展观念体系的科学发展观的完善

1. 将科学发展观中较为抽象的论点、概念具体化为发展理念

五大发展理念通过一组内涵明确、有机统一的具体理念，将"发展第一要义"论落到实处。科学发展观的核心"以人为本"在五大发展理念的"共享发展"中实现了具体化。共享理念就是以人民为中心的发展思想，共享发展的理念主要包括全民共享（范围）、全面共享（内容）、共建共享（途径）、渐进共享（进程）四层含义，这是对"以人为本"发展理念的重大完善。

2. 将科学发展观中的基本要求、根本方法及发展战略凝练提升为发展理念

五大发展理念提出的"协调发展"不仅涵盖了"全面协调发展"的内容和"统筹兼顾"的发展方法，而且将其从"基本要求""根本方法"的层面提升到"理念"的高度；"绿色发展"不仅是对"可持续发展"的本土化转换，而且实现了从"基本要求"向"理念"的跃升。此外，五大发展理念还将科学发展观思想体系中涵盖的"创新""开放"，从战略层面提高到理念层面。

3. 对科学发展观中方法论的丰富和完善

科学发展观从体系构建的需要出发，将"统筹兼顾"明确规定为科学发展的根本方法，这不仅与"全面协调"在语义上交叉，而且在方法上显得单一、不全面。创新、协调、绿色、开放、共享五大发展理念，不仅是科学的发展观和认识论，同时也是科学的方法论，是马克思主义科学方法论的集中体现和在当今中国的创造性运用，极大地丰富和完善了科学发展观中的"根本方法"。

（四）五大发展理念对作为发展观念体系的科学发展观的创新

1. 发展方式从规模速度型向质量效益型的重大转变

科学发展观的思想体系中"发展是第一要义"在一定意义上强化了发展速度的重要性。五大发展理念尊重事物的发展规律，适应经济从高速增长转向中高速增长的新常态，提出发展必须"以提高质量和效益为中心"，必须从粗放式增长转到集约式增长，坚决摒弃没有质量、效益低下的增长方式，坚决摒弃"三高一低"企业，对产能过剩的行业实施关停并转、兼并重组，强调发展的绿色低碳、优质高效，这是发展理念的重大转变。

2. 经济结构从增量扩能为主向调整存量、做优增量并举的重大转变

五大发展理念推进供给侧结构性改革的根本目的在于去产能、去库存、去杠杆、降成本、补短板，推动经济结构优化升级。"供给侧结构性改革，重点是解放和发展社会生产力，用改革的办法推进结构调整，减少无效和低端供给，扩大有效和中高端供给，增强供给结构需求变化的适应性和灵活性，提高全要素生产率。"① 这是发展理念的重大突破与创新。

3. 发展动力从主要依靠要素投入向创新驱动的重大转变

改革开放以来，中国经济发展主要依靠"三驾马车"拉动，这就是投资拉动、消费拉动和净出口拉动。每当经济出现下行压力时，政府往往加大财政投入，刺激生产和消费。这种依靠投资刺激经济增长的结果，导致企业生产规模的不断扩大，忽视创新投入和产业升级，是一种短期行为，难以长久维系。新阶段提出的五大发展理念，把创新提升到发展理念的首位、摆在国家发展全局的核心位置，强调把发展的基点放在创新上，培育发展新动力，深入实施创新驱动发展战略，推动经济从过度依赖资源、投资等要素拉动向创新驱动的转变，实现新旧动能的根本转换。这是发展理念的又一重大变革和创新。

（五）五大发展理念与科学发展观之间彼此包容而又不可互相取代

1. 五大发展理念与科学发展观属于不同层次的发展学说

科学发展观和五大发展理念并不是同一层次的发展理论，它们一个位于思维抽象层，一个位于思维具体层，它们的同时存在，不存在冲突性问题。

2. 五大发展理念与科学发展观之间相互辉映又互为补充

五大发展理念为科学发展观增添了新的内容，注入了新的时代内涵，科学发展观侧重于世界观和方法论层面，而五大发展理念则倾向于具体的策略和布局层面；五大发展理念有赖于科学发展观之世界观和方法论，而科学发展观也有待于细化为更加具体的五大发展理念，它们得以统一于中国特色社会主义的理论体系之中。

---

① 习近平. 在省部级主要领导干部学习贯彻党的十八届五中全会精神专题研讨班上的讲话[N]. 人民日报，2016-05-10.

如何看待新时代我国社会主要矛盾的变化

任松峰[*]

1937 年 8 月毛泽东在《矛盾论》中指出:"研究任何过程,如果是存在着两个以上矛盾的复杂过程的话,就要用全力找出它的主要矛盾,捉住了这个主要矛盾,一切问题就迎刃而解了。"在党的历史上,我们对社会主要矛盾的表述有三次。第一次,1956 年中共八大上提出:"社会主义制度在我国已经基本上建立起来,国内主要矛盾已经不再是无产阶级和资产阶级的矛盾,而是人民对于经济文化迅速发展的需要同当前经济文化不能满足人民需要的状况之间的矛盾;全国人民的主要任务是集中发展社会生产力,实现国家工业化,满足人民的经济文化需要。"第二次,1981 年十一届六中全会通过的《历史决议》中又强调指出:"在我国社会主义改造基本完成以后,我国所要解决的主要矛盾是人民日益增长的物质文化需要同落后的社会生产之间的矛盾。"第三次,2017 年 10 月,党的十九大报告中明确指出:"中国特色社会主义进入新时代,我国社会主要矛盾已经转化为人民日益增长的美好生活需要和不平衡不充分的发展之间的矛盾。"这标志着我们党对社会主要矛盾作出了新的科学判断。

一、新时代我国社会主要矛盾变化的主要依据

时代是思想之母,实践是理论之源。新的时代催生新的实践,新的实践产生新的思想。从 1956 年党的八大至 2017 年党的十九大召开前,60 多年过去了。关于我国社会主要矛盾的表述基本上没有改变。那么,为什么在党的十九大上我们作出新的判断呢?具体来说,主要依据有以下三个。

(一)依据一:我国生产力状况发生新变化

经过改革开放四十多年的发展,今天的中国,生产力水平明显提高,很多方面跻身世界前列。具体来说:从经济总量看,1978 年改革伊始仅有 3679 亿

---

[*] 任松峰:曲阜师范大学马克思主义学院副教授、硕士生导师

元，截至2017年年底，已经达到82.71万亿元；占世界经济的比重由1978年的1.8%，上升到2017年的16%。从经济增速看，从1978年到2017年，我国GDP年均增长率高达9.3%。著名经济学家林毅夫说："以这么高的速度持续这么长时间的增长，人类历史上不曾有过。"[①] 西方经济学家也根本无法用西方经济学的理论来解释中国经济发展。在他们的眼里，中国经济发展就像"谜"一样，提出所谓的"中国经济增长之谜"。从生产能力看，220多种主要工农业产品，如钢铁、煤炭、水泥、谷物、肉类等生产能力稳居世界第一位，个别领域甚至出现了产能过剩。这些情况说明，我国长期存在的供给不足状况已经发生根本性转变。在这种情况下，如果我们再讲"落后的社会生产"，这显然已经不符合实际，也不能真实地反映我国发展现状。

（二）依据二：人民需求出现新变化

美国著名心理学家马斯洛曾提出五大需求层次理论。他把人的需求分成生理需求、安全需求、爱和归属感需求、尊重需求、自我实现需求五类，依次由较低层次到较高层次排列。中国古人也讲"仓廪实而知礼节，衣食足而知荣辱"。人民群众的需求在过去的几十年有着很大的变化。比如，20世纪六七十年代，广大的中国家庭最希望拥有自行车、缝纫机、手表和收音机所谓的"四大件"；到了20世纪八九十年代，取而代之的是彩电、冰箱、洗衣机、录音机这新"四大件"；进入21世纪，又出现了手机、电脑、汽车和房子所谓的更新的"四大件"。今天的人们，随着收入的进一步增加，需要也呈现多样化、多层次的特点。需要什么呢？期盼着有更好的教育、更稳定的工作、更满意的收入、更可靠的社会保障、更高水平的医疗卫生服务、更舒适的居住条件、更优美的环境、更丰富的精神文化生活。同时，人们的民主意识、法治意识、公平意识、参与意识、监督意识、维权意识等都在不断增强。这些情况说明什么呢？人民群众对美好生活的期待越来越强烈。所以，我们再只是讲"物质文化需要"，显然已经不能真实全面反映人民群众的愿望和要求。

（三）依据三：影响人民需求满足的因素出现新变化

现阶段，我国经济发展中最突出的问题是发展的不平衡、不充分。从生产力来看，我国既有世界领先的生产力，如天宫、蛟龙、墨子、大飞机等，也有大量相对落后的，甚至原始的生产力。从区域发展看，我国东、中、西部地区之间发展水平差距仍然较大。东部地区、大城市，发展水平同西方发达国家差

---

① 林毅夫. 中国改革开放40年与北大建校120年：反思与前瞻 [J]. 北京大学学报（哲学社会科学版），2018，55（2）：17-26.

不多,有些方面甚至超过它们;但在农村和中西部地区,经济社会发展还比较落后。可以说,我国经济发展的不平衡、不充分的问题,是当前和今后一个时期,制约我国发展和满足人民日益增长的美好生活需要的主要问题,也是现阶段各种社会矛盾交织的主要根源,必须要下大功夫、花大力气去解决。总之,党的十九大报告中关于我国社会的主要矛盾的新表述是基于历史和现实、理论和实践、国内和国际等多方面结合思考而得出的正确结论。

二、新时代我国社会主要矛盾的科学内涵

要准确把握新时代我国社会主要矛盾的科学内涵,需要从构成社会主要矛盾的两个方面来理解。

一是关于"人民日益增长的美好生活需要"。所谓"美好生活需要",就是人民多层次、多形式、多类型的全面需要。这种美好生活需要不是抽象的,而是能够看得见、摸得着、感受得到的。同时,这种美好生活需要不是静止的、固定的,而是"日益增长"并且不断发展变化的。

二是关于"不平衡不充分的发展"。这是对发展问题的整体概括,涵盖的内容十分广泛。从宏观的发展基本面看,"不平衡不充分的发展"集中表现为东中西部区域之间、城市与乡村的地区之间以及行业之间、收入之间的不平衡不充分;从中观的发展过程看,"不平衡不充分的发展"集中表现为产业结构不尽合理、发展方式不够先进、发展动能相对不足、发展效率抬升缓慢、市场灵敏度反映较差、生产力布局不够匀称等一系列问题;从微观的发展效果看,"不平衡不充分的发展"集中表现为产品质量相对较低、产品科学技术含金量较低和资源消耗浪费较多、环境污染相对较严重这样"两低两高"问题。发展的宏观问题、中观问题与微观问题构成有机整体,三者相互作用共同构成了"不平衡不充分的发展"的全貌。同时,这也指出了解决"不平衡不充分的发展"问题不能单兵突进,而是要从整体的架构上协同破解。

当然,我们在看到主要矛盾变化的同时,也必须认识到主要矛盾变化背后没有改变的方面。习近平同志指出:"我国社会主要矛盾的变化,并没有改变我们对我国社会主义所处历史阶段的判断,我国仍处于并将长期处于社会主义初级阶段的基本国情没有变,我国是世界上最大的发展中国家的国际地位没有变。"[1]

---

[1] 习近平. 决胜全面建成小康社会 夺取新时代中国特色社会主义伟大胜利——在中国共产党第十九次全国代表大会上的报告[N]. 人民日报,2017-10-28.

社会主义初级阶段基本国情没有变。社会主义初级阶段经历了一个相当长的历史过程，社会主义制度从基本建立到向更高阶段发展的总体量变过程。但在总体量变过程中的不同阶段上必定要发生阶段性的部分质变，党的十九大对我国社会主要矛盾判断的调整就是阶段性部分质变的结果。当前，我国社会主义初级阶段的基本性质没有改变，根本性的质变没有发生。这就决定了我们必须要从初级阶段的基本国情出发来制定我们的政策，不能犯主观主义的超越阶段错误；同时也要与时俱进、开拓进取，而不能精神懈怠、裹足不前。

发展中国家的地位没有变。随着我国综合国力的增强，中国日益走近世界舞台的中央，而非原来的处于边缘的、影响力不大的发展中国家。尽管如此，我国仍然是世界上最大的发展中国家，这一地位总体上没有改变，我们与世界发达国家间还有很大差距。同时，作为最大发展中国家，我国的实力和世界影响力已经发生重大变化，这种新的情况对我们提出了新的要求，需要我们确立新的目标，制定新的对策。

总之，我们应该从变与不变、部分质变与总体量变的辩证统一中，正确理解我国进入新时代社会主要矛盾发生变化与初级阶段国情没有变之间的关系。

三、正确认识新时代我国社会主要矛盾变化的意义

正确认识和把握党的十九大报告作出新时代我国社会主要矛盾的重大判断，具有重要的理论价值、重大的现实意义和深远的历史意义。

第一，提出新时代我国社会主要矛盾，是党的理论创新的重大成果，是科学社会主义理论的重大发展，具有重大的理论意义。马克思主义理论中有许多关于矛盾的论述，如马克思阐述过关于事物矛盾问题的重点论、矛盾发展的不平衡性等，列宁曾提出过帝国主义矛盾发展不平衡理论，毛泽东系统论述过关于社会的主要矛盾等问题，形成了系统的矛盾论学说。我们党是马克思主义政党，始终坚持把马克思主义基本原理与中国国情和时代特征相结合，与时俱进推动理论创新发展。当今中国，党和国家事业发生历史性变革，中国特色社会主义进入新时代，对社会主要矛盾的准确把握成为执政党必须面对的重大时代课题。党的十九大报告对社会主要矛盾变化作出的重大判断，抓住了新时代中国基本国情的主要特征，是习近平新时代中国特色社会主义思想的重要内容。这一重要论断，拓展了马克思主义理论的视野，是科学社会主义理论的重大发展。

第二，提出新时代我国社会主要矛盾，为制定新时代中国特色社会主义的新思路、新战略、新举措提供了基本依据，具有重大的现实意义。对社会主要

矛盾的认识是党和国家制定正确路线方针政策的基础，是中国共产党确立发展理念、制定发展战略的关键。对"人民日益增长的美好生活需要"的判断，有助于党和国家更加全面分析和把握多方面、多样化、个性化、多变性、多层次的人民需要，更好地坚持以人民为中心的发展思想，不断满足人民群众追求美好生活的各项需求，与时俱进地研究分析人民群众需要的时代特点和演变发展规律，制定具体的路线、方针、政策和战略；对"不平衡不充分的发展"的判断，实事求是地反映了新时代中国特色社会主义的主要问题，要求我们党和国家的大政方针据此作出重大创新发展。

第三，提出新时代我国社会主要矛盾，是深刻总结历史经验教训、顺应中国社会发展大势的重大决策，具有深远的历史意义。实践表明，能否正确地认识和把握社会主义社会的主要矛盾，并以此来确定工作重心和根本任务，事关社会主义的前途和命运。经过改革开放四十多年的发展，我国生产力发展水平大幅提高，中国特色社会主义事业取得了巨大成就，人民生活水平得到极大提高，正是因为我们党正确分析我国基本国情，才作出新时代我国社会主要矛盾的科学判断。

为什么说"坚持和发展中国特色社会主义"是习近平新时代中国特色社会主义思想的核心要义

李翼舟[*]

党的十九大提出了习近平新时代中国特色社会主义思想,这是 21 世纪马克思主义中国化的重要理论成果,是党和人民集体智慧的结晶,是党和国家必须长期坚持的指导思想。这一重要思想,是在作出"中国特色社会主义进入新时代"重要政治论断的前提下,在总结凝练党和人民长期实践经验的基础上,着眼于国际国内形势变化的基础上,提出的一系列新思想、新观点、新论断,构建起一套内涵丰富、系统完备、主题鲜明的理论体系。这一重要理论体系的核心要义是"坚持和发展中国特色社会主义"。所谓核心要义,指的是关键内容,是根本性、精髓性的东西。习近平新时代中国特色社会主义思想的逻辑体系、思想内涵和时代主题都告诉我们:系统学习和把握习近平新时代中国特色社会主义思想,首要和关键就是要把握"坚持和发展中国特色社会主义"这一核心要义。

一、习近平新时代中国特色社会主义思想是对改革开放以来中国共产党坚持和发展中国特色社会主义的经验总结

坚持和发展中国特色社会主义是从改革开放四十多年的艰辛探索中得来的,是中国人民和中华民族共同的选择,是中国共产党领导全国人民在实践中摸索出来的成功之路。党的十一届三中全会之后,以邓小平为主要代表的中国共产党拨乱反正、锐力改革,开创了一条具有中国特色的社会主义道路,确立了坚持和发展中国特色社会主义的基本思路和基本原则。党的十三届四中全会以后,面对苏联模式失败、世界社会主义遭受严重挫折的复杂国际环境,中国共产党人坚定政治勇气继续深化改革开放,确立了社会主义市场经济体制的基本框架,

---

[*] 李翼舟:曲阜师范大学马克思主义学院 2017 级硕士研究生

提出物质文明与精神文明"两手抓、两手都要硬"的重要方针，书写了党和国家坚持和发展中国特色社会主义的精彩篇章。由此，中国特色社会主义事业继续向前推进。党的十六大之后，以胡锦涛为主要代表的中国共产党人，在总结社会主义现代化建设正反两方面经验教训的基础上，初步形成中国特色社会主义建设的总体布局，中国特色社会主义事业进一步发展。

中国特色社会主义的演进历程表明，坚持和发展中国特色社会主义是中国共产党经过反复谨慎思考、长期实践探索、总结经验教训的基础上作出的正确抉择，凝聚着党和人民的智慧与心血。历史和现实昭示我们：坚持和发展中国特色社会主义是实现独立自主的必由之路，是中国共产党带领全国人民创造美好生活的必然选择，只有坚持和发展中国特色社会主义才能救中国，才能发展中国，在新的历史条件下才能振兴中国，实现中华民族伟大复兴的历史使命。

坚持和发展中国特色社会主义，是改革开放四十多年来党的理论和实践的中心内容，也是进入新时代以来党全部工作的重要使命和根本任务。我们党对中国特色社会主义道路的理论和实践探索经历了几十年的时间，这是一个持续前进的过程。习近平总书记强调："新时代中国特色社会主义是我们党领导人民进行伟大社会革命的成果，也是我们党领导人民进行伟大社会革命的继续，必须一以贯之进行下去。"[①] 中国特色社会主义要取得最终胜利，必然要经历一个漫长而艰难的过程。我们必须在实践中毫不动摇地坚持和发展中国特色社会主义，在新的时代条件下继续推进中国特色社会主义事业走向胜利。习近平新时代中国特色社会主义思想深化拓展了我们党对中国特色社会主义发展规律的认识，体现了我们党对坚持和发展中国特色社会主义的理论创新和实践创新，是对改革开放以来我党坚持和发展中国特色社会主义的经验总结，是与邓小平理论、"三个代表"重要思想、科学发展观一脉相承的重要思想。作为党和国家在理论工作和实践工作中必须长期坚持的指导思想，习近平新时代中国特色社会主义思想是在新的历史阶段进行伟大革命的思想指南，也是实现中华民族伟大复兴的精神力量，它的重要使命就是鼓舞、激励党和人民勠力同心，保持政治定力和革命勇气，毫不动摇坚持和发展中国特色社会主义。因此，习近平新时代中国特色社会主义思想是新的历史条件对中国特色社会主义这一开创性事业的理论和实践经验总结。

---

① 习近平．在学习贯彻党的十九大精神研讨班开班式上的讲话［N］．人民日报，2018-01-06（1）．

二、习近平新时代中国特色社会主义思想是对新时代坚持和发展中国特色社会主义的系统回答

"坚持和发展中国特色社会主义"是对新的历史条件下中国走什么样的道路、高举什么样的旗帜这一关系我国社会主义前进和发展方向的重大问题的深刻解答。作为新时代中国共产党的指导思想和工作方针，习近平新时代中国特色社会主义思想从理论和实践层面系统回答了"坚持和发展什么样的中国特色社会主义，怎样坚持和发展中国特色社会主义"这一时代课题。新时代面临着新的形式，我国的主要矛盾、发展环境和发展条件、面临的国际局势都发生了重大变化，迈入了新的发展阶段。这个新阶段，是十一届三中全会以来中国特色社会主义建设事业的必然接续，是中国特色社会主义具有许多新特点、新情况，产生许多新实践、新发展的新阶段。作为这个新阶段的指导思想和理论成果，习近平新时代中国特色社会主义思想必然是对中国特色社会主义在这一新的历史条件下的科学认识和把握。进入新时代以来，以习近平同志为核心的党中央不忘初心、牢记使命，在坚持科学社会主义原则的基础上，全面了解和把握新的时代条件和实践要求，全面深化对中国特色社会主义建设规律和人类社会发展规律的认识，形成了习近平新时代中国特色社会主义思想，思考并明确回答了"坚持和发展什么样的社会主义，怎样坚持和发展社会主义"这一时代课题，实现了重大理论突破。

"八个明确"和"十四个坚持"是习近平新时代中国特色社会主义思想的基本内涵和基本方略，二者相辅相成，凝结成新时代我们党在理论层面和实践层面上对坚持和发展中国特色社会主义的科学回答。对于"坚持和发展什么样的社会主义"这一问题，习近平同志在"八个明确"中从理论上作出了根本性、全局性的回答，提出了坚持和发展中国特色社会主义的主要矛盾和根本任务、总体布局和战略布局，深刻揭示了新时代中国特色社会主义的本质特征、独特优势和发展规律，强调了中国特色社会主义是在坚持科学社会主义原则基础上，发展符合我国社会主义现代化建设发展规律和社会矛盾变化、具有鲜明时代特色的社会主义。对于新时代"怎样坚持和发展社会主义"这一问题，习近平总书记在"十四个坚持"中，充分洞察国际国内发展大势、运用马克思主义的基本观点和方法，深刻回答了新时代坚持和发展中国特色社会主义的总目标、总任务、总体布局、战略布局和发展方向、发展方式、发展动力、战略步骤、外部条件、政治保证等基本问题，从实践要求层面集中回答了新时代"怎样坚持和发展中国特色社会主义"这一方法论问题。

习近平新时代中国特色社会主义思想对"坚持和发展什么样的社会主义，

如何坚持和发展社会主义"这一问题的回答，是这一思想的重大理论贡献和历史贡献。这一重要思想，是在以习近平同志为核心的党中央充分了解世情、国情、党情的新形势，充分把握新时代我国的主要矛盾变化，紧密联系"两个一百年"的奋斗目标和战略任务的基础上形成的一系列新思想、新观点、新论断。这些新思想、新观点、新论断围绕着"坚持和发展中国特色社会主义"这一时代命题，对新时代在改革发展稳定、内政外交国防、治党治国治军等方面的具体战略方针作出了政策指引，是我们党对新时代中国特色社会主义发展的深刻认识，是对当今社会主义发展现状的理论思考和实践探索，为在新的时代条件下高举中国特色社会主义伟大旗帜，坚持和发展中国特色社会主义，实现中华民族伟大复兴中国梦提供了科学的理论指引。

作为21世纪马克思主义中国化的最新理论成果，作为以习近平同志为核心的党中央治国理政的重要指导思想，习近平新时代中国特色社会主义思想集中回答了在中国特色社会主义迈入新时代的重要阶段"坚持和发展什么样的中国特色社会主义，如何坚持和发展中国特色社会主义"这一重大课题，这既是对改革开放以来中国共产党执政经验和社会主义建设发展规律的集中反映，也是新时代坚持和发展中国特色社会主义，实现中华民族伟大复兴的奋斗目标的重要理论支撑。因此，坚持和发展中国特色社会主义，是习近平新时代中国特色社会主义思想的核心要义。

习近平新时代中国特色社会主义思想对马克思主义的原创性贡献何以体现

卢忠帅[*]

党的十八大以来，以习近平同志为核心的党中央，紧密结合新的时代条件和实践要求，系统回答了"新时代坚持和发展什么样的中国特色社会主义、怎样坚持和发展中国特色社会主义"这个重大课题，创立了习近平新时代中国特色社会主义思想。这一思想，丰富和拓展了马克思主义哲学、政治经济学、科学社会主义的内容，对马克思主义的发展作出了原创性贡献。

一、对马克思主义哲学的原创性贡献

马克思主义哲学揭示了自然界、人类社会和思维发展的一般规律，是科学的世界观、方法论和认识论，也是我们党的各项工作和事业不断取得胜利的强大思想武器。正如习近平所说："马克思主义哲学深刻揭示了客观世界特别是人类社会发展的一般规律，在当今时代仍然有着强大生命力，仍然是指导我们共产党人前进的强大思想武器。"[①] 辩证唯物主义和历史唯物主义是马克思主义哲学的核心内容。习近平新时代中国特色社会主义思想丰富和发展了辩证唯物主义和历史唯物主义的基本原理，为马克思主义哲学注入了新的时代内涵。

世界物质统一性原理是辩证唯物主义的核心和基石，它要求我们认识和处理一切问题应从客观实际出发，实事求是。实事求是是马克思主义活的灵魂，是我们党的思想路线的核心。习近平新时代中国特色社会主义思想进一步深化了实事求是思想路线的理论底蕴，明确了其根本方法论的地位。他指出："学习和掌握马克思主义方法，必须学习和掌握实事求是的思想方法。实事求是，集

---

[*] 卢忠帅：曲阜师范大学马克思主义学院副教授、硕士生导师

[①] 习近平. 推动全党学习和掌握历史唯物主义 更好认识规律更加能动地推进工作 [EB/OL]. 人民日报，2013-12-05（01）.

中体现了马克思主义唯物的、辩证的认识论,是我们党始终坚持的根本思想方法。"① 正是遵循这一基本原则,我们党在总结了五年来我国改革开放和社会主义现代化建设所取得的历史性成就的基础上,作出了"中国特色社会主义进入了新时代"的重要论断。

人民群众是历史主体和创造者是唯物史观的一个基本立场。人民立场是中国共产党的根本政治立场,全心全意为人民服务是党的根本宗旨。习近平强调,"党与人民风雨同舟、生死与共,始终保持血肉联系,是党战胜一切困难和风险的根本保证"。习近平新时代中国特色社会主义思想将群众史观贯穿于党和国家工作的中心环节,明确了必须坚持以人民为中心的发展理念。习近平多次指出,"发展成果由人民共享""让人民有更多的获得感"。② 五年来,中央大力推进民生建设工程,发展社会保障事业,加大收入分配调节,坚决打赢脱贫攻坚战,保障全体人民能够共享经济社会发展成果。这生动诠释了党全心全意为人民服务的根本宗旨,将"人民群众是历史创造者"的方法论意义提升到前所未有的高度。

生产力与生产关系、经济基础和上层建筑的矛盾运动,是推动人类社会发展的基本矛盾。把握社会主要矛盾,推动经济社会发展,是中国共产党人运用马克思主义基本原理解决中国实际问题的重要经验。进入新时代,随着我国社会生产力水平和人民生活水平不断提升,人民对美好生活的向往更加强烈,不仅对物质文化生活提出了更高要求,而且在民主、法治、公平、正义、安全、环境等方面的要求日益增长。习近平新时代中国特色社会主义思想从我国经济社会发展变化的新情况出发,明确提出现阶段我国社会主要矛盾已经转化为"人民日益增长的美好生活需要和不平衡不充分的发展之间的矛盾"。这是对马克思主义社会矛盾理论的丰富和拓展,对发展中国特色社会主义具有重要意义。

二、对马克思主义政治经济学的原创性贡献

政治经济学是马克思主义的主要内容,是马克思主义理论最深刻最全面最详细的证明和运用。习近平新时代中国特色社会主义思想将马克思主义政治经济学原理同中国经济社会发展实际相结合,对我国经济发展作出的一系列重要

---

① 习近平. 深入学习中国特色社会主义理论体系努力掌握马克思主义立场观点方法 [J]. 求是,2010(07):17-24.
② 习近平. 在庆祝中国共产党成立95周年大会上的讲话 [M]. 北京:人民出版社,2016.

论断和决策,丰富和发展了马克思主义政治经济学的内容,开辟了马克思主义政治经济学的新境界。

推动社会主义市场经济新发展。党的十八大以来,以习近平同志为核心的党中央,深刻总结我国社会主义市场经济体制运行规律,强调必须毫不动摇坚持社会主义市场经济改革方向,坚持和完善我国基本经济制度。同时,为了加速推进社会主义市场经济发展,党的十八届三中全会提出了使市场在资源配置中起决定性作用和更好发挥政府作用的论断,在如何正确处理政府与市场的关系问题上进行了大胆的理论突破与创新。按此原则,凡属市场能发挥作用的,政府不要越位;凡属市场解决不了的,就由政府来负责。这使政府与市场的边界更加清晰,二者在资源配置中的作用和角色更加明确。

提出要把握和引领经济发展新常态。党的十八大以来,以习近平同志为核心的党中央敏锐地认识到,我国经济发展已进入新常态。在新常态下,我国经济发展表现出速度变化、结构优化以及动力转换三大特点,经济增长速度从高速转向中高速,发展方式从规模速度型转向质量效率型,经济结构调整从增量扩能为主转向调整存量与做优增量并举,发展动力从依靠要素投入转向创新驱动。为保障我国经济长期稳定运行和持续发展,必须从供给侧结构性改革上下功夫。通过减少无效和低端供给,扩大有效和中高端供给,增强供给对需求变化的适应性和灵活性,从而提高全要素生产率,努力实现供求关系新的动态均衡。

实现发展理念新飞跃。党的十八大以来,以习近平同志为核心的党中央科学把握我国经济社会发展规律,提出创新、协调、绿色、开放、共享的新发展理念。其中,创新是引领发展的第一动力,是牵动经济社会发展全局的"牛鼻子";协调是持续健康发展的内在要求,强调统筹兼顾,实现经济、政治、文化、社会、生态等的协调发展;绿色是永续发展的必要条件,强调坚持可持续发展,走生产发展、生活富裕、生态良好的文明发展道路;开放是国家繁荣发展的必由之路,强调提高对外开放的质量和发展的内外联动性,发展更高层次的开放型经济;共享是中国特色社会主义的本质要求,强调坚持发展为了人民、发展依靠人民、发展成果由人民共享,实现全民共享、全面共享、共建共享、渐进共享。新发展理念赋予马克思主义政治经济学以新的科学内涵。

三、对科学社会主义的原创性贡献

科学社会主义是马克思主义全部理论的核心和归宿,其主题就是如何建设社会主义。习近平新时代中国特色社会主义思想,科学回答了新时代坚持和发展什么样的中国特色社会主义、怎样坚持和发展中国特色社会主义这一重大时代课题，让科学社会主义在21世纪的中国焕发出强大生机活力。

深化对社会主义本质的认识。习近平新时代中国特色社会主义思想提出一系列关于社会主义本质的新认识，例如：提出党的领导是中国特色社会主义本质特征，深刻揭示出中国共产党领导与中国特色社会主义事业之间的内在联系；阐明共享是中国特色社会主义的本质要求，彰显社会主义制度的优越性；把中国特色社会主义文化与中国特色社会主义道路、理论、制度一同作为中国特色社会主义的重要组成部分，指出文化自信是更基础、更广泛、更深厚的自信等。所有这些，深化和拓展了我们对社会主义本质的认识。

形成马克思主义执政党建设新理论。习近平新时代中国特色社会主义思想明确了新时代党的建设总要求：坚持和加强党的全面领导，坚持党要管党、全面从严治党，以加强党的长期执政能力建设、先进性和纯洁性建设为主线，以党的政治建设为统领，以坚定理想信念宗旨为根基，以调动全党积极性、主动性、创造性为着力点，全面推进党的政治建设、思想建设、组织建设、作风建设、纪律建设，把制度建设贯穿其中，深入推进反腐败斗争，不断提高党的建设质量，把党建设成为始终走在时代前列、人民衷心拥护、勇于自我革命、经得起各种风浪考验、朝气蓬勃的马克思主义执政党。这阐明了推动科学社会主义发展的领导核心和组织保证问题。

倡导构建人类命运共同体。习近平新时代中国特色社会主义思想着眼人类长远发展，提出构建人类命运共同体思想。这一思想倡导建设持久和平、普遍安全、共同繁荣、开放包容、清洁美丽的世界，汇聚世界各国人民对和平、发展、繁荣向往的最大公约数，为人类社会实现共同发展、持续繁荣、长治久安绘制了蓝图、指明了方向，彰显出中国共产党人为人民谋幸福、为民族谋复兴、为世界谋大同的价值追求。这是当代中国共产党人从马克思主义世界观、方法论出发，对科学社会主义理论的创新发展。

习近平总书记在纪念马克思诞辰200周年大会上指出："马克思主义始终是我们党和国家的指导思想，是我们认识世界、把握规律、追求真理、改造世界的强大思想武器。"[①] 习近平新时代中国特色社会主义思想以一系列原创性思想观点丰富和发展了马克思主义，彰显了马克思主义的强大生命力。习近平新时代中国特色社会主义思想是当代中国的马克思主义，是21世纪马克思主义，是引领世界发展和人类文明进步方向的伟大旗帜。

---

① 习近平．在纪念马克思诞辰200周年大会上的讲话［N］．人民日报，2018-05-05．

供给侧结构性改革的必要性

辛宝海[*]

"供给侧结构性改革"这个命题是习近平总书记在 2015 年 11 月中央财经领导小组第十一次会议上首次提出的,之后习近平总书记又在许多不同的场合作了大量论述。党的十九大报告指出:"我国经济已由高速增长阶段转向高质量发展阶段……必须坚持质量第一、效益优先,以供给侧结构性改革为主线,推动经济发展质量变革、效率变革、动力变革。"[①] 推动供给侧结构性改革,是以习近平同志为核心的党中央在综合分析世界经济长周期和我国发展阶段性特征及其相互作用的基础上,集中全党和全国人民智慧,进行理论和实践探索的结晶。如何正确认识和理解供给侧结构性改革的必要性,对于形成推进供给侧结构性改革整体合力,推动现代化经济体系建设具有重大意义。

一、推动供给侧结构性改革,是大势所趋、形势使然

供给和需求是市场经济内在关系的两个基本方面,是对立统一的辩证关系,二者你离不开我、我离不开你,相互依存、互为条件,没有需求,供给就无从实现,新的需求可以催生新的供给;没有供给,需求就无法满足,新的供给可以创造新的需求。在物物交换的简单商品经济阶段,需求和供给是合二为一、不可分离的,"供给=需求",不存在供求失衡的经济危机。货币出现后,使得供给和需求在时间上和空间上分离,这导致全社会供求失衡的可能性,在资本主义社会和发达商品经济中表现为经济危机周期暴发和经济剧烈波动。而供给侧管理和需求侧管理作为市场经济条件下宏观调控的两个基本手段,通过发挥政府在市场经济中的作用,平衡社会总供给和总需求,"熨平"经济周期波动,

---

[*] 辛宝海:曲阜师范大学马克思主义学院副院长、硕士生导师
[①] 习近平.决胜全面建成小康社会 夺取新时代中国特色社会主义伟大胜利——在中国共产党第十九次全国代表大会上的报告［N］.人民日报,2017-10-28.

保持经济平稳运行和健康发展。作为宏观调控手段，供给侧管理和需求侧管理的区别在于政策的手段和着力点有所不同。需求管理或者凯恩斯主义需求管理，重在解决总量性问题，这种短期调控，主要是通过调节税收、财政支出、货币信贷等来刺激或抑制需求，进而推动经济增长。供给侧管理，重在解决结构性问题，注重激发经济增长动力，主要通过优化要素配置和调整生产结构来提高供给体系质量和效率，进而推动经济增长。

习近平总书记在党的十九大报告中指出，我国经济已由高速增长阶段转向高质量发展阶段，正处在转变发展方式、优化经济结构、转换增长动力的攻关期。改革开放以来，我国经济实现了跨越式增长，粗放型经济发展方式在其中发挥了很大作用，但现在再按照过去那种粗放型发展方式来做，不仅国内条件不支持，国际条件也不支持，是不可持续的。如果仍坚持粗放型高速发展，习惯于铺摊子、上项目，即使把速度抬上去了也不会持久，必然面临资源不足和环境污染的恶果，更会使发展中的矛盾和问题进一步积累、激化。不抓紧转变，总有一天会走进死胡同。要发挥我国经济巨大潜能和强大优势，必须转变经济发展方式，加快调整经济结构，加快培育形成新的增长动力。推进供给侧结构性改革，正是我们正确认识经济形势后所选择的经济治理药方。

二、推进供给侧结构性改革，是问题倒逼以解决中国中长期经济问题的根本之道

当前，我国经济发展长期向好的基本面没有变，经济韧性好、潜力足、回旋余地大的基本特征没有变，经济持续增长的良好支撑基础和条件没有变，经济结构调整优化的前进态势没有变。但在前进的道路上，必须破除长期积累的一些结构性、体制性、素质性突出矛盾和问题。正如习近平总书记所说："当前和今后一个时期，制约我国经济发展的因素，供给和需求两侧都有，但矛盾的主要方面在供给侧。"①"如果只是简单采取扩大需求的办法，不仅不能解决结构性失衡，反而会加剧产能过剩、抬高杠杆率和企业成本，加剧这种失衡。基于这个考虑，我们强调要从供给侧、结构性改革上想办法、定政策。"② 比如，如果产能过剩这个结构性矛盾得不到解决，工业品价格就会持续下降，企业效益就不可能提升，经济增长也就难以持续。目前，我国相当多的产能是在世界

---

① 习近平. 在重庆调研时的讲话（2016年1月4-6日）[N]. 人民日报，2016-01-07.
② 中共中央文献研究室. 习近平关于社会主义经济建设的论述摘编[M]. 北京：中央文献出版社，2017：115.

经济增长黄金期面向外需以及国内高速增长阶段形成的，在应对国际金融危机冲击中一些产能又有所扩大，在国际市场增长放缓的情况下，仅仅依靠刺激国内需求难以解决产能过剩问题。这个问题不仅我们遇到了，其他国家也遇到了。致力于解决中长期经济增长问题，传统的凯恩斯主义药方有局限性，根本解决之道在于结构性改革，使供给体系更适应需求结构的变化，这是我们不得不采取的重大举措。

三、推进供给侧结构性改革，是需求升级、发展之需

全面提高产品和服务质量是提升供给体系的中心任务。供给侧结构性改革，要"腾笼换鸟"，即淘汰过剩产能，发展更高质量产能，适应、满足、引领需求升级，实现供给和需求在更高层次上的平衡，从而使经济进入更高质量、更有效率的境界。一方面，满足升级后的需求，需要供给侧改革。当前我国不是需求不足，或没有需求，而是需求变了，供给的产品却没有变，质量、服务跟不上。比如一些有大量购买力支撑的消费需求，在国内得不到有效供给，消费者将大把钞票花费在出国购物、"海淘"购物上，等等。有效供给能力不足带来大量"需求外溢"，消费能力严重外流。中国经济不仅存在"大而不强"的"虚胖"问题，而且更严重地存在着"大而不优"的质量问题。经济发展"质量不高"，不仅无法更好地满足人民群众日益增长的美好生活需要，也无法更有力地参与日益激烈的世界经济竞争。据统计，2016年，我国出境游客境外消费总额2610亿美元，居世界第一位。如此严重的"需求外溢"和"消费外流"最主要的是由于高质量的有效供给能力不足。另一方面，新供给能力引领需求提升。根据各国经验，消费升级与收入水平、人口结构、科技进步等因素密切相关，每一轮科技革命均会催生新一轮消费升级。比如当前，信息技术的广泛运用特别是移动互联网的普及，正在改变消费习惯、变革消费模式、重塑消费流程。互联网与协同制造、机器人、汽车、商业零售、交通运输、教育、医疗、文化、旅游等产业跨界融合，创造和引领人们的信息消费，并带动各领域消费。因而，适应我国消费需求升级趋势，必须进一步改善供给侧结构，找准世界供给市场上的定位，加快培育供给新动力，实现由低水平供需平衡向高水平供需平衡跃升。说到底，供给侧结构性改革的根本，就是要使我国供给能力更好地满足广大人民日益增长的美好生活需要。

四、推进供给侧结构性改革，要消除两种误解

一种误解是，认为推进供给侧结构性改革就是放弃需求管理。纵观世界经

济发展史，经济政策是以供给侧为重点还是以需求侧为重点，要依据一国宏观经济形势作出决策。放弃需求侧谈供给侧或者放弃供给侧谈需求侧都是片面的，二者不是非此即彼、一去一存的替代关系，而是要相互配合、协调推进。供给侧结构性改革，既要强调供给又要关注需求，既突出发展社会生产力又注重完善生产关系，既发挥市场在资源配置中的决定性作用又更好发挥政府作用，既着眼于当前又立足长远。推进改革内涵是增强供给侧结构对需求变化的适应性、灵活性，不断让新的需求催生新的供给，让新的供给创造新的需求，在供求相互推动中实现经济发展。正如习近平总书记在2016年中央经济工作会议上指出，"供给侧结构性改革，说到底最终目的是满足需求，主攻方向是提高供给质量，根本途径是深化改革"①。

一种误解是，把供给侧结构性改革看成是西方供给学派的翻版，有些人甚至用他们的解释来宣扬"新自由主义"。习近平总书记不回避问题，明确指出了供给侧结构性改革与供给经济学的不同：供给侧结构性改革，重点是解放和发展社会生产力，用改革的办法推进结构调整，减少无效和低端供给，扩大有效和中高端供给，增强供给结构对需求变化的适应性和灵活性，提高全要素生产率。这不只是一个税收和税率问题，西方供给经济学派通过减税和降低税率来减少政府干预，以充分发挥市场、民间、企业、个人的活力和创造力。供给侧结构性改革则在减税、降低税率的基础上，再通过政府干预，把提高供给体系质量作为主攻方向，着力去产能、去库存、去杠杆、降成本、补短板，同时还要重点在"破""立""降"上下功夫——破除无效供给、培育新动能、降低实体经济成本，达到优化存量资源，扩大优质增量供给，实现更高水平和更高质量的供需动态平衡，显著增强我国经济质量优势。

---

① 中共中央文献研究室. 习近平关于社会主义经济建设的论述摘编 [M]. 北京：中央文献出版社，2017：115.

如何科学理解改革、发展与治理三者之间的关系

何玉霞[*]

随着改革的不断推进，我国发展进入新阶段，改革进入攻坚期和深水区。科学处理好改革、发展和治理的关系对于我国改革目标的实现，对于新时代我国经济社会可持续发展起着至关重要的作用。改革、发展、治理三者相辅相成，相互促进。

首先，深化改革是实现国家治理体系和治理能力现代化以及经济社会高质量发展的动力和前提。

改革能力成为一个国家治理能力的重要标志。国家实力增长很大程度上来源于这个国家的改革能力。改革能力一方面是及时发现政策中的错误并纠正的能力，另一方面就是在发展遭遇阻力时能够不断突破这些障碍、调整体制机制的能力。一个国家改革能力强，则这个国家的治理现代化就能扎实推进。改革的深入与治理现代化的过程紧密联系。治理目标的实现，离不开深化改革。治理如果离开了深化改革，就难以取得成效，所以改革的深化关系治理的成效。

党的十八届三中全会不但提出了全面深化改革的总目标，也在总目标统领下明确了经济体制、政治体制、文化体制、社会体制、生态文明体制和党的建设制度等方面深化改革的具体目标和任务，强调要紧紧围绕使市场在资源配置中起决定性作用和更好发挥政府作用深化经济体制改革，紧紧围绕坚持党的领导、人民当家作主、依法治国有机统一深化政治体制改革，紧紧围绕建设社会主义核心价值体系、社会主义文化强国深化文化体制改革，紧紧围绕更好保障和改善民生、促进社会公平正义深化社会体制改革，紧紧围绕建设美丽中国深化生态文明体制改革，紧紧围绕提高科学执政、民主执政、依法执政水平深化党的建设制度改革。治理现代化是一个复杂过程，它需要充分调动和运用各方面力量，实现各项治理的制度化、规范化、程序化、民主化。这项工程极为宏

---

[*] 何玉霞：曲阜师范大学马克思主义学院教师

大，需要通过各领域改革联动和集成，为党和国家事业发展、为人民幸福安康、为社会和谐稳定、为国家长治久安，提供一整套更完备、更稳定、更管用的制度体系。因此，习近平同志说，推进国家治理体系和治理能力现代化，必须完整理解和把握全面深化改革的总目标，这是两句话组成的一个整体，即完善和发展中国特色社会主义制度、推进国家治理体系和治理能力现代化。当前，全面深化改革取得重大突破。蹄疾步稳推进全面深化改革，压茬拓展改革广度和深度，通过了360多个重大改革方案，出台了1500多项改革举措，夯基垒台、立柱架梁，全面深化改革的主体框架基本确立。在全面深化改革的大格局中，党和国家机构改革是其中的重要领域和关键环节，直接关系国家治理体系的完善和治理能力的提升，对各领域改革发挥着体制支撑和保障作用。以推进党和国家机构职能优化协同高效为着力点，改革机构设置，优化职能配置，深化转职能、转方式、转作风，能够使市场在资源配置中起决定性作用，更好发挥政府作用，更好满足人民日益增长的美好生活需要，推动我国经济社会发展发生深刻变化。

  发展起来后的问题不比不发展时少。当前，国内外环境都在发生极为广泛而深刻的变化，我国发展面临一系列突出矛盾和挑战，前进道路上还有不少困难和问题。比如：发展中不平衡、不协调、不可持续问题依然突出，科技创新能力不强，产业结构不合理，发展方式依然粗放，城乡区域发展差距和居民收入分配差距依然较大，社会矛盾明显增多，教育、就业、社会保障、医疗、住房、生态环境、食品药品安全、安全生产、社会治安、执法司法等关系群众切身利益的问题较多，部分群众生活困难，形式主义、官僚主义、享乐主义和奢靡之风问题突出，一些领域消极腐败现象易发多发，反腐败斗争形势依然严峻，等等。解决这些问题，实现高质量发展，关键在于深化改革。改革就是冲着问题去的。改革进入攻坚期和深水区，需要改的多是重大、敏感问题，不少触及深层次社会矛盾，涉及利益关系调整，是难啃的硬骨头。面对这种情况，我们别无选择，只能以更大的政治勇气和智慧继续深化改革，抓住有利时机，革除一切不适应实践发展要求的体制机制，运用现代化的手段和方法为新问题的解决开拓充足空间。作为指导我国经济与社会发展的总的指导思想，科学发展观在各项工作中的贯彻落实，需要通过改革为之提供体制和机制保障。要实现高质量发展，胜利实现全面建设小康社会和建成现代化强国的宏伟目标，最根本的是要靠深化改革、靠体制创新，以改革的新突破、开放的新局面来赢得各项事业的新发展。只要我们不断提升党的执政能力，把各方面的积极性主动性调动起来，该改的坚定不移改下去，依靠人民群众，让人民群众从改革中受益，中国的现代国家治理就能更加有效运转，就会展现更加绚丽的前景。

其次，高质量发展是深化改革和有效治理的目的。

发展是人类文明进步的基础，也是马克思主义最基本的范畴之一。科学发展观是用来指导发展的理论，中国特色社会主义是靠发展来不断巩固和前进的。胡锦涛指出："发展是解决中国一切问题的总钥匙，发展对于全面建设小康社会、加快推进社会主义现代化，对于开创中国特色社会主义事业新局面、实现中华民族伟大复兴，具有决定性意义。"① 在当代中国，坚持发展是硬道理的本质要求就是坚持科学发展。科学发展观，第一要义是发展，核心是以人为本，基本要求是全面协调可持续，根本方法是统筹兼顾。这对新时期的改革提出了更高的要求：在毫不动摇地坚持改革方向的同时，还要注意提高改革决策的科学性，增强改革措施的协调性；在改革中把解决民生问题放在更加突出的位置，要坚持把改善人民生活作为正确处理改革发展稳定关系的结合点，使改革始终得到人民的拥护和支持，做到改革为了人民、改革依靠人民、改革成果由人民共享。

党的十九大报告进一步指出，我国经济已由高速增长阶段转向高质量发展阶段，正处在转变发展方式、优化经济结构、转换增长动力的攻关期。这一重大判断为未来的深化改革和治理举措指明了方向和目的。坚持高质量发展，必须善于抓住和用好21世纪头二十年这个大有作为的重要战略机遇期，加快转变经济发展方式。坚持把保障和改善民生作为根本出发点和落脚点，坚持把建设资源节约型、环境友好型社会作为重要着力点，坚持把改革开放作为强大动力，努力将加快转变经济发展方式的要求贯穿于经济社会发展的全过程和各领域，切实做到在发展中促转变、在转变中谋发展。要把促进经济社会发展与促进人的全面发展统一起来，把促进人的全面发展作为经济社会发展的最终目的，既着眼于人民现实的物质文化生活需要，又着眼于促进人民素质的提高。要善于在推进经济发展的同时兼顾各个方面的发展要求，把经济建设、政治建设、文化建设、社会建设及其各个环节统筹好、协调好，使之相互促进、相互支撑，实现良性互动。

最后，国家治理体系现代化是全面深化改革、实现高质量发展的必然要求。

治理要在坚持改革开放总方针的前提下进行，治理特别是有效治理可以为改革开放创造更好的环境和秩序。治理和改革能够更好地促进我国经济的持续、稳定、协调发展，推进中国的现代化建设。治理就是各种公共的或私人的个人

---

① 胡锦涛. 努力把贯彻落实科学发展观提高到新水平 [J]. 求是，2009（1）：3-6.

和机构管理其共同事务的诸多方式的总和，它是使相互冲突的或不同的利益得以调和并且采取联合行动的持续过程。有效治理是现代国家的重要目标。国家治理体系现代化是治理主体多元化、治理客体系统化、治理方式动态化的统一。

中国特色国家治理体系的现代化的基本要求是治理主体的多元化。中国共产党是中国特色社会主义事业的领导核心，主导国家发展，推动改革开放，发展社会主义，是国家治理的核心主体。中国特色的治理主体多元化并不是弱化党的领导，恰恰相反，治理正是回应从革命党到执政党变革趋势，要求党的领导科学化、规范化和有效性。中国特色国家治理体系的现代化客观要求治理客体的系统化。实际上要突破各自为政、部门化及碎片化的治理环境，从根本上建构起系统、整体、协同的治理格局。从内容体系看，社会主义国家治理由经济治理、政治治理、文化治理、社会治理、生态治理五大体系构成，这是由中国特色社会主义"五位一体"的建设总布局所决定的，也是当代中国社会发展基本问题的客观反映；这五大体系明确了社会主义国家的治理目标：富强、民主、文明、和谐，奠定了国家治理的基本格局。从时空条件看，宏观层面的全球治理、区域治理，微观层面的城市治理、社区治理，纵向的央地之间"条条"治理，横向的部门之间"块块"治理，它们间纵横交错、环环相扣，形成相互联系、相互影响的复杂关系，不能顾此失彼。从结构体系看，中国特色"治理客体"关键结构是政府、市场、社会三足鼎立。治理方式是指国家治理的形式、方法和手段的总和。治理方式回应和解决"如何治理"的问题，是国家治理体系的关键。国家治理的方式方法表现为民主性与多样性相结合、强制性与非强制性相结合、原则性和灵活性相结合、制度性和政策性相结合等显著的特征。中国特色国家治理体系现代化关键要求治理手段的民主化。习近平指出：国家治理犹如十指弹琴，要统筹兼顾、综合平衡。第一，"系统治理""依法治理""综合治理"和"源头治理"相结合的多渠道治理方式。第二，法律手段、政策手段、道德手段、教育手段及舆论手段相结合的多样化手段体系。第三，制度资源、组织资源、文化资源和社会资源综合利用的动态性治理方式。治理过程是指国家治理的步骤、程序及功能的总和，治理过程回应和解决"怎样治理"的问题，是国家治理体系的根本。国家治理要有"目的地"，解决目标问题；应有"路线图"，即治理的程序，解决过程问题。中国特色国家治理体系现代化核心要求是治理过程的制度化。

国家治理体系的建构客观上要求全面深化各个领域里的改革。改革和完善中国共产党、发展社会主义民主政治，保证政府实现科学、民主、有效的治理，从广度和深度上推进市场化改革，形成市场在资源配置中的决定性作用。增强社会发展活力，提高社会治理水平。只有不断深化改革、坚持高质量发展，才能在完善和发展中国特色社会主义制度的伟大实践中完成国家治理体系和治理能力的现代化，才能实现民族复兴、国家富强、人民幸福的"中国梦"。

总之，改革是保证中国特色社会主义不断发展的动力，高质量发展是建设中国特色社会主义的目的，有效治理是坚持和发展中国特色社会主义的关键。未来我们要做好三点工作，一是加大改革开放力度。改革开放是决定当代中国命运的关键一招，也是实现"两个一百年"奋斗目标的关键一招。在新的历史起点上，思想要再解放，改革要再深化，开放要再扩大。充分发挥人民首创精神，鼓励各地从实际出发，敢闯敢试，敢于碰硬，把改革开放不断向前推进。二是大力推动高质量发展。发展是解决我国一切问题的基础和关键。要着力解决发展不平衡不充分问题，围绕建设现代化经济体系，坚持质量第一、效益优先，促进经济结构优化升级。要尊重经济规律，远近结合，确保经济运行在合理区间，实现经济平稳增长和质量效益提高互促共进。三是切实提高国家治理体系和治理能力的现代化。面对新时代新任务提出的新要求，我们必须着力解决党和国家机构职能体系中存在的障碍和弊端，完善坚持党的全面领导的制度，加强党对各领域各方面工作领导，确保党的领导全覆盖，使党的领导更加坚强有力。要以更大的力度、更实的措施发展社会主义民主，坚持党的领导、人民当家作主、依法治国有机统一，建设社会主义法治国家，推进国家治理体系和治理能力现代化，巩固和发展最广泛的爱国统一战线，确保人民享有更加广泛、更加充分、更加真实的民主权利，让社会主义民主的优越性更加充分地展示出来。

结合新时代要求，谈谈如何继承和创新中华优秀传统文化

任松峰*

习近平总书记指出："文明特别是思想文化是一个国家、一个民族的灵魂。无论哪一个国家、哪一个民族，如果不珍惜自己的思想文化，丢掉了思想文化这个灵魂，这个国家、这个民族是立不起来的。"[①] 对于中华民族而言，中华优秀传统文化是我们这个民族的"根"与"魂"，是中华民族最根本的精神基因，是中华文明生生不息、发展进步的重要精神力量，是中华民族在世界激荡中站稳脚跟的重要根基；对我们党而言，是我们推进国家治理体系、治理能力现代化的重要思想资源，也是涵养社会主义核心价值观的道德源泉。所以，我们必须要充分认识传承和弘扬中华优秀传统文化的重大意义，高度重视中华优秀传统文化的传承、弘扬与创新。

一、坚持对待传统文化的科学态度

在如何对待中国传统文化问题上，往往存在着两种错误的做法：一种是把中国传统文化说得一无是处、一团漆黑的文化虚无主义。他们认为中国传统文化是封建文化，是为封建统治阶级服务的，是一种历史包袱，是拖累时代前进的惰性力量，是应该彻底抛弃的糟粕。当然，其主要危害在于，否定了传统文化的作用和意义，否定了科学对待中国传统文化、正确传承和弘扬优秀传统文化的重要性和必要性，进而科学对待中国传统文化、正确传承和弘扬优秀传统文化也就成了伪命题。另一种是死守旧有文化传统的文化保守主义。在对待中国传统文化问题上，往往存在着以古非今、简单的倾向，主张照搬古代历史上

---

* 任松峰：曲阜师范大学马克思主义学院副教授、硕士生导师
① 习近平. 在纪念孔子诞辰2565周年国际学术研讨会暨国际儒学联合会第五届会员大会开幕式上的讲话[N]. 人民日报，2014-09-25（02）.

的做法，甚至提出"以儒治国""以儒代马"的主张。其主要危害在于，割裂马克思主义与中国传统文化的辩证统一关系，模糊马克思主义与中国传统文化的本质差异，企图动摇和代替马克思主义的指导地位。

中国共产党人是马克思主义者、历史唯物主义者，不是历史虚无主义者、文化虚无主义者，必须始终坚持历史唯物主义和辩证唯物主义的观点、方法看待文化与历史问题。在对待中国传统文化问题上，我们要看到其在形成和发展过程中，不可避免会受到当时人们的认识水平、时代条件、社会制度的局限性的制约和影响，因而不可避免会存在陈旧过时或已成为糟粕性的东西，会阻碍和束缚社会的发展进步。但与此同时，我们还应看到其在历史上发挥的进步作用和其思想精华在今天依然具有的借鉴价值。因此，对待传统文化，既不能无视其历史作用和时代价值，把它说得一无是处、踩到地上，视之为影响中国进步的万恶之源，又不能忽视其局限性和落后、消极因素，把它说得尽善尽美、吹上天去，视之为解决一切问题的万能妙药。

马克思主义对待传统文化的基本方法是"辩证的否定观"。"辩证的否定观"既是中国共产党人对待传统文化的一种理性态度，也是一种辩证的方法。辩证否定观的精髓是继承与批判的辩证统一，即继承是批判中的继承，批判是继承中的批判，二者并非二元对立。这种辩证的态度和方法本质上是科学的、理性的。

习近平总书记强调对传统文化坚持"取其精华、去其糟粕"的科学态度，要"坚持古为今用、推陈出新，有鉴别地加以对待，有扬弃地予以继承"。"取其精华，去其糟粕"是中国共产党对待中国传统文化之理性批判态度的具体体现。中国传统文化经过数千年的历史积淀，既有精华也有糟粕，我们要批判、要去除的是其糟粕，而传统文化中的精华则要继承。毛泽东说："剔除其封建性的糟粕，吸收其民主性的精华，是发展民族新文化提高民族自信心的必要条件。"① 这不仅阐明了对待传统文化的态度，同时也指出分辨传统文化中"糟粕"与"精华"的价值标准：封建性与民主性之分。在中国的近现代化进程中，中国共产党领导中国人民建立的是富强、民主、文明、和谐的社会主义国家，这与传统的中国封建专制主义的本质是不同的，也就决定了继承中国传统文化绝不是不加分析地兼收并蓄。

同时，在正确区分传统文化精华与糟粕的基础上，我们还必须要坚持马克思主义辩证法的扬弃原则，对传统文化进行科学分析，古为今用，以古鉴今，

---

① 毛泽东. 毛泽东选集：第2卷 [M]. 2版. 北京：人民出版社，1991：707-708.

有鉴别地对待、有批判地继承，绝不能厚古薄今、以古非今。只有坚持"以古人之规矩，开自己之生面"，才能创造中华文化在当今时代的新辉煌。

二、坚持对待传统文化的"双创"方针

"不忘本来才能开辟未来，善于继承才能善于创新。"① 习近平总书记强调，科学对待文化传统，"要处理好继承和创造性发展的关系，重点做好创造性转化和创新性发展"。②

所谓"创造性转化"，就是要按照时代特点和要求，对那些至今仍有借鉴价值的内涵和陈旧的表现形式加以改造，赋予其新的时代内涵和现代表达形式，激活其生命力，为经济社会发展助力。历史地看，中华优秀传统文化始终处于继承、发展和创新的动态变化之中，在传承中发展，在发展中创新。在中国特色社会主义文化建设的过程中，对中华优秀传统文化的创造性转化仍是一项重要工作。我们要善于把弘扬中华优秀传统文化和发展社会主义先进文化紧密结合、有机统一起来，做好中华优秀传统文化的创造性转化工作。在中华优秀传统文化的创造性转化过程中，处理好传统与现代、内容与形式之间的关系，根据现实发展融通古今，建立两者之间的有效关联。所谓"创新性发展"，就是要按照时代的新进步新进展，对中华优秀传统文化的内涵加以补充、拓展、完善，增强其影响力和感召力，在解决现实问题的过程中完成对其发展和升华。

当然，推动中华优秀传统文化的创造性转化和创新性发展，不只是一个号召，不止于停留在纸上、存活在人们观念中的尚不可及的远景，而是在火热生活实践中随时随处发生的充满活力的时代大潮。

实现传统文化的创造性转化、创新性发展，必须要把中华优秀传统文化挖掘出来。中华优秀传统文化内蕴丰富、博大精深，如何让人们更好地把握中华优秀传统文化呢？习近平总书记强调指出，要讲清楚中华优秀传统文化的历史渊源、发展脉络、基本走向，独特创造、价值理念、鲜明特色，增强文化自信和价值观自信。所以，必须要加强对中华优秀传统文化丰富内涵的阐发。

实现传统文化的创造性转化、创新性发展，必须要把中华优秀传统文化弘扬起来。中华优秀传统文化具有重要的现代价值与意义。习近平总书记强调，要深入挖掘和阐发中华优秀传统文化讲仁爱、重民本、守诚信、崇正义、尚和合、求大同的时代价值，使中华优秀传统文化成为涵养社会主义核心价值观的

---

① 习近平. 习近平谈治国理政：第2卷［M］. 北京：外文出版社，2017：313.
② 习近平. 习近平谈治国理政：第1卷［M］. 北京：外文出版社，2017：164.

重要源泉；把跨越时空、超越国度、富有永恒魅力、具有当代价值的文化精神弘扬起来。

实现传统文化的创造性转化、创新性发展，必须要把中华优秀传统文化传播出去。中华优秀传统文化独特的气度和神韵，是中华文明薪火相传的重要基石，是当代中国贡献给世界的精神力量，同时，它也是中华民族屹立于世界民族之林的深厚软实力。在当今时代背景下，必须要创新对外传播方式，更好地推动中华优秀传统文化走出去，在文明交流互鉴中展示中华文化的独特魅力。

要实现传统文化的创造性转化、创新性发展，还必须吸收借鉴其他文明的精华。"物之不齐，物之情也。"首先，我们必须要尊重各国各民族文明，维护文明多样性。习近平总书记指出：世界万物万事总是千差万别、异彩纷呈的。每一个国家和民族的文明都扎根于本国本民族的土壤之中，都有自己的本色、长处、优点。不要看到别人的文明与自己的文明有不同，就感到不顺眼，就要千方百计去改造、去同化，甚至企图以自己的文明取而代之。我们应该维护文明的多样性，理性处理本国文明与其他文明的差异，不搞自我封闭，更不搞唯我独尊。不同文明之间不应该相互隔膜、相互排斥、相互取代，而应相互交流、相互学习、相互借鉴，这样世界文明之园才能万紫千红、生机盎然。其次，正确与其他文明交流互鉴。文明因交流而多彩，文明因互鉴而丰富。进行文明相互学习借鉴，要坚持从本国本民族实际出发，坚持取长补短、择善而从，讲求兼收并蓄，但兼收并蓄不是囫囵吞枣、莫衷一是，而是要去粗取精、去伪存真。最后，坚持交流互鉴、开放包容，积极吸收借鉴国外优秀文明成果和文化发展经验，以我为主、为我所用，取长补短、择善而从，加强与世界文化的对话交流，不断丰富和发展中华文化。

此外，要实现传统文化的创造性转化、创新性发展，还必须要营造创新发展的良好环境和氛围，采取多方联动的方式为中华优秀传统文化的创新性发展提供支撑，不断丰富中华优秀传统文化的内涵和外延；以寓教于乐的形式活化中华优秀传统文化，使更多人真正理解它们并产生积极影响。

总之，具有悠久历史的中华优秀传统文化是一笔巨大的精神财富，是中华民族自立于世界民族之林的力量支撑。坚定中国特色社会主义的道路自信、理论自信、制度自信、文化自信，就要努力实现传统文化的创造性转化、创新性发展，充分发挥中华优秀传统文化的巨大作用。中华民族创造了源远流长的中华文化，也一定能够创造出中华文化新的辉煌。

为什么说文化自信是更基础、更广泛、更深厚的自信

王德成[*]

2016年7月1日,习近平总书记在庆祝中国共产党成立95周年大会上指出,"坚持不忘初心、继续前进,就要坚持中国特色社会主义道路自信、理论自信、制度自信、文化自信,坚持党的基本路线不动摇,不断把中国特色社会主义伟大事业推向前进",随后,他还指出"文化自信是更基础、更广泛、更深厚的自信",这标志着文化自信正式成为继道路自信、理论自信、制度自信之后中国特色社会主义的"第四个自信"。文化自信与道路自信、理论自信、制度自信之间既相互独立,又相辅相成,是一个有机的统一体。其中文化自信是支撑道路自信、理论自信、制度自信的基础,并且文化自信渗透于道路自信、理论自信、制度自信之中,如果缺乏文化自信,道路自信、理论自信、制度自信就很难支撑起来。只有坚持文化自信,才能进一步做到道路自信、理论自信和制度自信,也只有坚定文化自信,才能推动社会主义文化的繁荣兴盛,推动中华民族伟大复兴的中国梦的实现。

一、文化自信是更基础的自信

文化是在长期的社会实践中积淀起来的渗透到民族骨髓里的重要元素,是国家和民族的血脉。第一,中华文化博大精深,有着优秀的文化基因,是中国特色社会主义道路、理论体系和制度形成的重要依托,为中国特色社会主义道路、理论体系和制度提供智慧滋养。[①] 中华优秀传统文化中蕴含着精深的价值理念、思维方式和行为准则,在长期的社会历史发展过程中,它们已经融入中华民族的血液中,汇聚成民族的精神和人民的价值追求,影响和指导着人们的生产生活实践。中国特色社会主义道路、理论和制度植根于中华文化的土壤,没

---

[*] 王德成:曲阜师范大学马克思主义学院副教授、硕士生导师
[①] 韩振峰. 坚持"四个自信"的内在依据和重大意义[N]. 河北日报,2016-10-26.

有了中华文化的滋养，就如同无源之水、无本之木。换句话说，没有中华文化，就没有中国道路、中国理论和中国制度。若想坚定中国特色社会主义道路、完善中国特色社会主义制度、发展中国特色社会主义理论，就必须从中华文化中寻求精神动力，不断破除影响发展的各种体制机制障碍，增强中国特色社会主义道路、理论、制度的生命活力。第二，文化自信是道路自信、理论自信、制度自信的动力源泉，能够强化道路自信、理论自信和制度自信，是道路自信、理论自信、制度自信的前提。一方面，中华民族创造了灿烂辉煌的中华文明，中华文明孕育了独特的中华文化，中华文化所具有的深厚底蕴是中华民族的灵魂和内核，辐射带动了东亚儒家文化圈的形成，也对世界产生了广泛影响。文化自信建设可以促进中华民族的全面振兴，促进新时代中华文明的觉醒与复兴。只有文化繁荣昌盛，才能保持中华民族的精神独立性，才能实现民族的伟大复兴，从而坚定道路自信、理论自信和制度自信。另一方面，文化自信的核心是价值观自信，增强国家治理能力需要解决好价值观问题。当前，全球化范围内意识形态斗争激烈，各种思想文化相互碰撞，导致国内价值观多样，这就需要坚定价值观自信，用社会主义核心价值观凝魂聚气，充分发挥社会主义核心价值观的评价与导向作用、整合与规范功能，在多元中立主导，在多样中求共识，从而汇聚成强大的社会正能量，推动国家治理体系和治理能力的现代化，推动人民对中国特色社会主义道路、中国特色社会主义理论体系和中国特色社会主义制度的自信。综上所述，文化自信的以上作用决定了在"四个自信"体系中，文化自信是更基础的自信。没有文化自信，道路自信、制度自信、理论自信就缺乏持续生存和发展的根基。

二、文化自信是更广泛的自信

文化具有极强的渗透性，能够渗透到社会生活的各个方面、社会建设的各个方面，而且渗透到人们的行为活动中，对人、对社会、对国家都有着重要的影响。第一，文化通过一定的形式融入人们的生活，最终内化为人们的精神追求，影响人们的思想和行为。文化对人具有培育价值观念、涵养道德素质、提升个人品位、端正思想态度等重要作用，而人又是中国特色社会主义道路的开拓者和耕耘者，是中国特色社会主义制度的建立者和执行者，是中国特色社会主义理论的建设者和坚守者，优秀的文化促使人充分发挥主观能动性，沿着正确的方向前进。文化自信能够提振民族的自信心和自豪感，从而调动人民群众参与民族复兴的积极性和主动性，在民族复兴过程中充分发挥人民群众的智慧和力量。中国共产党带领全国各族人民在抗击外敌侵略、争取国家独立和民族解放的斗争中形成了井冈山精神、长征精神、抗战精神、西柏坡精神、延安精神等革命精神。在长期的革命战争过程中，党领导人民和军队形成了理论与实际相结合、紧密联系人民群众、批评与自我批评的三大优良作风，为中国营造了风清气正的政治生态和文化环境。中国共产党在抗战过程中形成的一系列优秀的革命精神和革命作风已经深深融入中华文化的基因中，融入中华民族的血脉和灵魂中，渗透到中国人民的骨髓与血液中，成为激励与鼓舞中华民族和中国人民不断攻坚克难、从胜利走向新的胜利的强大精神动力。第二，文化能够渗透到中国特色社会主义建设中。一方面，文化与经济建设、政治建设、社会建设、生态文明建设之间的联系日益密切，文化对四者的影响作用日益呈现，影响力度日益加大，优秀的、先进的文化能够产生强大的经济效益和社会效益。社会主义先进文化始终坚持以马克思主义为根本指导，坚持民族导向、科学导向和大众导向，对人具有价值引导、精神塑造、品性提升的重要功能，同时能为社会主义建设、改革和发展提供正确的思维方式和价值导向，指导中华民族的伟大实践。另一方面，文化对我国综合国力的提升日益重要。全球化背景下文化越来越成为影响综合国力竞争的关键因素，加强文化自信建设，能够推动中华文化的繁荣，推动文化产业和文化事业的可持续健康发展，能够提升我国的文化核心竞争力和综合国力，为实现中华民族伟大复兴创造坚实的条件和基础。文化影响的广泛性和强大的渗透性决定了文化自信在"四个自信"体系中是更广泛的自信。文化自信能够使人民群众产生广泛而强烈的民族认同和国家认同，能够为中国特色社会主义道路、理论体系和制度建设提供更加广泛的群众基础和精神基础，从而使中国特色社会主义长久发展、经久不息。

三、文化自信是更深厚的自信

文化具有深厚性。第一，从文化的内涵来说，文化涉及"三思"（思维、思想、思考），具有严格的逻辑性。它植根于深厚的土壤，随着历史车轮的不断前进，具有鲜明的时代烙印和丰富的内涵意蕴。社会主义先进文化积淀着中国人民和中华民族的精神追求，是中国特色社会主义的象征和标识，具有与时俱进的特征，代表广大人民的根本利益和价值追求，代表社会最先进的思想意识和文化状态。第二，从文化的内容和形式来说，中华文化具有五千年的悠久历史，其中包含的军事政治、思想文化、民风民俗、文学艺术、科学技术等，内容丰富、形式多样，具有深厚的内涵和意蕴，增强了文化的深厚感。中华文化在发展的过程中不断吸收不同区域、不同民族、不同国家的文化，这些文化为中华文化的发展增添了不同的颜色，使得中华文化更加优秀、底蕴更加深厚。中华优秀传统文化是中华文明的重要组成部分，其中孔孟老庄等经典哲学、四大发明以及医学、农学巨著等不仅在中国人民认识世界、改造世界的过程中发挥了重要作用，也在世界人民的社会实践活动中发挥了重要作用，为世界文明的发展作出了突出贡献。第三，从文化的影响力来说，文化对人和社会的影响具有潜移默化的特点，且具有长期性和相对稳定性，这种影响一旦形成，便旷日持久。文化通过影响人和社会来影响整个民族的精神和品格，因此文化是民族精神、民族品格形成的根基。文化的深厚性决定了文化自信在"四个自信"体系中是更深厚的自信。文化自信植根于中华文化土壤之中，是中国共产党以马克思主义为指导，在深刻理解中国具体国情的基础上形成的。坚定文化自信能够更好地把握文化建设，从而为道路、理论体系和制度提供深厚的精神支撑和文化底蕴。因此，文化自信是"四个自信"体系中更深厚的自信。

总之，文化自信既是对待文化的态度，也是新时代文化建设的新思路和新方法，是思想与方法的统一、理论与实践的统一。中国特色社会主义是改革开放以来党的全部理论和实践的主题，全党必须高举中国特色社会主义伟大旗帜，坚定和构建文化自信，确保党和国家事业始终沿着正确方向前进。

如何理解生态文明建设在当前的重要地位

肖 芳[*]

生态文明建设，是指人类在利用和改造自然的过程中，主动保护自然，积极改善和优化人与自然的关系，建设健康有序的生态运行机制和良好的生态环境。生态文明是人类社会进步的重大成果，人类经历了原始文明、农业文明、工业文明，生态文明是工业文明发展到一定阶段的产物，是实现人与自然和谐发展的新要求，是继农业的"黄色文明"、工业的"黑色文明"后的"绿色文明"。人生活在天地之间，以天地自然为生存之源、发展之本，在与自然的相互作用中，创造和发展了人类文明。在这个历程中，人与自然的关系经历了从依附自然到利用自然，再到人与自然和谐共生的发展历程。

2017年，习近平总书记在党的十九大报告中提出加快生态文明体制改革，建设美丽中国的要求，描绘了本世纪中叶建成富强、民主、文明、和谐、美丽的社会主义现代化强国的美好蓝图，指出："建设生态文明是中华民族永续发展的千年大计。"[①] 阐明中国特色社会主义进入新时代下生态文明建设的重要性与迫切性。今天，人类社会正日益形成这样的普遍共识：人因自然而生，人与自然是一种共生关系，对自然的伤害最终会伤及人类自身，这个客观规律谁也无法抗拒。

首先，生态文明建设是对马克思主义生态观和中国优秀传统文化的回归与发展。马克思主义生态观旨在实现人与自然和谐相处。从"人定胜天"的豪情万丈到"尊重自然、顺应自然、保护自然"的生态理念再到"美丽中国"的新蓝图，反映了我们党对于马克思主义生态观的认识不断深化。高度重视生态文明建设，打破了以往单纯以经济增长率为发展水平的唯一衡量标准的局限，将生态环境问题上升到历史唯物主义的高度，使生态文明建设重新纳入马克思主

---

[*] 肖芳：曲阜师范大学马克思主义学院副院长、硕士生导师

[①] 习近平. 决胜全面建成小康社会 夺取新时代中国特色社会主义伟大胜利——在中国共产党十九次全国代表大会上的报告 [M]. 北京：人民出版社，2017：23.

义生态观的轨道。此外，中国传统文化源远流长、博大精深，以儒释道思想为核心的中国传统思想从不同层面探讨了天人关系，形成了内涵丰富的生态伦理思想，"万物各得其和以生，各得其养以成"，"天地与我并生，而万物与我为一"。因此，生态文明建设思想不是无源之水、无本之木，而是植根于马克思主义和中国优秀传统生态文化的土壤，结合新时代条件下生态文明实践的基础上发展起来的。

其次，国内外严峻的生态环境形势倒逼生态文明建设。从国内看，世界上最大的发展中国家和人均资源短缺是我国经济社会发展的突出矛盾，随着工业化的到来，和世界许多国家一样，我国也经历了一个向自然界进军、改造自然、征服自然的过程，在快速形成现代化发展物质基础的同时，也给自然生态系统带来了很大的破坏，出现森林消失、土地沙化、湿地退化、水土流失、干旱缺水等严重生态问题和水、土、空气遭到污染等严重环境问题。改革开放以来尤其是党的十八大以来，我国生态环境恶化的趋势初步得到遏制，部分地区有所改善，但目前我国环境形势依然相当严峻，不容乐观，中国的环保到了最紧要的关头。从国际看，为了追求利益最大化，发达国家除了消耗大量自然资源与物质材料外，还通过转嫁环境危机，以实现国内生态的改善。发展中国家由于经济发展水平较为落后，环境标准较低，暂时无力承担治理污染的所有费用，面临环保与发展的双重挑战，如何兼顾环保和发展，成为发展中国家面临的现实问题。

再次，建设生态文明是中华民族永续发展的千年大计。生态文明建设关系人民福祉，关乎民族未来，功在当代、利在千秋。生态兴则文明兴，生态衰则文明衰，这是人类社会生态灾难总结出来的血的教训。建设生态文明，是人类充分认识自身和自然界发展的客观规律的体现，也是共产主义者为达到自己所毕生追求的目标——"为实现人的真正自由全面的发展而努力"的必然趋势。此外，生态环境与人民生活息息相关，"中国特色社会主义进入新时代，我国社会主要矛盾已经转化为人民日益增长的美好生活需要和不平衡不充分的发展之间的矛盾"[①]。从"求生存"到"求生态"，从"盼温饱"到"盼环保"，人民群众对干净水质、绿色食品、清新空气、优美环境等生态的需求更为迫切。我们要建设的现代化是人与自然和谐共生的现代化，既要创造更多的物质财富和精神财富以满足人民日益增长的美好生活需要，也要提供更多优质生态产品以满足人民日益增长的优美生态环境需要。因此，保护生态环境就是保障民生，

---

① 习近平．决胜全面建成小康社会 夺取新时代中国特色社会主义伟大胜利——在中国共产党十九次全国代表大会上的报告［M］．北京：人民出版社，2017：11.

改善生态环境就是改善民生。

最后,生态文明建设符合全人类的共同利益。良好的生态环境既代表全体中国人民的利益,也符合全人类的共同利益,无疑对统筹解决世界各国在发展中遇到的人与人以及人与社会之间的各种矛盾问题具有重要意义。协调生态保护与国际自由贸易的关系,提高基于环境保护的绿色竞争力,促进可持续发展正成为世界各国面临的重要任务和发展方向。我国是世界上最大的发展中国家,目前正处于工业化快速发展、能源消耗总量持续增长的阶段,如何在加快经济发展的同时兑现减排承诺,已经成为我国必须直面的艰巨挑战和必须完成的神圣使命,也是反驳"中国生态环境不负责任"等不和谐论调的必然选择。我国积极顺应时代发展潮流,重视生态文明建设,展现了我们党对于国际环境问题的重视,更加释放出一个负责任大国主动担当全球环境治理的强烈信号,为世界生态文明建设作出贡献。

湖南洞庭湖,它在古代本是中国最大的淡水湖泊,但人们的不合理行为,例如围湖造田、过度引水,还有上游人们不合理地开发利用森林资源致使大量泥沙淤积,其面积在中国沦为第二大。并且在1998年特大洪水来袭时造成了巨大损失。在国际社会,忽视生态建设的案例更是数不胜数。1943年夏季,美国西海岸的洛杉矶市发生光化学烟雾事件。该市250万辆汽车每天燃烧掉1100吨汽油,汽油燃烧后产生的碳氢化合物等在太阳紫外光线照射下引起化学反应,形成浅蓝色烟雾,使该市大多市民患了眼红、头疼病。后来人们称这种污染为光化学烟雾。1955年和1970年洛杉矶又两度发生光化学烟雾事件,前者有400多人因五官中毒、呼吸衰竭而死,后者使全市四分之三的人患病。1953年、1956年日本熊本县水俣镇一家氮肥公司排放的废水中含有汞,这些废水排入海湾后经过某些生物的转化,形成甲基汞。这些汞在海水、底泥和鱼类中富集,又经过食物链使人中毒。当时,最先发病的是爱吃鱼的猫。中毒后的猫发疯痉挛,纷纷跳海自杀。没有几年,水俣地区连猫的踪影都不见了。1956年,出现了与猫的症状相似的病人。因为开始病因不清,所以用当地地名命名。1991年,日本环境厅公布的中毒病人仍有2248人,其中1004人死亡。美国和日本均为经济发达的国家,而这种经济的高速发展却是以污染环境为代价的。

总之,重视生态文明建设,有助于小康社会建设的系统整体性,用统筹协调的方法促进经济建设、政治建设、文化建设、社会建设和生态文明建设,共同推动中国社会的全面整体进步。今天党选择了把生态文明建设纳入五位一体总体布局的道路,意在把生态文明建设落到实处,真抓实干,让我们的子孙后代永远享受青山绿水。

为什么说"绿水青山就是金山银山"

肖 芳[*]

"绿水青山就是金山银山"是 2005 年习近平时任浙江省委书记时提出的理念,习近平总书记在主持十八届中央政治局第六次集体学习时进一步要求:"要正确处理好经济发展同生态环境保护的关系,牢固树立保护生态环境就是保护生产力、改善生态环境就是发展生产力的理念"[①],形象地阐发了"绿水青山"和"金山银山"的辩证关系。从"我们追求人与自然的和谐,经济与社会的和谐,通俗地讲,就是既要绿水青山,又要金山银山"[②],到"环境就是民生,青山就是美丽,蓝天也是幸福,绿水青山就是金山银山"[③],习近平总书记关于"两山"的重要论述,从辩证的角度把生态环境保护与加快经济发展统一起来,深刻体现了尊重自然、以人为本的价值理念和治理经验,表明了绿水青山和金山银山绝非对立,而是可以实现生态建设和经济发展的双赢。

从历史维度理解,"绿水青山就是金山银山"的理念是应对传统发展模式的错误发展观作出的批判。人类文明起源以来,人们从未把财富和生态联系起来,认为只有社会产品才是财富,只有经济生产才能创造财富,而我们生活于其中的自然生态系统并不是财富,可以任意滥用。但是一旦人类的活动违背了自然规律,破坏了自然环境,则经济与生态就会处于一种对立的状态。比如我国在 20 世纪后半叶的经济发展过程中,过度追求经济数量的增长,而忽略了生态建设。随着人类劳动对自然破坏程度的不断加深,环境污染、气象异常、自然资源枯竭、物种灭绝、植被破坏、人口膨胀等生态问题的严重性和尖锐性已为国际社会所普遍认同,成为至关重要的世界性课题和重大国际会议所关注的焦点,生态的重要性在不断凸显。如果当前不重视生态环境保护,则"绿水青山"将

---

[*] 肖芳:曲阜师范大学马克思主义学院副院长、硕士生导师
[①] 习近平. 习近平谈治国理政:第 1 卷 [M]. 北京:外文出版社,2014:209.
[②] 习近平. 之江新语 [M]. 杭州:浙江人民出版社,2007:153.
[③] 习近平. 习近平谈治国理政:第 2 卷 [M]. 北京:外文出版社,2017:209.

不复存在,人类的生存环境将受到威胁,通过人类劳动创造的生产力也无法继续,"金山银山"也会随之消失。

从理论维度理解,马克思主义生态自然观理论奠定了习近平总书记关于"绿水青山就是金山银山"的自然价值理论的基础。人与自然和谐发展是马克思主义生态自然观的根本要求,而绿水青山就是金山银山则是马克思主义生态自然观在当代的具体体现,马克思主义认为人与自然是相互依存、不可分割的生命共同体,自然界"是我们人类(本身就是自然界的产物)赖以生长的基础"①。"自然界是人为了不致死亡而必须与之处于持续不断的交互作用过程的、人的身体。"②"绿水青山就是金山银山"体现了习近平总书记生态文明思想的升华,也实现了对马克思主义生态观的继承和对马克思主义政治经济学理论的创新,代表了人类社会发展及人类历史和文明形态的更高层次、更高阶段。人类从野蛮跨进文明,从农耕文明走向现代工业文明,"两山"理念呈现出理论上的递进性,即第一层否定只要经济增长不要生态环境的偏颇观点,第二层提出经济增长和生态环境统筹观点,第三层指出经济增长就是生态环境的发展观点,第四层表达宁要生态环境不要经济增长的生态观点。

从实践维度理解,"绿水青山就是金山银山"理论不是凭空产生的,是把马克思主义基本原理同中国环境保护的具体实践相结合,从中国经济社会发展的国情出发,深刻研究中国环境保护的特点和规律,并在中国实践中科学地总结和发展而来的。"绿水青山就是金山银山"的观点彰显了经济建设和环境保护的对立统一关系,经济建设总要消耗能源与资源,排放污染物,对生态环境产生压力,生态环境保护又会制约能源与资源的开发利用,消耗一定的财力物力,对经济建设造成影响。但是,良好的生态环境是生存之本、发展之基。一方面,保护好生态环境能促进经济良性发展;另一方面,经济发展又为生态环境保护提供强大的资金技术支持。在实践活动中,人们对"两座山"的认识经历了从"用绿水青山去换金山银山"到"既要金山银山,但是也要保住绿水青山",再到"绿水青山本身就是金山银山"的发展过程,这也是"人和自然关系不断调整、趋向和谐的过程"。

塞罕坝林场建设实践就是"绿水青山就是金山银山"的生动体现。可以说,塞罕坝林场的每一寸土地、每一棵树都阐释了绿色发展的理念,记载着生态文

---

① 中共中央马克思恩格斯列宁斯大林著作编译局. 马克思恩格斯选集:第4卷[M]. 北京:人民出版社,1995:222.
② 中共中央马克思恩格斯列宁斯大林著作编译局. 马克思恩格斯选集:第1卷[M]. 北京:人民出版社,1995:55.

明建设的进程，收获了丰富的生态效益。从"一棵树"到"一片海"，塞罕坝林场三代人前赴后继，在艰苦条件下建成了世界上面积最大的人工林，成为首都和华北地区的水源卫士、风沙屏障，用生命书写了绿色传奇，成为生态文明建设的生动范例，为全国生态文明建设探索了可推广的成功经验。50多年来，河北塞罕坝林场的建设者们听从党的召唤，在"黄沙遮天日，飞鸟无栖树"的荒漠沙地上艰苦奋斗、甘于奉献，创造了荒原变林海的人间奇迹，用实际行动诠释了绿水青山就是金山银山的理念，铸就了牢记使命、艰苦创业、绿色发展的塞罕坝精神。塞罕坝的成功，在于建设者们对绿色发展理念认识的不断深化和坚持。林场建设之初，建设者们并未形成成熟而自觉的生态文明意识和绿色发展理念，只有朴素的生态意识，那就是种树的目的在于防沙并伐木取材。随着建设的不断深入，建设者们的认识不断深化和升华，逐步形成了自觉的生态文明意识，树立了绿色发展理念，不再把种树的目的简单归结为伐木取材，而是增林扩绿，提供生态产品。近年来，塞罕坝林场造林成活率和保存率一直保持在95%和92%。1962年，原林业部在河北省围场满族蒙古族自治县北部组建了塞罕坝机械林场。到2017年，林场有林地面积达到112万亩，成为世界上面积最大的人工林，这5亿株树木，如果1米1株排列，可以绕赤道12.5圈。五十多年过去了，与建场前相比，林场森林覆盖率由11.4%提高到80%，林木蓄积量由33万立方米增加到1012万立方米。每年涵养水源、净化水质1.37亿立方米，吸收二氧化碳74.7万吨，释放氧气54.5万吨，林场森林资产总价值达202亿元。2017年8月，习近平总书记作出重要指示，明确要求把塞罕坝林场作为全国生态文明建设范例宣传推广。当年，塞罕坝林场建设者被联合国授予"地球卫士"奖。今天的塞罕坝，已由一抹绿发展成一丛绿，郁郁葱葱的林海，深刻诠释"绿水青山就是金山银山"的发展理念，成为林场生产发展、职工生活改善、周边群众脱贫致富的"绿色银行"。

生态环境对于一个城市来说，意味着资源，也意味着财富，更是福泽后代的绿色宝藏。日照市是山东省的一个海滨小城，因"日出初光先照"而得名，地处半岛之南，南邻连云港，北连青岛，东邻黄海，与日本韩国隔海相望。日照有着悠久的历史文化，是一块旅游、度假、修养的风水宝地，而"蓝天、碧海、金沙滩"则是日照最光彩夺目的亮点。历史的长河中弹指一挥间的40年，却是日照生态环境保护满载硕果的40年，"绿水青山就是金山银山"在日照有着最为生动的实践。日照有着被诺贝尔奖获得者丁肇中先生称赞为"夏威夷所不及"的日照海滨国家森林公园，还有着被国家体育总局领导、专家誉为"亚洲名列前茅、走在前面的帆船比赛场地"的日照市世帆赛基地，更有着已纳入山东省十大文化旅游项目的东方太阳城，还有总投资7亿元的旅游综合体——日照海洋公园。在这座小城里，沿着海岸线，有五大景区迎接着来自四面八方的游客，让游客在这里感受日照的温婉与明媚，留下不舍与思念。改革开放40年，在日照，生态保护与经济发展"比翼齐飞"，日照市没有为经济增长牺牲掉宝贵的生态环境，而是让生态宜居成了日照最突出的优势和战略资源，最为闪亮的城市名片。据调查统计，2017年日照"蓝天白云、繁星闪烁"天数达到311天，空气质量优良率达到76%。2017年，全市新建、续建重点旅游项目118个，接待游客4497.55万人次，同比增长10.2%；实现旅游消费总额360.43亿元，同比增长14.8%。仅2018年春节期间日照市共接待国内游客55.7万人次，增长23.9%，国内游客消费3.1亿元，增长20.1%。"没有生态就没有日照。"的确如此，日照最大的价值在生态、最大的责任在生态、最大的潜力也在生态。

  一个被能源照亮的世界，同时也可以是洁净和美好的。习近平总书记的"绿水青山就是金山银山"理念是对发展理念的再次提升，是物质文明与精神文明的统一，是对工业文明的超越。"绿水青山"既是自然财富、生态财富，又是社会财富、经济财富。保护生态环境就是保护生产力，改善生态环境就是发展生产力。作为当代马克思主义生态自然观的最新理论成果，"绿水青山就是金山银山"是指导中国实现绿色崛起的重要思想理论法宝，是指向未来绿色发展的价值观和发展理念，对深入推进以美丽中国为目标的生态文明建设具有实质性意义。只有树立和践行"绿水青山就是金山银山"理论，避免走先污染后治理的老路，更加自觉地珍视自然，更加积极主动地保护生态环境，同世界生态文明建设步调一致，以现代创新实践打造一种新的绿色发展理念，构建一种新的世界发展模式，建设中国特色社会主义生态文明，才将真正开启我国生态环境保护新时代，实现人与自然和谐发展的新局面。

"四个全面"战略布局的内在逻辑关系

王德成[*]

"四个全面"战略布局是以习近平同志为核心的党中央从坚持和发展中国特色社会主义全局出发，直面世情、国情和党情的深刻复杂变化，统筹国内国际两个大局，坚定"四个自信"，立足中国实际所提出的治国理政的战略布局，是习近平新时代中国特色社会主义思想的重要组成部分。习近平总书记指出："这个战略布局，既有战略目标，也有战略举措，每一个'全面'都具有重大战略意义。全面建成小康社会是我们的战略目标……全面深化改革、全面依法治国、全面从严治党是三大战略举措，对实现全面建成小康社会战略目标一个都不能缺。"[①] 为我们深入理解和准确把握"四个全面"战略布局的内在逻辑关系提供了根本遵循。全面建成小康社会、全面深化改革、全面依法治国和全面从严治党相辅相成、相得益彰，是战略目标与战略举措的辩证统一，全局与重点的有机结合，共同构成了"四个全面"战略布局的科学有机整体。

一、全面建成小康社会是战略目标

党的十八大提出了"全面建成小康社会"的宏伟目标，这是党向人民作出的庄严承诺，深深体现了新时代中国人的理想、顺应了人民意愿，也展示了中国特色社会主义事业全面发展的美好前景，又是实现中华民族伟大复兴中国梦的关键一步和前提基础，在"四个全面"战略布局中居于引领地位。

党的十八大以来，我们党根据新形势和新情况提出的符合中国实际的关于中华民族伟大复兴的战略构想——中国梦，其本质是国家富强、民族振兴、人民幸福。全面建成小康社会作为实现中华民族伟大复兴的中国梦的基础，有机

---

[*] 王德成：曲阜师范大学马克思主义学院副教授、硕士生导师
[①] 中共中央文献研究室. 习近平关于协调推进"四个全面"战略布局论述摘编[M]. 北京：中央文献出版社，2015：17.

地契合了中国梦的实质。全面深化改革、全面依法治国和全面从严治党作为战略举措，都是紧紧围绕全面建成小康社会这一战略目标展开的。其中，全面深化改革和全面依法治国犹如"鸟之双翼，车之两轮"，推动经济社会的有序发展，为全面建成小康社会提供坚强保障；中国共产党的领导是中国特色社会主义的本质特征和中国特色社会主义制度的最大优势，全面从严治党作为加强和改善党的领导的有机组成部分，为全面建成小康社会提供了政治保证。正如习近平总书记所强调："全面建成小康社会是我们的战略目标……我们所有奋斗都要聚焦于这个目标。"①

二、全面深化改革是根本动力

习近平总书记指出："改革开放是党和人民大踏步赶上时代的重要法宝，是坚持和发展中国特色社会主义的必由之路，是决定当代中国命运的关键一招，也是决定实现'两个一百年'奋斗目标、实现中华民族伟大复兴的关键一招。"② 全面深化改革作为对中国特色社会主义改革事业的纵深推进，是新时代坚持和发展中国特色社会主义的力量源泉，重点在"全面"，根本在"改革"，旨在实现改革全面发力、多点突破、蹄疾步稳、纵深推进的生动局面。全面深化改革能够破除各领域固有藩篱，为全面建成小康社会、全面依法治国和全面从严治党注入了活力，是三者的动力源泉。

（一）全面深化改革明确全面建成小康社会的发力点

全面深化改革明确了新时代中国特色社会主义经济建设、政治建设、文化建设、社会建设和生态文明建设的落脚点和着力点。其一，经济建设层面，通过坚持和完善基本经济制度、完善现代市场体系建设、推进财税体制改革等途径可以破解当前经济体制中固有藩篱，为推动经济发展注入了新活力，能够促进经济持续快速健康发展；其二，政治建设层面，深化政治体制改革，发展社会主义民主政治，完善党和国家领导体制，健全中国特色社会主义法律体系；其三，文化建设层面，通过提高文化开放水平来推进文化体制机制创新，切实提高文化软实力；其四，社会建设层面，推进社会事业改革创新使改革开放的成果更多惠及人民群众，创新社会治理体制增强社会发展活力；其五，生态文明建设层面，通过改革生态环境保护管理体制、加快生态文明制度建设，使生

---

① 中共中央文献研究室．习近平关于协调推进"四个全面"战略布局论述摘编［M］．北京：中央文献出版社，2015：17.

② 习近平．在庆祝改革开放40周年大会上的讲话［N］．人民日报，2018-12-18.

态文明建设制度化,促进资源节约型、环境友好型社会建设的快速发展。

(二)全面深化改革为全面依法治国指明了方向

全面依法治国的总目标是"建设中国特色社会主义法治体系,建设社会主义法治国家"。为实现这一总目标,必须统筹推进依法治国、依法执政和依法行政,实现法治国家、法治政府和法治社会的"三位一体"建设。直面中国特色社会主义法治建设实践,我国现行法治体系还存在诸多不足之处,亟待进一步完善。因此必须坚持目标导向和问题导向相统一的战略思维,着眼于维护宪法法律权威、深化行政执法体制改革、确保依法独立公正行使审判权检察权、健全司法权力运行机制和完善人权司法保障制度,不断深化司法体制改革,旨在推动形成"科学立法、严格执法、公正司法、全民守法"的局面,不断丰富和发展中国特色社会主义法治体系。

(三)全面深化改革明晰了全面从严治党的基本思路

全面深化改革以坚持党的领导为前提,同时也要求加强和改善党的领导,明确了全面从严治党的基本思路。① 一是要坚决维护党中央权威。坚决维护党中央权威,是全面从严治党的重要内容,也是深化改革的重要保障。维护党中央权威,要求全党牢固树立"四个意识",自觉在思想上、政治上、行动上与以习近平同志为核心的党中央保持高度一致,切实做到"两个维护"。二是密切联系群众以赢得人民对改革的支持。密切联系群众是中国共产党的最大政治优势。在全面从严治党的过程中,要确立人民群众是改革主体的意识,密切联系群众,一切工作都以人民群众的需要为出发点和落脚点,真正做到权为民所用,情为民所系,利为民所谋。三是造就高素质干部队伍以提升领导改革的本领。全面深化改革,需要有力的组织保证和人才支撑。这也就要求做到"五湖四海,任人唯贤",选出德才兼备、作风清廉的干部。

三、全面依法治国是法治保障

习近平总书记在党的十九大报告中指出:"全面依法治国是中国特色社会主义的本质要求和重要保障。"② 法律是治国之重器,是提高国家治理体系和治理能力现代化水平的主要依托。伴随着世情、国情和党情的深刻复杂变化,直面

---

① 陈金龙. 基于全面深化改革的全面从严治党思路[J]. 红广角·党史与文献研究, 2017(9/10):44-49.

② 习近平. 决胜全面建成小康社会 夺取新时代中国特色社会主义伟大胜利——在中国共产党第十九次全国代表大会上的报告[N]. 人民日报,2017-10-27.

新时代坚持和发展中国特色社会主义所面临的一系列难题，必须通过全面依法治国提供制度化解决方案。

（一）全面依法治国是全面建成小康社会的应有之义

党的十八大在提出全面建成小康社会目标时强调，要推动依法治国基本方略全面落实、法治政府基本建成、司法公信力不断提高，实现国家各项工作法治化，加快建设社会主义法治国家、全面推进依法治国。党的十八届四中全会再次强调，全面建成小康社会必须全面推进依法治国。推动法治国家、法治政府和法治社会的一体建设，实现"科学立法、严格执法、公正司法、全民守法"的法治新局面既是全面小康的应有之义，也是全面依法治国的内在要求。

（二）全面依法治国为全面深化改革提供了法治依据

当前，中国的改革事业已走过了四十多年的历程，容易改的业已完成，"好吃的肉"都已被吃光，剩下的都是难啃的"硬骨头"。因此，在全面深化改革的进程中，面对难啃的"硬骨头"和难闯的"激流险滩"，必须通过加强立法，为全面深化改革提供保障，使全面深化改革有法可依、有法可循，在法治道路上有序推进改革、巩固改革的成果，在"破"与"立"中使两者相得益彰。正如习近平总书记所言，"我们要加强重要领域立法，确保国家发展、重大改革于法有据"。① 全面深化改革总目标是完善和发展中国特色社会主义制度、推进国家治理体系和治理能力现代化。不断完善中国特色社会主义法治体系、建设社会主义法治国家既是全面推进依法治国的总目标，也是提高国家治理体系和治理能力现代化水平的应有之义。正如习近平总书记所言，"建设中国特色社会主义法治体系、建设社会主义法治国家是实现国家治理体系和治理能力现代化的必然要求，也是全面深化改革的必然要求"。②

（三）全面依法治国是全面从严治党的现实需要

治国必先治党，治党务必从严，从严必依法度。党的十八届四中全会提出了"形成完善的党内法规体系"的时代任务，将党内法规体系纳入了中国特色社会主义法治体系之中，创新发展了中国特色社会主义法治建设的理论和实践，为统筹推进依法治国和依规治党提供了学理支撑和制度保障。习近平总书记指

---

① 习近平. 在庆祝全国人民代表大会成立60周年大会上的讲话 [N]. 人民日报，2014-09-06.

② 习近平. 关于《中共中央关于全面推进依法治国若干重大问题的决定》的说明 [N]. 人民日报，2014-10-29.

出,"加强党内法规制度建设是全面从严治党的长远之策、根本之策"。① 一是明确了全面从严治党的基本遵循。全面从严治党不是看人下菜的"势力店",也不是权力斗争的"纸牌屋",而是依照党内法规制度,以清除党的政治肌体毒瘤为目标的自我完善、自我净化、自我革新、自我提高的伟大自我革命。二是为推动全面从严治党向纵深发展提供了制度保障。全面从严治党没有休止符,不是有头无尾的"烂尾楼",而是永远在路上的党的自身建设的伟大工程。加强党内法规制度体系建设旨在为推动全面从严治党实现常态化、长效化、制度化提供了学理支撑和制度支撑,为新时代推动全面从严治党向纵深发展奠定了坚实的制度根基。

四、全面从严治党是政治保证

习近平总书记在党的十九大报告中提出:"中国特色社会主义进入新时代,我们党一定要有新气象新作为。打铁必须自身硬。党要团结带领人民进行伟大斗争、推进伟大事业、实现伟大梦想,必须毫不动摇坚持和完善党的领导,毫不动摇把党建设得更加坚强有力。"②

勇于自我革命、坚持从严管党治党是我们党的优良传统和最鲜明的理论品格。党的十八大以来,以习近平同志为核心的党中央直面新时代党面临的"四大考验"和"四种危险",以刀刃向内的自我革命精神进行了全面从严治党,将其作为治国理政的"先手棋"纳入中国特色社会主义事业的战略布局"四个全面"之中。习近平总书记指出,"伟大斗争,伟大工程,伟大事业,伟大梦想,紧密联系、相互贯通、相互作用,其中起决定性作用的是党的建设新的伟大工程"。③ 全面从严治党作为党的建设新的伟大工程的重要组成部分,为全面建成小康社会、全面深化改革和全面依法治国提供了坚强的政治保证。

---

① 习近平就加强党内法规制度建设作出重要指示强调 坚持依法治国与制度治党、依规治党统筹推进、一体建设[N].人民日报,2016-12-26.
② 习近平.决胜全面建成小康社会 夺取新时代中国特色社会主义伟大胜利——在中国共产党第十九次全国代表大会上的报告[N].人民日报,2017-10-27.
③ 习近平.决胜全面建成小康社会夺取新时代中国特色社会主义伟大胜利:在中国共产党第十九次全国代表大会上的报告[R].北京:人民出版社,2017.

为什么说中国共产党的领导是中国特色社会主义的最本质特征

李芳云[*]

2014年9月，习近平总书记在庆祝全国人民代表大会成立60周年大会上的重要讲话中提出："中国共产党的领导是中国特色社会主义最本质的特征。"[①]这是以习近平同志为核心的党中央领导集体关于中国共产党地位的一个全新论断，同时也是对中国共产党和中国特色社会主义关系的一个全新总结。党的十九大政治报告再次强调重申这个重要论断，充分肯定中国共产党的领导在中国革命、建设和改革中的重要地位。历史和实践证明，中国特色社会主义事业的现在和未来发展都离不开中国共产党的正确领导。

2018年《毛泽东思想和中国特色社会主义理论体系概论》教材第十四章第一节的第二个问题指出：中国共产党的领导是"中国特色社会主义的最本质特征"，教材从三个方面论证党的领导是由科学社会主义的理论逻辑、中国特色社会主义产生和发展的历史逻辑、中国特色社会主义迈向新征程的实践逻辑决定的，怎样理解这个问题呢？

一、党的领导是无产阶级实现自身解放和人类解放的必由之路

邓小平指出："自有国际共产主义运动以来，就证明了没有无产阶级的政党就不可能有国际共产主义运动。自从十月革命以来，更证明了没有共产党的领导就不可能有社会主义革命，不可能有无产阶级专政，不可能有社会主义建设。"[②] 没有无产阶级政党的存在，国际共产主义运动也就不能开展，共产党的领导对社会主义革命起着至关重要的作用，尤其是中国共产党的领导对中国革

---

[*] 李芳云：曲阜师范大学马克思主义学院教授、博士生导师
[①] 习近平. 习近平谈治国理政：第2卷 [M]. 北京：外文出版社，2017：18.
[②] 邓小平. 邓小平文选：第2卷 [M]. 2版. 北京：人民出版社，1994：169.

命和建设所起到的作用更是不可估量的。中国共产党自诞生以来就代表着最广大人民的利益，是工人阶级的先锋队同时也是中国人民和中华民族的先锋队。只有在中国共产党的领导下以毛泽东为代表的共产党人将马克思主义与中国具体实践相结合，才能最终取得新民主主义革命的胜利，建立中华人民共和国，积极地进行社会主义革命和建设，为新时期形成中国特色社会主义奠定结实的物质基础和理论基石，可以说只有中国共产党的领导才会有中国特色社会主义的形成。中华人民共和国成立特别是改革开放40多年来，在中国共产党的领导下，政治、经济、文化和军事等方面获得巨大的进步，国际地位不断提高，这些都充分说明科学社会主义关于党的领导的理论原则在中国特色社会主义的实践中得以实现。

二、中国共产党的领导为中国特色社会主义奠定基石

纵观历史，中国共产党在中国特色社会主义的形成中起到了决定性的作用，中国共产党的领导为中国特色社会主义奠定了基石，没有中国共产党也就没有中华人民共和国的成立，更不会有中国特色社会主义的存在。众所周知，自鸦片战争以来，中国沦为半殖民地半封建社会，许多的有志之士纷纷开展救亡图存的运动。农民阶级的"太平天国运动""义和团运动"以及与农民阶级对立的地主阶级并没有挽救中国，由于农民阶级与地主阶级不能代表新的生产方式也就不可能完成反帝反封建的历史任务。资产阶级由于自身的软弱性和妥协性也不能挽救中国，于是无产阶级登上革命舞台后就在中国共产党的领导下扛起解放中国的重担。在20世纪30至40年代，随着民族危机的空前严重，在40年代基本形成了三种救国主张：第一种是以蒋介石国民党为代表的大地主大资产阶级，企图建立国民党一党专政的独裁统治；第二种是民族资产阶级和小资产阶级的中间党派主张在中国建立资产阶级共和国；第三种是中国共产党主张建立工人阶级领导的人民民主专政的国家。实践证明只有第三种方案才是切实可行的，也只有中国共产党领导才能真正地挽救中国，在中国共产党领导下建立的人民民主专政的国家是中国特色社会主义事业诞生的先决条件。

三、中国共产党的领导引领中国特色社会主义的发展

中国特色社会主义包括中国特色社会主义道路、中国特色社会主义理论体系、中国特色社会主义文化与中国特色社会主义制度四个方面，而这四个方面的形成发展都是在中国共产党的领导下获得的。

中国特色社会主义道路是中国共产党领导着中国人民在长期的实践过程中探索出来的，党的十一届三中全会以来，以邓小平为代表的党中央在总结以前发展的经验教训的基础上提出实行改革开放，突破了社会主义和市场经济相互对立的传统观念，建立社会主义市场经济体制，开辟了中国特色社会主义道路。中国特色社会主义理论体系包括邓小平理论、"三个代表"重要思想、科学发展观以及习近平新时代中国特色社会主义思想，将马克思主义基本原理与中国具体实践相结合，是党中央集体智慧的结晶。同时中国共产党是一个高度重视文化建设的政党，中国特色社会主义文化更是文化建设中的重中之重，始终坚持以马克思列宁主义为指导加强中国特色社会主义文化建设，培育四有公民，发展社会主义先进文化。而且中国特色社会主义制度是坚持中国特色社会主义的政治保证，在长期的革命和建设的过程中，中国共产党探索出一套不同于西方国家的具有中国特色的社会主义制度体系，坚持把根本政治制度，基本政治、经济制度和其他各方面机制体制有机结合起来，坚持党的领导、人民当家作主、依法治国的有机统一。

正是因为有了中国共产党的领导，中国特色社会主义道路、理论、文化、制度四个方面才能协调发展，在党的领导下始终坚持道路自信、理论自信、文化自信、制度自信，才使中国特色社会主义向前发展，使中国特色社会主义始终充满活力从而取得巨大的成就。

四、新时代党的领导对建设中国特色社会主义至关重要

习近平总书记在党的十九大报告中指出："经过长期努力，中国特色社会主义进入了新时代，这是我国发展新的历史方位。"①而这一重大的政治论断，是我们党在科学把握时代趋势和国际局势重大变化，科学把握世情、国情、党情的深刻变化的基础上作出的，标志着中国特色社会主义处在一个新的历史转折点上。新时代有新要求也有新目标，在这个新的历史方位上，中国共产党是中国特色社会主义的领导核心，只有共产党的正确领导才能使中国特色社会主义事业取得进一步的发展，使中国不断向建设一个富强、民主、文明、和谐的社会主义现代化强国迈进。

当前党的建设面临艰巨的任务，一方面是国内外形势的严峻复杂对我们党提出了前所未有的新挑战新要求；另一方面，党面临的四大考验四大风险仍然

---

① 习近平．决胜全面建成小康社会　夺取新时代中国特色社会主义伟大胜利——在中国共产党第十九次全国代表大会上的报告［M］．人民日报，2017-10-27．

是我们需要解决的难题。胡锦涛同志在党的十八大报告中指出：新形势下，党面临的执政考验、改革开放考验、市场经济考验、外部环境考验是长期的、复杂的、严峻的，精神懈怠危险、能力不足危险、脱离群众危险、消极腐败危险更加尖锐地摆在全党面前。① 这四大考验与四大危险在今天并没有过时，依然是党领导人民在建设中国特色社会主义道路上的"拦路虎"。一旦处理不好，不仅使我们的党面临着亡党亡国的威胁，同时中国特色社会主义事业也必然会遭受致命的打击。

中国共产党能够带领人民进行伟大的社会革命，也能够进行伟大的自我革命。② 勇于自我革命，不断加强对党的治理，这是马克思主义政党特别是中国共产党在新形势下的必要举措，同时也是建设中国特色社会主义事业的必然要求。面对新时代下的新要求，我们党更要发挥自我革命的优势，更好地贯彻落实习近平新时代中国特色社会主义思想，加强中国共产党长期执政能力，在中国共产党的领导下更好地推进中国特色社会主义事业"五位一体"的总体布局和"四个全面"的战略布局，使中国特色社会主义事业的发展迈上新的台阶。

---

① 坚定不移沿着中国特色社会主义道路前进为全面建成小康社会而奋斗［N］．人民日报，2012-11-08．
② 中共中央宣传部．习近平新时代中国特色社会主义思想三十讲［M］．北京：学习出版社，2018：308．

如何科学理性地看待我国社会的腐败问题

李芳云[*]

腐败问题是自古以来就存在的问题，也是各国执政党高度重视的问题。古往今来，政界学界为最大限度预防和限制腐败进行了各种各样的理论研究和实践探索，却始终没有彻底地解决腐败问题，因此，腐败是人类所共同面临的问题。

腐败是社会发展的"毒瘤"，对社会的危害非常严重。它不仅挑战人们心目中的公平正义，而且败坏党的执政形象，恶化党的政治生态。中华人民共和国成立伊始，以毛泽东为核心的第一届党中央严厉惩处了曾经是党的高级干部的刘青山、张子善，极大震慑了贪污腐败分子；此后，以邓小平为核心的第二届党中央、以江泽民为核心的第三届党中央领导集体、以胡锦涛为总书记的党中央都高度重视腐败问题，采取各种措施惩治腐败，取得重大成效。党的十八大以来，以习近平同志为核心的党中央对腐败重拳出击，"老虎""苍蝇"一起打，取得了前所未有的历史性成就，中国共产党的铁腕反腐行动举世瞩目。但是，腐败现象依然存在，反腐败依然任重道远。因此，针对当今社会存在的腐败问题，我们要理性地加以认识和分析。只有从根源分析腐败问题，才能为解决腐败问题、真正构建文明和谐社会奠定基础。

一、腐败问题产生和发展的根源

（一）腐败问题产生和发展的政治根源

腐败就是以权谋私。腐败总是与权力相联系。正如英国历史学家阿克顿勋爵所说："权力趋于腐败，绝对的权力导致绝对的腐败。"[①] 在行政权力领域里，

---

[*] 李芳云：曲阜师范大学马克思主义学院教授、博士生导师
[①] 阿克顿. 自由与权力——阿克顿勋爵论说文集［M］. 侯建，范亚峰，译. 北京：商务印书馆，2001：342.

如果行政公职人员手中握有大量具备重要性、稀缺性或不可替代性的权力，行政相对方就可能对其产生几乎别无选择的依赖性，由此产生绝对的权力，这为权力行使者提供了普通人难以企及的地位、荣誉和财富。掌权者从中获得巨大的心理与物质快感，从而在不知不觉中播下妄自尊大的种子。一旦掌权者将手中拥有的权力异化为谋取个人私利的工具，腐败就会应运而生。

（二）腐败产生和发展的历史根源

中国人传统地把做官看得很重要。与其说是儒家的伦理政治学说教授做官的人走"经世治国"的道路，还不如说是长期的高度集权的官僚政治，给予了做官的人，乃至从官场退出的人，以种种社会经济的实利和特权，那些实利和特权，就是保护和增大其私有财产。升官发财在中国人的心目中始终是连在一起的。做官的人利用皇帝或君王赋予他们的权力，无论是"达则兼善天下"的把持朝政，或是"穷则独善其身"的武断乡曲，始终把政治作为达成经济目的的手段。而这种倾向，就是直通贪污之路的便桥。中国历代对付贪污腐败的措施极其严厉，或流放、或处死，更有甚者剥皮实革。然而贪污腐败与惩治贪污刑典的严厉似乎并无重大关系。总之，中国古代官吏贪污腐败的行为是特殊的官僚封建专制社会的产物，有着长久的"历史渊源"。

（三）腐败问题产生和发展的思想根源

杰拉尔德·E. 蔡登指出："有人说腐败的根源还必须到人类性格的弱点中去寻找。人类在本性上是邪恶的和罪孽深重的。腐败是这一世界的一种方式，它是人类环境所固有的，没有一个人能逃避诱惑。"[①] 有些行政公职人员在进行以权谋私行为时，可以找出许多诸如"礼尚往来是人之常情""为他人办了事，收取一点报酬是应该的""职务越高，权力越大，付出的越多，得到的越多""有点腐败是为了搞活经济、是为大众谋利益"等的借口。他们以所谓"腐败合理论"为自己开脱。他们在欲望、利益等诱惑面前完全失去共产党员的理想和信念，从而把公仆的权力商品化、私有化。另外，也有一些清正廉洁的官员刚开始对腐败是反感的，他们拒绝请客送礼，但是却被排挤在外，遭到威胁和孤立，所以渐渐地自己也沾染了腐败。总之，只要坚定的共产主义理想信仰出现动摇，行政公职人员的价值观出现扭曲，从而抵制不住身边的诱惑，腐败也就产生了。

---

① 王沪宁. 腐败与反腐败——当代国外腐败问题研究［M］. 上海：上海人民出版社，1990：89.

（四）腐败问题产生和发展的经济根源

有人群的地方就会有利益，利益是腐败产生的经济根源。改革开放之前，腐败问题相对发展缓慢，未成蔓延之势。随着改革开放，尤其是社会主义市场经济的深入发展，中国社会出现多样化的利益群体，各种利益关系极为复杂，为腐败的泛滥提供了可乘之机。激烈的市场竞争和利益分化使人们追求利益最大化，不同群体之间的经济差距日益拉大。在金钱利益面前，一些行政官员思想防线断裂，通过权钱交易的方式追逐不合法的经济利益，这就是腐败发展的经济根源。

二、理性对待腐败问题

在党的十九届中央纪委第三次全会上，习近平总书记再次明确指出，要继续推进全面从严治党，继续推进党风廉政建设和反腐败斗争，并将"向群众身边不正之风和腐败问题亮剑，维护群众切身利益"列为年度六项主要任务之一，这不仅彰显了党为了人民、服务人民、献身人民的鲜明政治立场，也表明了正风肃纪不止步、反腐倡廉不松劲的坚定决心。

当前，面对社会上的腐败问题，需要我们坚定自己的政治立场，保持清醒的头脑，利用辩证的思维和科学的视角，全面分析腐败问题。我们要认识到，腐败问题的解决不能急于一时，既要看到党和国家对腐败问题的高度重视，从而对反腐倡廉建设充满信心；也不能过分夸大反腐败的难度，失去对反腐败斗争的信心。

（一）全面客观地认识腐败问题

腐败问题对国家、社会和个人都产生了十分严重的危害，面对社会上出现的各种腐败现象，我们要进行客观理性的分析。看问题关键是首先分清主流和次流，不能以点带面、以偏概全、一叶障目。当今社会，腐败不是党的主流，更不是本质问题。我们党的性质、宗旨、目标等都体现出我们党始终代表人民群众的根本愿望和要求。对待腐败问题，我们要聚焦解决突出问题，从具体的事情入手，锲而不舍刹歪风、驰而不息扬正气。

（二）用动真碰硬的态度对待腐败问题

面对腐败问题，要采取积极主动的态度，要制定具体有效的专项行动，对于性质恶劣的重点督办，不能只停留在事情的表面，要真正从根源入手，找到具体腐败问题的根源。高高举起、轻轻放下的做法，不足以消除一些人的侥幸心理。必须要持续开展对"压黄线"的问责，对"闯红灯"的出拳，对"涉禁区"的亮剑，进一步增强震慑力，形成对腐败问题严惩不贷的态势，将问题彻底解决，用实际行动取信于人民群众。

（三）解决腐败问题要有耐心、信心和决心

冰冻三尺，非一日之寒。面对腐败问题，我们要充分认识到它的长期性、艰巨性和复杂性，同时，也要看到腐败问题的形成原因具有复杂性。因此，腐败问题十分复杂，需要我们有耐心、决心和信心。党的十九大以来，我们党持续坚决查处发生在民生资金、教育医疗、生态文明建设等领域的严重违纪违法行为，深挖黑恶势力背后的"保护伞"，加大"拍蝇"力度，严肃查处"村霸"、宗族恶势力和黄赌毒背后的腐败问题。这些具体反腐例子都说明反腐败斗争需要我们坚持到底，反腐败斗争永远在路上。

（四）健全对反腐败斗争的监督机制

监督是预防腐败的关键，要发挥全面监督的作用。对于腐败问题，我们应该既要加强党内监督，也要加强党外监督，建立健全反腐败的监督机制。一方面，要鼓励和自觉接受人民群众的监督，增强他们的监督意识和权利意识，对于官员的违法腐败行为，要敢于进行检举和揭发。人民是国家的主人，要让人民群众认识到官员是人民的公仆，是为人民服务的。要使人民群众有主人翁意识，勇于同腐败分子做斗争，就要建立保护人民群众安全的制度机制，使人民群众能够放心监督。另一方面，要加强网络和舆论监督，将腐败行为暴露在阳光下，运用网络和媒体进行监督，提升反腐败斗争的效率，从而减少腐败现象的出现，有利于构建富强、民主、文明、和谐、美丽的社会主义现代化国家。

腐败对党和国家百害而无一利。当前，反腐败斗争形势依然严峻复杂，巩固压倒性态势、夺取压倒性胜利的决心必须坚如磐石。反腐败斗争永远在路上。我们要坚信，只要我们紧密团结在以习近平同志为核心的党中央周围，对腐败问题思想不松懈，对腐败分子不姑息，对反腐败行动不终止，腐败分子就会无处藏身，不敢腐、不能腐、不想腐的政治生态就能形成。

邓小平理论在中国特色社会主义理论体系中的地位

张慧莹*

中国特色社会主义理论体系是马克思主义中国化的精髓，是改革开放以来指导中国不断发展的最强大的理论武器，是包括邓小平理论、"三个代表"重要思想、科学发展观和习近平新时代中国特色社会主义思想的科学理论体系。毫无疑问，邓小平理论作为这一科学理论体系的第一部分，对中国特色社会主义理论体系的形成和发展作出了奠基性的贡献，我们从中国特色社会主义理论体系发展轨迹来看，邓小平理论的奠基性作用主要体现在奠定了这一理论体系形成的思想路线、理论主题、实践主题以及主体内容。正确认识邓小平理论对中国特色社会主义理论体系的奠基作用，对于我们深入理解和坚持中国特色社会主义理论体系尤其是习近平新时代中国特色社会主义思想有着重要意义。

一、邓小平确立了中国特色社会主义理论体系的思想路线

邓小平理论重新确立了党的实事求是的思想路线，并首次把解放思想与实事求是联系起来，成了中国特色社会主义建设的思想路线，指导党带领人民建设社会主义的思想路线从此回到正轨。

历史证明，党的思想路线正确与否直接关系马克思主义能否在实践中发挥作用并得到丰富和发展。对于解放思想的重要性，邓小平指出："我们讲解放思想，是指在马克思主义指导下打破习惯势力和主观偏见的束缚，研究新情况，解决新问题。"[1] "一个党，一个国家，一个民族，如果一切从本本出发，思想僵化，迷信盛行，那它就不能前进，它的生机就停止了，就要亡党亡国。"[2]

为了更好地扫除过去僵化的观点，确立正确的思想路线，邓小平阐述了解

---

* 张慧莹：曲阜师范大学马克思主义学院 2018 级硕士研究生
① 邓小平. 邓小平文选：第2卷［M］. 2版. 北京：人民出版社，1994：279.
② 邓小平. 邓小平文选：第2卷［M］. 2版. 北京：人民出版社，1994：364.

放思想和实事求是的辩证关系。他指出"解放思想就是使思想和实际相符合,使主观和客观相符合,就是实事求是。"① 解放思想、实事求是是邓小平理论的思想主题,也是中国特色社会主义理论体系形成的思想路线,没有这一思想路线的引导,我国在改革开放和社会主义现代化建设实践中就无法取得一个又一个的硕果,理论创新也就无从谈起。习近平总书记指出,解放思想永无止境。解放思想与实事求是贯穿于建设和发展中国特色社会主义的全过程,是发展中国特色社会主义的一大法宝。

二、邓小平理论确立了中国特色社会主义理论体系的理论主题

邓小平理论形成于改革开放和社会主义现代化建设的新时期,历史的经验教训和现实的复杂问题给中国共产党人提出的迫切需要解决的问题就是要搞清楚:什么是社会主义、怎样建设社会主义。以邓小平为核心的共产党人开始对这一理论问题展开了艰辛的探索。

1982 年,邓小平在党的十二大开幕词中强调:"把马克思主义的普遍真理同我国的具体实际结合起来,走自己的道路,建设有中国特色的社会主义,这就是我们总结长期历史经验得出的基本结论。"② 这是邓小平第一次明确提出"中国特色的社会主义"的科学命题,由此奠定了中国特色社会主义理论体系的主题。此后,邓小平始终围绕中国特色社会主义这一理论主题,紧紧抓住"什么是社会主义、怎样建设社会主义"这个首要的基本的理论问题,深刻地揭示了社会主义的本质,比较系统地初步回答了在中国这样的经济文化比较落后的国家如何建设社会主义、如何巩固和发展社会主义的一系列基本问题,把对社会主义的认识提高到新的科学水平。在新的历史时期,以江泽民为核心的党中央创立的"三个代表"重要思想,回答了"建设什么样的党,怎样建设党"的问题;以胡锦涛总书记为核心的党中央提出的科学发展观,回答了"实现什么样的发展,怎样发展"的问题;当今中国特色社会主义进入了新时代,中国的综合国力和国际地位得到极大提高的同时,也面临着前所未有的机遇和挑战。以习近平同志为核心的党中央提出习近平新时代中国特色社会主义思想,回答了"坚持什么样的中国特色社会主义以及怎样坚持和发展中国特色社会主义"的重大时代问题,使中国特色社会主义在理论上达到了新的高度。以上对这几个重大问题的回答实质上都是围绕建设和发展中国特色社会主义这一理论主题所作

---

① 邓小平. 邓小平文选:第 2 卷 [M]. 2 版. 北京:人民出版社,1994:143.
② 邓小平. 邓小平文选:第 3 卷 [M]. 北京:人民出版社,1993:3.

的进一步阐释，是在邓小平理论基础上对中国特色社会主义认识的进一步深化。

三、邓小平理论确立了中国特色社会主义理论体系的实践主题

怎样做才能去发展生产力、提高综合国力和提高人民的生活水平，怎样通过实践来实现理论上的目标？这是改革开放初期共产党人需要解决的问题。严峻的现实面前，邓小平明确提出"改革是中国发展生产力的必由之路"①，改革开放成为社会主义现代化建设和中国特色社会主义理论体系的实践主题。

首先，党的十一届三中全会以后，邓小平带领全党和全国人民彻底否定"以阶级斗争为纲"的错误的指导方针，作出把党和国家工作重心转移到经济建设上来、实行改革开放的历史性决策。邓小平指出，再不实行改革，我国的现代化事业和社会主义事业就会被葬送，强调改革是决定中国命运的一招，"只有深化改革……才能够保证本世纪内达到小康水平，而且在下个世纪更好地前进"②。从农村到城市的改革，从沿海到内陆的开放，极大地调动了广大人民群众的积极性，使我国实现了从高度集中的计划经济体制到充满活力的社会主义市场经济体制、从封闭半封闭到全方位开放的伟大历史转折，我国的经济建设、政治建设、文化建设、生态建设、社会建设也因改革开放取得了举世瞩目的成就。

其次，邓小平提出了判断改革和各方面工作是非得失"三个有利于"的标准，成为建设和发展中国特色社会主义的基本实践标准。面对20世纪90年代世界社会主义运动陷入低潮，西方和平演变愈演愈烈的严峻的国际形势，邓小平始终冷静观察、沉着应对，从大局出发，针对改革开放的是非得失应该用什么标准来判断的问题，邓小平明确提出："判断的标准，应该主要看是否有利于发展社会主义社会的生产力，是否有利于增强社会主义的综合国力，是否有利于提高人民的生活水平。"③ "三个有利于"的标准，不仅把实践标准具体化，而且把实践标准与生产力标准和人民利益标准统一起来，打消人们对改革开放的疑虑和错误认识。"三个有利于"的标准，确立了建设和发展中国特色社会主义的价值取向，习近平在党的十九大报告中提出："中国共产党的初心与使命，就是为中国人民谋幸福，为中华民族谋复兴。"④ 这是对"三个有利于"标准的

---

① 邓小平．邓小平文选：第3卷［M］．北京：人民出版社，1993：134.
② 邓小平．邓小平文选：第3卷［M］．北京：人民出版社，1993：136.
③ 邓小平．邓小平文选：第3卷［M］．北京：人民出版社，1933：372.
④ 习近平．决胜全面建成小康社会 夺取新时代中国特色社会主义伟大胜利——在中国共产党第十九次全国代表大会上的报告［M］．北京：人民出版社，2017：26.

最新时代阐释，正是根据这一实践标准，党在改革开放和社会主义现代化建设过程中，不再是中华人民共和国成立后为实现社会主义的某些特征去发展社会主义，而是利用社会主义制度的优势去提高国家的综合实力和人民的生活水平。

四十多年改革开放的实践不断推动中国特色社会主义理论体系的形成和发展，而中国特色社会主义理论体系的完善又使得中国的改革开放不断迈上新的台阶。进入新时代，以习近平同志为核心的党中央领导集体坚持全面深化改革，多次强调改革开放只有进行时没有完成时，把全面深化改革总目标定为"坚持完善和发展中国特色社会主义制度，推进国家治理体系和治理能力现代化"，强调中国的现代化不仅要在生产力方面实现现代化，而且在制度方面也要实现现代化，同时，这个目标也是对邓小平改革思想的继承和发展。

四、邓小平理论构成了中国特色社会主义理论体系的主体内容

中国特色社会主义理论体系，就是包括邓小平理论、"三个代表"重要思想以及科学发展观和习近平新时代中国特色社会主义思想在内的科学理论体系。作为奠基理论，邓小平理论构成了中国特色社会主义理论体系的主体内容。

（一）社会主义初级阶段论

邓小平指出，我国还处于社会主义初级阶段，这是一个至少上百年的历史阶段，制定一切方针政策都必须以这个基本国情为依据，不能脱离实际，超越生产力发展水平。社会主义初级阶段论，是邓小平对当代中国基本国情的科学判断，是运用马克思主义基本原理来分析中国实际的结果，是我们制定和执行正确的路线和政策的根本依据。习近平在党的十九大报告中指出，中国特色社会主义进入了新时代，我国社会主要矛盾发生了转化，但我国仍处于并将长期处于社会主义初级阶段的基本国情没有变，我国是世界上最大的发展中国家的国际地位没有变。这是党在新时代对我国所处历史阶段的明确判断，牢牢立足于社会主义初级阶段这个最大实际，是新时代中国特色社会主义始终沿着正确方向前进的保证。

（二）社会主义本质论

邓小平根据马克思主义基本原理和社会主义实践经验，明确指出："社会主义的本质，是解放生产力，发展生产力，消灭剥削，消除两极分化，最终达到共同富裕。"① 这一观点最大的贡献就是标志着党从生产力的角度思考社会主义

---

① 邓小平．邓小平文选：第3卷［M］．北京：人民出版社，1993：291．

本质，回到了马克思关于认识社会形态的正确轨道中。社会主义本质论的提出使得社会主义现代化建设有了明确的根本任务，那就是不断改革制约生产力发展的体制机制，使生产关系适应生产力要求；也使得中国特色社会主义理论体系因此有了价值旨归，那就是必须坚持党的领导，始终要把人民的利益放在首位，使人民安居乐业，最终实现共同富裕。从邓小平理论，到"三个代表"重要思想，到科学发展观再到习近平新时代中国特色社会主义思想，从"什么是社会主义，怎样建设社会主义"到"新时代坚持和发展什么样的中国特色社会主义，怎样坚持中国特色社会主义"，中国特色社会主义理论体系的每一次理论创新都是紧紧围绕社会主义本质来展开的。

（三）社会主义市场经济论

1992年邓小平南方谈话时提出要建立社会主义市场经济体制，他明确指出："计划经济不等于社会主义，资本主义也有计划；市场经济不等于资本主义，社会主义也有市场。计划和市场都是经济手段。"① 这一论断从根本上解除了人们把计划经济和市场经济看作属于社会基本制度标志的思想束缚。随后，党的十四大正式提出建立社会主义市场经济体制的目标，随着社会主义市场经济的发展，我国在基本经济制度上也逐步实现了以公有制为主体、多种所有制并存的所有制结构的飞跃，从此中国经济焕发出了前所未有的巨大活力。当今中国特色社会主义进入新时代，习近平新时代中国特色社会主义思想作为中国特色社会主义理论体系的最新成果，更是非常注重社会主义市场经济的发展，习近平总书记在党的十九大报告中强调："加快完善社会主义市场经济体制"，指出"经济体制改革必须以完善产权制度和要素市场化配置为重点，实现产权有效激励、要素自由流动、价格反应灵活、竞争公平有序、企业优胜劣汰"。② 社会主义市场经济体系和我国基本经济制度是保证我国经济良好运行的基石，必须在实践中始终坚持和不断完善。

（四）社会主义改革开放论

改革是社会发展的强大动力。邓小平强调，改革是一场新的革命，是解放生产力，是中国现代化的必由之路，不坚持改革，只能是死路一条。对外开放是建设中国特色社会主义的一项基本国策，应该吸收和利用世界各国所创造的一切先进文明成果来发展社会主义，封闭只能导致落后。

---

① 邓小平.邓小平文选：第3卷［M］.北京：人民出版社，1993：291.
② 习近平.决胜全面建成小康社会 夺取新时代中国特色社会主义伟大胜利——在中国共产党第十九次全国代表大会上的报告［M］.北京：人民出版社，2017：26.

<<< 第四部分 "毛泽东思想和中国特色社会主义理论体系概论"教学重点难点解析

　　党的十一届三中全会以来的四十多年，国家制定的一系列新的方针政策，从以经济体制改革为主到全面深化经济、政治、文化、社会、生态文明体制和党的建设制度改革，推动着中国特色社会主义各项事业的发展。改革开放是决定当代中国命运的关键抉择，是发展中国特色社会主义、实现中华民族伟大复兴的必由之路，也始终是中国特色社会主义理论体系不断保持时代性和创新性的关键。

　　邓小平理论为中国特色社会主义理论体系的发展奠定了基础，是中国特色社会主义理论体系的首创之作。基于这个地位，一方面，我们要继承其中的精髓；另一方面，我们要用发展的眼光看待邓小平理论，在此基础上不断创造出新的理论成果，丰富和发展中国特色社会主义理论体系。

后 记

2018年暑假，院领导组织班子成员、教研室主任、教授委员会成员等赴沂水举行"全省马克思主义学院建设中期自查及工作推进会"，为深入推进马克思主义学院建设和思想政治理论课建设，决定对近年来曲阜师范大学马克思主义学院教师的教学改革探索、理论成果进行统一汇集，集结成丛书出版。为此，会议决定丛书由李安增院长、张立兴教授、孙迪亮教授任总主编，成立丛书编委会，遴选了丛书各分册的主编。

在本套丛书撰写、征集过程之中，教师们紧紧围绕高校思政课教学中存在的问题、成因以及相关对策展开研究。本书主要侧重于高校思想政治理论课教学疑难点的相关解答。具体从"思想道德修养与法律基础""中国近现代史纲要""马克思主义基本原理概论""毛泽东思想和中国特色社会主义理论体系概论"四门公共课重难点问题展开。

回顾几年来文集的征稿、组稿、审稿以及定稿过程，几多付出，几多欣慰。在此，首先诚挚地感谢总主编李安增院长、张立兴教授、孙迪亮教授的精心谋划，耐心督促。其次感谢参与撰稿的所有老师，在日常繁重的教学、科研之余，抽出时间来反思教学，将所思所得写成教学方面论文，其敬业精神值得赞许。需要提及的是，由于水平所限，文章中难免存在疏漏之处，所存在问题由本书主编肖芳、副主编汤锐负责。

本书是山东省重点马克思主义学院建设阶段性理论成果，是思政课教学改革与创新的有益探索，为高校思政课教师教学理论和实践提供了一定借鉴，期望学界同人进行指正！

编者
2021年4月1日